LA

# FRANCE HÉRALDIQUE

IMPRIMERIE EUGÈNE HEUTTE ET Cie, A SAINT-GERMAIN
rue de Paris, 80.

# LA
# FRANCE HÉRALDIQUE

PAR

## Ch. POPLIMONT

chevalier de l'Ordre des saints Maurice et Lazare.

TOME VIII

SABATIER. — ZYLOF.

SAINT-GERMAIN

IMPRIMERIE EUGÈNE HEUTTE ET Cie

80, RUE DE PARIS, 80

1874

# S

**SABATIER.** *Guyenne, Gascogne.*

D'azur, à trois étoiles d'or.

L'unique représentant du nom, de Sabatier, réside au château d'Usseau, par Garlin, département des Basses-Pyrénées.

**SABATIER.** *Provence.*

D'azur, à trois coquilles d'or posées 2 et 1; au croissant d'argent en cœur. — D'azur, à la fasce d'or, surmontée d'un soleil d'or et accompagnée en pointe de trois roses du même.

Cette famille a deux représentants : Sabatier d'Espeyrau, au château d'Espeyrau, par Saint-Gilles, département du Gard ; Sabatier de Soleyrol, avocat, à Marseille.

**SABLIÈRE** (DE LA). *Languedoc, Alsace.*

D'azur, à la tour d'argent ouverte et maçonnée de

sable, accompagnée de trois étoiles du même, posées une en chef et deux en flancs.

Fixée en Alsace depuis l'an 1697, cette famille est représentée par Charles de la Sablière, principal du collége de Mulhouse.

**SABLON DU CORAIL.** *Auvergne.*

D'azur, à l'ancre posée en pal ; au chef d'argent, chargé d'une épée de gueules posée en fasce.

L'unique représentant du nom, Alphonse Sablon du Corail, réside à Riom.

**SABOULIN.** *Provence.*

De gueules, à trois roses d'argent.

Cette famille a deux représentants : Léon de Saboulin, religieux oblat ; Frédéric de Saboulin, au château de Beauplan, par Salon, département des Bouches-du-Rhône.

**SABOURIN DE NANTON.** *Guyenne.*

D'or, à une aigle à deux têtes, le vol abaissé de sable ; au chef d'argent, chargé de trois palmes de sinople.

Le représentant de cette famille, Sabourin de Nanton, est commis principal aux contributions, à Benfeld, ancien département du Bas-Rhin.

**SACHS.** *France.*

De sinople, au chevron d'hermines, accompagné de trois têtes de cheval arrachées d'argent, posées 2 et 1 ; à la bordure componée d'or et de sable ; au franc-quartier de baron militaire brochant sur le tout.

Le baron de Sachs, unique représentant du nom, réside à son château de Ville-aux-Bois, par Jonchery-sur-Vesle, département de la Mayenne.

### SACHY. *Picardie.*

Échiqueté d'argent et d'azur; à la bordure du second.

De Sachy, unique représentant du nom, est inspecteur des lignes télégraphiques, à Auxerre, département de l'Yonne.

### SACY. *France.*

D'azur, au chevron d'or, accompagné en chef de deux lis au naturel et en pointe d'un besant d'argent.

Cette famille a deux représentants : de Sacy, à Paris ; autre de Sacy, à Paris.

### SADE. *Provence.*

De gueules, à l'étoile à huit rais d'or, chargée d'une aigle éployée de sable, becquée, onglée et couronnée de gueules.

Cette famille qui a donné Hugues de Sade, chevalier croisé en 1249, et la belle *Laure*, la muse de Pétrarque, a deux représentants : Alphonse, comte de Sade, à Saint-Valérien, département de l'Yonne, et à Condé-en-Brie, département de l'Aisne ; Auguste, comte de Sade, à Passy-Paris.

### SAFFRAY. *Normandie.*

D'argent, à trois fasces ondées de gueules.

Cette famille a deux représentants : le marquis de Saffray, au château d'Engranville, par Trévières, et à Bernières-le-Patry, par Vassy, département du Calvados ; le comte de Saffray, au château d'Encremer, par Plouigneau, département du Finistère.

### SAGE DE LA HAYE (LA). *Bretagne.*

D'argent, au lion de gueules, armé, lampassé et couronné d'or.

La Sage de la Haye, unique représentant du nom, vit éloigné de toute fonction publique, à Rennes.

### SAGET DE LA JONCHÈRE. *Bretagne.*

De gueules, à trois flèches empennées d'argent, posées en pal, accompagnées de trois annelets d'or. *Alias* : au chef d'argent, chargé de trois bandes de sable.

L'unique représentant du nom, Saget de la Jonchère, réside au château de Kerumezec, par Brest, département du Finistère.

### SAHUC DE MUS. *Montpellier, Montauban.*

Parti : au 1 d'azur à une demi-fleur de lis d'argent; au 2 d'argent, à une demi-aigle éployée de sable et un croissant en pointe ; parti d'argent et de sable.

Sahuc de Mus, unique représentant du nom, réside au château de Mus, par Béziers, département de l'Hérault.

### SAHUGUET D'ESPAGNAC D'ARMAZIT. *Béarn, Champagne, Limousin.*

De gueules, à deux épées d'or, les pointes en bas, accompagnées en chef d'une coquille d'argent et en pointe d'un croissant du même.

Divisée en trois branches dont la seconde est la seule qui subsiste, cette famille qui a donné Denis de Sahuguet, écuyer, homme d'armes dans la compagnie du roi de Navarre, qui épousa, par contrat du 8 juillet 1543, Marguerite Joyet, est représentée par le comte Sahuguet d'Espagnac d'Armazit, chevalier de la Légion d'honneur, à Paris.

### SAHUQUÉ. *Toulouse.*

De gueules, au sureau de sinople, terrassé du même,

fleuri d'argent; au chef cousu d'azur, chargé d'un croissant d'argent, accosté de deux étoiles d'or.

Cette famille a trois représentants à Toulouse : Henri de Sahuqué, Paul de Sahuqué, Louis de Sahuqué.

**SAIGNE.** *Provence.*

D'azur, à une croix ancrée d'or, cantonnée de quatre joncs d'argent.

Le vicomte de Saigne, unique représentant du nom, réside au château de Parlan, par Saint-Mamet, département du Cantal.

**SAILHANT.** *Guyenne.*

D'argent, à l'aigle éployée de sable.

L'unique représentant du nom, de Saillant, réside à Florac, département de la Lozère.

**SAILLY.** *Normandie, Ile-de-France, Picardie.*

NORMANDIE, ILE-DE-FRANCE. D'azur, à la fasce d'or, chargée de trois croisettes de sable et accompagnée de trois têtes de butor, arrachées de sable.

PICARDIE. D'argent, au lion de gueules, armé, lampassé et couronné d'or. — De sable, fretté d'or. — De sinople, à une chèvre saillante d'argent. — D'azur, à l'épée d'argent, montée d'or, couronnée d'une auréole rayonnante d'argent; à la fasce d'or, chargée de trois croisettes de sable, brochante sur le tout.

Cette famille a trois représentants : le marquis de Sailly, au château de Sailly, par Limay, département de Seine-et-Oise; de Sailly, à Orléans, département du Loiret; de Sailly, chevalier de la Légion d'honneur, chef d'escadron, au 7e d'artillerie.

**SAIN DE BOIS-LE-COMTE.** *Poitou, Touraine.*

D'azur, à la fasce d'argent, chargée d'une tête de more au naturel, tortillée d'argent, accompagnée de trois coquilles d'or.

Originaire de Châtellerault, établie depuis 1599 à Tours, où la première branche a occupé les charges les plus considérables de la ville, cette famille qui a donné René Sain, premier du nom, secrétaire du roi, maison, couronne de France et de ses finances, le 6 mai 1515, a trois représentants : Charles-Alphonse Sain de Bois-le-Comte, ancien officier de la garde royale, conseiller de préfecture, président du conseil d'arrondissement, au château de Moncé, par Amboise, département d'Indre-et-Loire ; Claude-Charles-Alfred Sain de Bois-le-Comte, son fils, attaché au département des finances ; Ernest Sain de Bois-le-Comte, commandeur des ordres de la Légion d'honneur et des Saints Maurice et Lazare, ancien ministre plénipotentiaire à Turin et à Washington.

**SAINCTHORENT.** *Limousin, Saintonge, Berry, Guyenne, Gascogne.*

Parti : au 1 d'azur, à une tour carrée d'argent maçonnée de sable : au 2 d'azur, à une croix de Malte d'argent.

L'unique représentant du nom, de Saincthorent, est vice-président de la chambre consultative d'agriculture, à Boussac, département de la Creuse.

**SAINS.** *France.*

D'azur, au chevron d'or accompagné en chef de deux coquilles du même et en pointe d'une rose aussi d'or ; au chef cousu de gueules, chargé d'un grelot d'or, accosté de deux croissants d'argent.

Édouard de Sains, chevalier de la Légion d'honneur, est professeur au lycée Napoléon, à Paris.

**SAINSBUT DES GARENNES.** *Bourbonnais.*

D'argent, à la barre d'azur, chargée de trois pommes de pin d'or.

Mentionnée par d'Hozier, cette famille a deux représentants : Auguste Sainsbut des Garennes, à Hauterive, département de l'Allier ; Jean-François Sainsbut des Garennes, frère d'Auguste, au château de Garennes, à Verneuil, même département, qui a deux fils et une fille.

**SAINT-ALBIN.** *Paris.*

D'argent, à une bande d azur, chargée de trois besants d'or.

Cette famille est représentée par de Saint-Albin Lagayère, à Paris.

**SAINT-ALBON.** *Normandie.*

Écartelé : aux 1 et 4 de sable, à la croix d'or ; aux 2 et 3 d'or, au dauphin d'azur, allumé, lorré et peautré de gueules.

L'unique représentant du nom, de Saint-Albon, réside au château de Berville-sur-mer, par Beuzeville, département de l'Eure.

**SAINT-AMAND.** *Artois.*

D'argent, à trois fasces de sable.

Cette famille a deux représentants : de Saint-Amand, au château de Longpré, par Airaines, département de la Somme ; de Saint-Amand, chevalier de la Légion d'honneur, rédacteur au département des affaires étrangères, à Paris.

**SAINT-ANDÉOL.** (MALMAZET DE). *Comtat-Venaissin, Provence.*

D'azur, au chevron d'or abaissé sous une fasce du même, accompagnée en chef de trois croissants mal ordonnés d'argent.

Le comte Malmazet de Saint-Andéol, chef de nom et d'armes, réside à Nice ; Malmazet de Saint-Andéol, chevalier de la Légion d'honneur, autre représentant du nom, est colonel en retraite, à Paris.

**SAINT-ANDRÉ.** *Languedoc, Ile-de-France, Dauphiné.*

LANGUEDOC, ILE-DE-FRANCE. D'azur, au château à trois tours d'argent, maçonné de sable, accompagné en chef de trois étoiles d'argent.

DAUPHINÉ. D'argent, à l'aigle d'azur, membrée de gueules.

Cette famille est représentée par de Saint-André, à son château, à Contes, département des Alpes-Maritimes.

**SAINT-ANDRÉ.** *Normandie.*

De sable, à la croix d'or.

De Saint-André, unique représentant du nom, réside au château de Roumarre, par Maromme, département de la Seine-Inférieure.

**SAINT-ANGEL.** *Guyenne.*

D'or, au palmier de sinople supporté par deux lions affrontés de gueules.

Cette famille, qui a fait ses preuves devant d'Hozier pour la charge d'écuyer d'honneur de Madame la Dauphine, mère de Louis XVI, a trois représentants : Charles de Saint-Angel, au château de La Renaudie, par Ribérac, département de la Dordogne ; Victor de Saint-Angel, au château de Montbreton, par Gensac, département de la Gironde ; Jean de Saint-Angel, à Rougerie, près Brannes, même département.

### SAINT-ASTIER. *Périgord.*

D'argent, à trois aigles de sable posées en chef 2 et 1 et en pointe à trois cloches du même émail, bataillées d'or, posées du même.

Le comte de Saint-Astier, marquis des Bories, unique représentant du nom, réside au château des Bories, département de la Dordogne.

### SAINT-AUBIN. *Picardie.*

D'azur, à l'escarboucle d'or et à la croix du même, posée au canton dextre du chef.

Cette famille a deux représentants : de Saint-Aubin, maire de Feuquières, département de l'Oise ; de Saint-Aubin, curé de Saint-Quentin-des-Prés, par Songeons, même département.

### SAINT-AULAIRE (Beaupoil de). *Bretagne.*

De gueules, à trois couples de chiens d'argent en pal, les liens d'azur, posés 2 et 1.

Nous avons consacré déjà une notice à cette famille, tome I$^{er}$, et il nous reste à mentionner trois représentants : le marquis Beaupoil de Saint-Aulaire, au château de Siorac, près de Périgueux, département de la Dordogne, Beaupoil de Saint-Aulaire, inspecteur des douanes, à Angoulême, département de la Charente ; Clément Beaupoil de Saint-Aulaire, à Angoulême.

**SAINT-BELIN.** *Champagne, Bourgogne.*

D'azur, à trois rencontres de bélier d'argent, accornées d'or.

Cette famille a deux représentants : le comte de Saint-Belin, au château de Vaudremont, par Juzennecourt, département de la Haute-Marne ; le chevalier de Saint-Belin, à Latrecey, même département.

**SAINT-CHAMANT.** *Limousin.*

De sinople, à trois fasces d'argent ; à l'engrêlure en chef d'argent en forme de créneaux.

Cette famille a trois représentants : le marquis de Saint-Chamant, au château de Courron, par Crécy-sur-Serre, département de l'Aisne ; le comte de Saint-Chamant, au château de Bouchy-le-Repos, par Esternay, département de la Marne ; de Saint-Chamant, au château de Bouchy-le-Repos.

**SAINT-CHER** (AMELLON DE). *Maine.*

D'or, à trois roses de gueules posées 2 et 1, et une hermine de sable en cœur.

Amellon de Saint-Cher, unique représentant du nom, réside à son château, à Cheveigné, par la Bazoge, département de la Sarthe.

**SAINT-CLOU.** *Caen.*

D'azur, au duc d'or branché, sur un olivier du même.

Le Duc, marquis de Saint-Clou, chef de nom et d'armes, à Paris, ayant perdu tous ses enfants et petits-enfants, à l'exception de sa fille, la marquise de la Roche-Fontenille, est aujourd'hui l'unique représentant mâle de son nom.

**SAINT-CRICQ.** *Béarn, Guyenne.*

D'argent, à deux ancres de sable passées en sautoir; au chef d'azur chargé de trois étoiles d'or.

L'unique représentant du nom, de Saint-Cricq, réside au château de Pannonie, par Gramat, département du Lot.

**SAINT-DIDIER.** *Bresse.*

D'argent, à la bande de gueules.

L'unique représentant du nom, de Saint-Didier, réside au château de Bréau, par Villers-Saint-Benoît, département de l'Yonne.

**SAINT-DIDIER** (Geneste de). *Lyonnais.*

D'azur, au lion d'or, accompagné en pointe d'un croissant de gueules.

Cette famille a trois représentants : Geneste de Saint-Didier, à Lyon; autre Geneste de Saint-Didier, à Lyon; Geneste de Saint-Didier, à Priay, par Pont-d'Ain, département de l'Ain.

**SAINTE-ALDEGONDE.** *Artois.*

D'hermine, à la croix de gueules, chargée de cinq quintefeuilles d'or. *Alias,* d'argent.

L'ancienne maison de Sainte-Aldegonde a deux représentants : le comte Gérard de Sainte-Aldegonde, à Paris; le comte Casimir de Sainte-Aldegonde, à Paris.

**SAINTE-BEUVE.** *Normandie.*

D'azur, à trois anneaux d'argent.

Le chef de cette famille, qui descend des sires de Sainte-Beuve, près Neufchâtel en Bray, de Sainte-Beuve, ancien juge au tribunal civil de la Seine, réside à Paris.

**SAINTE-CHRISTIE.** *Toulouse, Montauban.*

D'or, à un chevron de gueules, accompagné en pointe d'une tête d'ours de sable.

De Sainte-Christie, unique représentant du nom, réside au château d'Idrac, par Mirande, département du Gers.

**SAINTE-COLOMBE.** *Languedoc.*

D'azur, à trois bandes d'or.

L'unique représentant du nom, de Sainte-Colombe, est attaché à la préfecture, à Agen, département du Lot-et-Garonne.

**SAINTE-CROIX** (FORBIN DE). *Provence.*

D'or, à un chevron d'azur, accompagné de trois têtes de lézard de sable, arrachées et lampassées de gueules.

Forbin de Sainte-Croix, unique représentant du nom, réside au château de Repons, par Arles, département des Bouches-du-Rhône.

**SAINTE-GEMME.** *Toulouse.*

Parti : au 1 d'azur, à la clef d'argent, l'anneau en haut; au 2 d'or, à la vache de gueules passant en abîme.

Le vicomte de Sainte-Gemme, unique représentant du nom, réside au château de Barbazan, par Saint-Bertrand de Comminges, département de la Haute-Garonne.

**SAINTE-HERMINE.** *Poitou, Aunis, Angoumois.*

D'argent, semé d'hermines de sable.

Citée dans le père Anselme, d'Hozier et Chérin, cette famille, dont les premiers auteurs vivaient au xe siècle, est représentée par Jean-Hélie-Émile, marquis de Sainte-Hermine, ancien député de la Vendée, et par Raoul de

Sainte-Hermine, secrétaire général de la préfecture des Deux-Sèvres, à Niort.

**SAINTE-LUCE.** *Lyonnais.*

D'or, à un arbre arraché de sinople, accosté de deux têtes de limier coupées de sable; au chef de gueules, chargé de trois molettes d'or.

Éteinte dans les mâles, cette famille est représentée par la marquise de Sainte-Luce, à Paris.

**SAINTE-MARIE D'AGNEAUX.** *France.*

Écartelé d'or et d'azur.

Devise : *Fidelis fortisque simul.*

Le chef de cette famille, Théobald, marquis de Saint-Marie d'Agneaux, réside au château d'Agneaux, département de la Manche.

**SAINTE-MARIE.** *Normandie.*

De gueules, à la fleur de lis d'argent.

Cette famille a quatre représentants : de Sainte-Marie, à Toulouse; autre de Sainte-Marie, à Toulouse; Henri de Sainte-Marie, à Lézat, département de l'Ariége, et à Toulouse; Épasche de Sainte-Marie, au château de Longages, département de la Haute-Garonne.

**SAINTE-MAURE-MONTAUSIER.** *Touraine.*

D'argent, à la fasce de gueules.

Selon le témoignage de Lachenaye-Desbois, cette maison est une des plus anciennes et des plus illustres de France. Plus on approfondit son antiquité et plus on y trouve de grandeur. Elle a reçu son nom d'une ville et baronnie et remonte à Goscelin de Sainte-Maure, qui souscrivit à la charte de donation de l'abbaye de la Sainte-

Trinité de Beaulieu, près Loches, en 1009, faite par Foulques Nerra, comte d'Anjou. Elle a deux représentants : le marquis de Sainte-Maure-Montausier, à Paris, et son fils, le comte de Sainte-Maure-Montausier, à Paris.

### SAINT-ÉTIENNE. *Languedoc.*

D'azur, au lion d'or, armé et lampassé de gueules.

Cette famille a trois représentants : le comte de Saint-Étienne, à Nice ; de Saint-Étienne, au château de la Palud, par Rumilly, département de la Haute-Savoie ; de Saint-Étienne, à Richeville, par les Thilliers, département de l'Eure.

### SAINT-EXUPÉRY. *Guyenne.*

Écartelé : aux 1 et 4 d'or, au lion de gueules ; aux 2 et 3 d'azur, à l'épée d'or en pal.

Cette famille a quatre représentants : le comte de Saint-Exupéry, sous-préfet, à Civray, département de la Vienne ; de Saint-Exupéry, au château d'Arasse, par Croix-Blanche, département de Lot-et-Garonne ; de Saint-Exupéry, à Bourniquel, par Bergerac, département de la Dordogne ; de Saint-Exupéry, vicaire général, à Périgueux, même département.

### SAINT-FÉLIX. *Languedoc.*

D'azur, au lévrier rampant d'argent, colleté de gueules, bouclé et cloué d'or.

Cette famille a neuf représentants : Charles, marquis de Saint-Félix d'Aiguesvives, au château d'Aiguesvives, par Bazièges, département de la Haute-Garonne ; le comte de Saint-Félix, à son château, à Aiguesvives, par Bazièges ; Tancrède de Saint-Félix, au château de Varennes, par Montgiscard, même département; de Saint-Félix, à Toulouse ; de Saint-Félix, au château de Champleviers, par Châtillon-en-Barrois, département de la Nièvre; de Saint-Félix, à Paris; de Saint-Félix de Mauremont, à Mauremont, par Villefranche-Lauraguais, département de la Haute-Garonne; de Saint-Félix de Mauremont, à Carjac, département du Tarn; de Saint-Félix de Mauremont, à Castelsarrasin.

**SAINT-FERÉOL.** *Dauphiné.*

De sinople, au chevron d'or, accompagné de trois molettes d'argent ; au chef d'or.

Le comte de Saint-Féréol, unique représentant du nom, réside à Paris.

**SAINT-GENEST** (Murat de). *Lyonnais, Dauphiné.*

D'azur, à trois fasces muraillées et crénelées d'argent, la première de cinq créneaux, la deuxième de quatre, la troisième de trois; celle-ci ouverte en porte ronde au milieu.

Cette famille a deux représentants : le baron Murat de Saint-Genest, conseiller général, à Saint-Genest-Malifaux, département de la Loire ; Murat de Saint-Genest, à Lyon.

**SAINT-GENIÈS.** *France.*

Écartelé : au 1 d'azur, à la fasce bretessée et contre-bretessée d'or, accompagnée en chef de trois étoiles d'argent, et en pointe de deux épées du second passées en sautoir; au 2 d'azur, à trois bandes d'or et une bordure de sable, chargée en chef de deux tours d'argent; au 3 contre-écartelé d'or et de gueules; au 4 d'or, à la croix ancrée de gueules.

Cette famille a trois représentants : le comte de Saint-Geniès, au château de Gemmerais, par Segrais; le vicomte de Saint-Geniès, à Paris; de Saint-Geniès, au Château de Ponery, par Valençay, département de l'Indre.

**SAINT-GÉNIS** (Flour de). *Provence.*

D'argent, à un pairle de sable ; coupé de sinople, à un cheval gai d'or.

Cette famille a pour unique représentant Flour de Saint-Génis, officier de la Légion d'honneur, directeur de l'enregistrement et des domaines, président de la société d'archéologie de la Drôme, à Valence.

**SAINT-GÉNIS.** *Bretagne, Champagne, Normandie.*

D'azur, au chevron d'or accompagné en chef de deux étoiles d'argent et en pointe d'un chêne arraché, au naturel.

Cette famille a trois représentants : Edmond de Saint-Génis, au château du Tronc, par Thieblemont, département de la Marne; Paul de Saint-Génis, capitaine de frégate; Georges de Saint-Génis, à Vitry-le-François.

**SAINT-GEORGES.** *Bretagne, Poitou, Touraine, Bourgogne.*

Bretagne. D'azur, à trois chevrons d'or. — D'argent, à la croix de gueules.

Poitou, Touraine, Bourgogne. Écartelé : aux 1 et 4 d'argent, à la croix de gueules, qui est de Saint-Georges; aux 2 et 3 fascé-nébulé d'argent et de gueules, qui est de Rochechouart.

Cette famille a huit représentants : le marquis de Saint-Georges, au château de Mirabeau, par Moulins, département de l'Allier; le chevalier de Saint-Georges, commandeur de la Légion d'honneur, ministre plénipotentiaire, à Rio de Janeiro, Brésil ; de Saint-Georges, à son château, à Croutes, département de l'Aube ; de Saint-Georges, au château de Terlant, par Dun-le-Roi, département du Cher ; de Saint-Georges, au château de Chey, par Billom, département du Puy-de-Dôme ; de Saint-Georges, au château de Kerenneval, par Rosporden, département du Finistère ; de Saint-Georges, à Paris ; autre de Saint-Georges, à Paris.

**SAINT-GERMAIN.** *Bretagne, Normandie.*

D'argent, à la bande ondée de sable. — De gueules, au chevron d'argent accompagné de trois besants du même, deux en chef et un en pointe. — De gueules, à trois besants d'argent.

Le nom de Saint-Germain, fort répandu en France, est l'un des plus anciens de la noblesse de Normandie. Il appartient à des familles distinctes. Celle qui nous occupe a quatre représentants : le comte de Saint-Germain, au château de Trénon, par Guéméné-Penfao, département de la Loire-Inférieure ; Raoul de Saint-Germain, au château de la Bazoge, par Juvigny-le-Tertre, département de la Manche ; de Saint-Germain, receveur particulier à Rennes, département d'Ille-et-Vilaine ; de Saint-Germain, chevalier de la Légion d'honneur, sous-inspecteur adjoint aux forges d'artillerie.

**SAINT-GERMAIN.** *Toulouse.*

D'azur, à une bande d'or. — Tiercé en bande de gueules, d'argent et de sinople.

Cette famille a trois représentants : de Saint-Germain, à Toulouse ; de Saint-Germain, vérificateur de l'enregistrement, à Nérac, département de Lot-et-Garonne ; de Saint-Germain, receveur entreposeur, à Privas, département de l'Ardèche.

### SAINT-GERMAIN. *Picardie.*

D'argent, à une tour d'azur, maçonnée du champ, accompagnée de six écussons mi-parti de gueules et de sable, trois de chaque côté, l'un sur l'autre.

Cette famille a quatre représentants dans le département de la Somme ; de Saint-Germain, à Camps, en Amiennois, par Mollien-Vidame ; Auguste de Saint-Germain, à Warlus ; de Saint-Germain, à Avelège, par Airaines ; l'abbé de Saint-Germain, curé de Moyenneville.

### SAINT-GERMAIN. *Paris.*

De gueules, à la fleur de lis d'argent. — D'argent, à l'arbre arraché de sinople ; au chef d'argent, chargé d'un croissant accosté à dextre et à sénestre d'une étoile, le tout d'azur ; le chef soutenu d'un trangle d'azur.

Cette famille a trois représentants à Paris ; Louis de Saint-Germain, médecin ; autre de Saint-Germain ; et troisième de Saint-Germain.

### SAINT-GÉRY. *Guyenne, Gascogne.*

D'azur, à la bande d'or accompagnée de six besants du même rangés en orle.

Cette famille a deux représentants : le marquis de Saint-Géry, à Toulouse, département de la Haute-Garonne ; de Saint-Géry, à Marmande, département de Lot-et-Garonne.

### SAINT-GILLES. *Bretagne.*

D'azur, semé de fleurs de lis d'argent.

Cette famille a deux représentants : le comte de Saint-Gilles, auditeur au conseil d'État, à Paris; le vicomte de Saint-Gilles, au château de Fretay, par Fougères, département d'Ille-et-Vilaine.

**SAINT-GILLES.** *Normandie.*

D'azur, à l'aigle d'or, becquée et membrée de gueules.

L'unique représentant du nom, de Saint-Gilles, réside à la Ferté-Macé, département de l'Orne.

**SAINT-GINIEZ.** *Toulouse, Quercy.*

Écartelé : aux 1 et 4 de gueules, au chevron d'argent; au chef d'azur chargé d'un croissant entre deux étoiles, le tout d'or ; au 2 et 3 d'azur, au chien rampant d'argent contre une fontaine du même et se désaltérant.

Citée dans les *Annales de Toulouse, Capitoulat*, années 1681 à 1764 et dans l'*Histoire du Languedoc*, par Dom Vaissette, cette famille est représentée par de Saint-Giniez, maire à Issus, arrondissement de Villefranche, département de la Haute-Garonne ; par Sylvain-Gilbert de Saint-Giniez, maire à Maussac, et par Paul-Henri de Saint-Giniez, à Sainte-Foy de Peyrolières, même département.

**SAINT-GRESSE.** *Toulouse.*

D'azur, au lévrier courant d'argent, colleté de gueules.

Cette famille a quatre représentants : le comte de Saint-Gresse, maire de Ménieux, à Edon, département de la Charente ; le comte de Saint-Gresse, au château de Saint-Aignan, par Condom, département du Gers ; de Saint-Gresse, à Auch, département du Gers ; de

Saint-Gresse, avocat, à Toulouse, département de la Haute-Garonne.

**SAINT-GRESSE-MÉRENS.** *Touraine.*

D'azur, à la levrette courante d'azur, accolée de gueules.

L'unique représentant du nom, le comte de Saint-Gresse-Mérens, réside aux châteaux de Saint-Aignan, près Condom, département du Gers, et de Villiers, à Luzélié, département d'Indre-et-Loire.

**SAINT-HILAIRE** (Barthélemy de). *France.*

De sinople, à la bande bretessée d'argent, accompagnée de deux lions du même, lampassés et couronnés de gueules.

Célèbre dans la science, cette famille est représentée par Barthélemy de Saint-Hilaire, chevalier de la Légion d'honneur, membre de l'Institut, à Paris.

**SAINT-HILAIRE.** *Languedoc.*

D'azur, au cœur de gueules enflammé d'or.

Cette famille a deux représentants : de Saint-Hilaire, à Toulouse ; autre de Saint-Hilaire, à Toulouse.

**SAINT-HILLIER.** *Lorraine.*

D'azur, au lion d'or chargé d'une barre de gueules, surchargée de trois roses de gueules.

De Saint-Hillier, officier de la Légion d'honneur, unique représentant du nom, est colonel commandant le 2ᵉ de ligne.

**SAINTIGNON.** *Lorraine.*

De gueules, *alias* d'azur, à trois tours d'or, ajourées et maçonnées de sable.

Représentants de cette famille : de Saintignon, attaché à l'administration des lignes télégraphiques, à Paris ; de Saintignon, capitaine au 46ᵉ de ligne.

**SAINT-JACQUES.** *Provence.*

D'azur, au chevron accompagné de trois roses tigées et feuillées, le tout de gueules.

Cette famille a trois représentants : Louis-Joseph-Auguste et Marie-Gustave de Saint-Jacques, à Marseille ; de Saint-Jacques, à Vachires, par Reillanne, département des Basses-Alpes.

**SAINT-JEAN DE POINTIS.** *Comminges.*

D'azur, à la cloche d'argent bataillée de sable, accompagnée en pointe de trois étoiles d'or posées 2 et 1. Couronne : de marquis.

Devise : *A petite cloche grand son.*

Cette famille a deux représentants : Paul-Albert Saint-Jean de Pointis, vicomte de Pointis et de Couserans, chevalier de la Légion d'honneur, chef d'escadrons au 8ᵉ de hussards ; le baron de Saint-Jean de Pointis, à Toulouse.

**SAINT-JEAN.** *France.*

D'azur, à cinq billettes d'or.

Cette famille a dix représentants : huit à Lyon ; de Saint-Jean, à Chambéry, département de la Haute-Savoie ; de Saint-Jean, maire à Gorée, Sénégal.

**SAINT-JULIEN.** *France, Guyenne, Gascogne, Languedoc.*

FRANCE. De sable, semé de billettes d'or ; au lion du même, armé et lampassé de gueules, brochant sur le tout.

Guyenne, Gascogne. De gueules, à deux lions affrontés d'or.

Languedoc. D'azur, à deux lions affrontés d'or, accompagnés en chef d'une fleur de lis du même et en pointe d'une colombe d'argent, tenant en son bec un rameau d'olivier de sinople.

Cette famille a sept représentants : le comte de Saint-Julien-Muiron; le vicomte de Saint-Julien-Muiron; le baron de Saint-Julien, à Lyon; le baron de Saint-Julien, au château de Duisse, par Garlin, département des Basses-Pyrénées ; de Saint-Julien, à Versailles; de Saint-Julien, au château de la Boulaye, par Cérisy-la-Forest, département de la Manche ; Ernest de Saint-Julien, chirurgien de marine.

### SAINT-LAURENT. *Normandie.*

D'azur, au chevron d'or ; au chef cousu de sable chargé de cinq étoiles du second.

Cette famille a trois représentants : de Saint-Laurent, à Lambres, par Aire-sur-la-Lys, département du Pas-de-Calais; de Saint-Laurent, à Bourecq, par Lillers, même département ; de Saint-Laurent, receveur des contributions directes, à Paris.

### SAINT-LÉGER (Chauveton de). *Berry.*

D'azur, au chevron d'or accompagné de trois croissants du même posés 2 et 1.

Cette famille a deux représentants : le comte Chauveton de Saint-Léger, chevalier de la Légion d'honneur, maire de Saint-Léger du Fougeret, département de la Nièvre ; Chauveton de Saint-Léger, au château de Montgarnau, par Neuvy, département de l'Allier.

**SAINT-LÉGER** (LAURIN DE). *Artois.*

De sinople, fretté d'or.

Cette famille a deux représentants : Laurin de Saint-Léger, au château de Saint-Ursin, par la Haye-Pesnel, département de la Manche ; Laurin de Saint-Léger, à Paris.

**SAINT-LÉGER.** *Bourgogne.*

D'argent, à la fasce de gueules, frettée d'or, accompagnée de trois molettes, ou étoiles de sable.

L'unique représentant de cette famille, de Saint-Léger, réside à son château, à Mons-en-Laonnois, département de l'Aisne.

**SAINT-LÉGIER.** *France.*

De gueules, à la croix d'argent remplie d'un filet d'azur, chargée d'un sautoir du même en abîme, cantonné de quatre fleurs de lis d'or.

Cette famille a pour unique représentant le comte de Saint-Légier, au château de la Chaume, par Pont-l'Abbé, département de la Charente-Inférieure.

**SAINT-LÉON.** *Bourges.*

D'or, à un cep de vigne de sinople, fruité de trois raisins de sable et accolé à un échalas du même.

De Saint-Léon, unique représentant du nom, réside au château de Bonnet, par la Chapelle de Guinchay, département de Saône-et-Loire.

**SAINT-LÉONARD** (DE BELLOY). *Ile-de-France, Picardie, Champagne, Normandie.*

D'argent, à trois fasces de gueules.

Éteinte dans les mâles, cette famille est représentée

par la marquise de Belloy-Saint-Léonard, au château de Motte-Fouquet, par Carrouges, département de l'Orne.

**SAINT-LOUP** (BONFILS DE). *Ile-de-France*.

D'or, à l'étaie d'azur, soutenant un chef abaissé de gueules, surmonté de trois étoiles d'azur.

Bonfils de Saint-Loup, unique représentant du nom, réside au château de Grande-Paroisse, par Montereau, département de Seine-et-Marne.

**SAINT-LOUP.** *Lorraine*.

D'or, à trois cotices de gueules.

Saint-Loup, proprement dit, originaire de Lorraine, n'est représenté que par de Saint-Loup, substitut du procureur de la République, à Vassy, département de la Haute-Marne.

**SAINT-LOUP.** *Toulouse*.

Fascé, contre-fascé d'azur et d'argent de quatre pièces.

Cette famille a deux représentants : de Saint-Loup, au château de Saint-Loup, par Nérac, département de Lot-et-Garonne; de Saint-Loup, à Toulouse.

**SAINT-LUC** (CONEN DE). *Bretagne*.

Coupé d'or et d'argent; au lion de l'un en l'autre, armé, lampassé et couronné de gueules.

Cette famille a deux représentants : Gaston de Conen de Saint-Luc, au château de Guilquiffin, par Plougastel, département du Finistère; Emile Conen de Saint-Luc, au château de Le Bot, par Le Faou, même département.

**SAINT-MACLOU** (Bailleul de). *Normandie.*

D'argent, à la fasce de gueules, accompagnée de trois mouchetures d'hermines de sable, deux en chef et une en pointe.

Bailleul de Saint-Maclou, unique représentant du nom, réside au château d'Ouzy-sur-Laison, par May-sur-Orne, département du Calvados.

**SAINT-MARC.** *Provence.*

D'azur, au lion d'or, tenant un livre ouvert de ses pattes de devant.

De Saint-Marc, sans fonctions et sans titre, à Agen, est l'unique représentant de cette famille.

**SAINT-MARCEAU** (Depaul de). *France.*

D'or, à trois choucas de sable, posés 2 et 1.

Cette famille a quatre représentants : Depaul de Saint-Marceau, au château de Limé, par Braine-sur-Vesle, département de l'Aisne ; Edmond Depaul de Saint-Marceau, au château de La Roche, par Braine-sur-Vesle ; Alexandre Depaul de Saint-Marceau, à Reims, département de la Marne ; celui-ci a un fils, René-Charles Depaul de Saint-Marceau, percepteur à Lille, département du Nord.

**SAINT-MARS.** *Bourgogne.*

D'azur, au lion couché et ailé d'or.

Le marquis de Saint-Mars, chevalier de la Légion d'honneur, unique représentant du nom, conseiller général, réside au château de Chabaudouin, par Outerville, département du Loiret.

**SAINT-MARTIN.** *Poitou, Saintonge.*

D'azur, à la croix d'argent, chargée d'un lambel à quatre pendants du même.

Cette famille, qui a donné des chefs de parti dans les guerres de la religion, a quatre représentants : Édouard de Saint-Martin, commissaire de la marine, à Rochefort; Louis-Auguste de Saint-Martin, à Rochefort; Jacques-Jules de Saint-Martin, à Rochefort; Auguste de Saint-Martin, chevalier de la Légion d'honneur, à Saintes.

**SAINT-MARTIN.** *Paris, Normandie, Ile-de-France, Languedoc, Normandie, Bretagne, Marche.*

PARIS. Écartelé : aux 1 et 4 d'or, au pin de sinople ; au chef d'azur chargé de trois étoiles du champ ; aux 2 et 3 de sinople, à trois larmes d'argent ; sur le tout de gueules, à la tour d'argent.

NORMANDIE, ILE-DE-FRANCE. Écartelé : aux 1 et 4 losangé d'or et d'azur ; aux 2 et 3 de gueules plein.

LANGUEDOC. D'azur, au roc d'or.

NORMANDIE. D'or, à dix billettes de gueules, posées 3, 2, 3 et 2.

BRETAGNE. D'azur, au château sommé de trois tours d'or.

MARCHE. Bandé d'argent et de gueules de six pièces, les bandes d'argent semées de mouchetures d'hermines.

Sous le nom générique de Saint-Martin, on rencontre en France dix-sept représentants : le comte de Saint-Martin, au château de Cadeilhac, par Muret, département de la Haute-Garonne ; le vicomte de Saint-Martin, à Paris ; le baron de Saint-Martin, au château de Saint-Tuchaud, par Pont-Scorff, département du Morbihan ; de Saint-Martin de Lacaze, à Soustous, département des Landes ; de Saint-Martin-Beyrie, percepteur à Laruns, département des Basses-Pyrénées ; Saint-Martin de la Plagne, à Paris ; Eugène **Saint-Martin** de Veyran, au château de Veyran, par Seyches ; Adolphe-Louis de Saint-Martin, attaché à l'administration des lignes télégraphiques, à Rouen ; de Saint-Martin, officier de la Légion d'honneur, conducteur général des ponts et chaussées ; de Saint-Martin, à Billy, par Vigneulles, département de la Meuse ; de Saint-Martin, au château de Puyfaiteau, par Nontron, département de la Dordogne ; de Saint-Martin, au château d'Emayron, par Beaumont, département de Tarn-et-Garonne ; de Saint-Martin, juge au tribunal civil, à Saint-Girons, département de l'Ariége ; de Saint-Martin, à Paris ; de Saint-Martin, à Versailles ; Alexandre de Saint-Martin, à Paris.

**SAINT-MATHIEU** (GUINGAN DE). *La Rochelle.*
D'azur, au lion d'or.
Le comte Guingan de Saint-Mathieu, unique représentant du nom, réside au château de Thareau, par Aixe, département de la Haute-Vienne.

**SAINT-MAURICE.** *Lorraine.*
De gueules, au lion d'or.
Cette famille n'est plus représentée que par le marquis de Saint-Maurice, à son château, à Colombier, par Vesoul, département de la Haute-Saône. Il a sa résidence d'hiver à Paris.

**SAINT-MAURICE.** *Lyon.*
Parti : emmanché d'argent et d'azur de six pièces.
Distincte de celle qui précède, cette famille est représentée par le comte de Saint-Maurice, au château de Frugères, par Lempdes, département de la Haute-Loire.

**SAINT-MAURIS.** *Franche-Comté.*

De sable, à deux fasces d'argent.

On compte dans la même province deux familles du nom. Celle qui nous occupe est représentée par le comte de Saint-Mauris, au château de Clairvent, par Chamblay, département du Jura.

**SAINT-MAURIS.** *Franche-Comté.*

Coupé : d'azur et de gueules, l'azur chargé d'une croix tréflée d'argent, le gueules d'une aigle éployée d'or.

Cette famille a deux représentants : le comte de Saint-Mauris, au château de Bouchat, par Cuiseaux, département de Saône-et-Loire.

**SAINT-MELEUC.** *Bretagne.*

De gueules, à dix roses d'or posées 4, 3, 2 et 1. Couronne de comte.

Seigneurs de Saint-Meleuc, de Marival de la Saudray, de la Ville-Jean, Beauvais, Vauclerie, Saint-Guinou, etc. Les Saint-Meleuc ont prouvé six générations à la réformation de Bretagne de 1669, R. 1513, paroisse de Plendihen, évêché de Dol.

Saint-Meleuc était une juridiction seigneuriale où l'on rendait haute, moyenne et basse justice. Le vicomte de Saint-Meleuc, possesseur de la terre du nom, en possède les titres échappés à l'incendie du 18 novembre 1861 qui dévora son château de la Haute-Forêt, à Breal-sous-Montfort, département d'Ille-et-Vilaine. Le vicomte de Saint-Meleuc conserve en outre le terrier des fiefs qui, depuis des siècles, appartient à sa famille et contient de nombreux actes antérieurs à 1789, dans lesquels est qualifiée de vicomté la terre de son nom située en Plendihen, arrondissement de Dinan, département des Côtes-du-Nord, où s'élève son château patrimonial de Saint-Meleuc.

D'ancienne extraction chevaleresque, la maison de Saint-Meleuc est connue en Bretagne depuis Jean de Saint-Meleuc, qualifié *Miles*, chevalier, dans un acte de vente consenti par le seigneur de Kerenois à Mathur ou Mathieu Berec en l'année 1296.

Le 29 février 1367, Ives de Saint-Meleuc donne quittance, comme archer, à la haute paye pour son service des deux mois précédents (*Titres de l'ancienne noblesse*).

En 1420, Guillaume de Saint-Meleuc était homme d'armes dans la montre du vicomte de la Bellière pour la délivrance du duc de Bretagne (*Mémoire de don Maurice*, tome II, colonne 1010).

On trouve dans le même ouvrage (colonne 707), Robert de Saint-Meleuc (on a mis Melleuc), en 1392, dans la montre de Regnault de Reux, et (colonne 1672), Olivier de Saint-Meleuc aux états de Vannes, de 1455.

Ce même Guillaume de Saint-Meleuc dont il est question plus haut (voir l'*Histoire généalogique de plusieurs maisons illustres de Bretagne*, par Augustin du Paz, MDCXIX, sous la date du 19 février 1458, pages 414 et 415), figure comme témoin avec Briend de Châteaubriand, sire de Beaufort, Guillaume le Chauff, Henri de Québriac, dans trois actes de notoriété relatifs à la famille de du Guesclin dont il était l'ami.

Dans les *Mémoires de don Maurice*, colonne 1359, tome III, on trouve un René de Saint-Meleuc comme archer, le 7 mars 1569, de l'arrière-ban de l'archevêché de Saint-Malo en l'archidiaconé de Dinan.

Enfin Charles de Saint-Meleuc survit en qualité d'homme d'armes sous le sire du Plessis en 1621.

En 1758, Étienne de Saint-Meleuc était capitaine de la compagnie garde-côtes de Miniac, commune située près de Saint-Malo, département d'Ille-et-Vilaine.

### CÔTÉ MATERNEL.

Les de Saint-Meleuc descendent par leur mère, dame Caroline Porée du Breuil, de la famille de du Guesclin. Nicolas Porée, conseiller au parlement de Bretagne en 1636, ayant épousé Julienne du Guesclin (voir l'*Armorial* Potier de Courcy et le *Nobiliaire breton*, déposé à la bibliothèque de Rennes, tome II, page 228).

La famille Porée, déclarée noble et d'ancienne extraction par jugement de 1670, portait « de gueules à la « bande d'argent chargée de trois merlettes de sable. » Jean Porée, vaillant capitaine de corsaire, reçut en 1608 pour prix de ses faits d'armes un portrait de Henri IV enrichi de diamants. Alain Porée, aussi capitaine, émule de Duguay-Trouin, reçut de Louis XIV, en récompense de ses hauts faits, deux épées d'honneur et un portrait enrichi de diamants et de rubis.

Les autres illustrations principales de la maison de Porée furent deux conseillers au parlement de Bretagne, en 1636 et 1662, un secrétaire du roi en 1712, un mestre de camp de cavalerie en 1730 et un avocat général en 1740 (voir l'*Armorial* de Potier de Courcy).

Voici la filiation de la maison de Saint-Meleuc établie d'après un arrêt du 3 janvier 1669, rendu sur le rapport de M. de Langle.

I. René de Saint-Meleuc, écuyer, seigneur de Saint-Meleuc et autres lieux, mort avant 1478, est mentionné dans une transaction de cette année comme père de Jean qui suit, II.

II. Jean de Saint-Meleuc, chevalier, seigneur de Saint-

Meleuc, de Marival, de la Saudraye, de Ville-Jean et autres dieux, transigea le 12 novembre 1478, avec Jacques Queren au sujet d'une rente due par celui-ci. Il épousa Gillette l'Enfant, d'une ancienne famille de la province, avec laquelle il vivait en 1480. Il eut de ce mariage René qui suit, III.

III. René de Saint-Meleuc, deuxième du nom, écuyer, seigneur de Saint-Meleuc, etc., paroisse de Plendihen, évêché de Dol, maintenu dans la réformation de 1513. Il avait épousé Claude l'Enfant, dont il eut trois enfants, savoir :

*A.* René de Saint-Meleuc, troisième du nom, écuyer, seigneur dudit lieu, de la Saudraye, etc.; il n'eut pas d'enfants de son mariage avec Françoise de Guitté;

*B.* Charles qui suit, IV.

*C.* Charles (autre) de Saint-Meleuc.

IV. Charles de Saint-Meleuc, premier du nom, chevalier, seigneur de Saint-Meleuc, de la Ville-Jean, de la Saudraye, de Marival, de Beauvais, etc., épousa Catherine Grignart, dont un fils Charles, qui suit, V.

V. Charles de Saint-Meleuc, deuxième du nom, chevalier, seigneur de Saint-Meleuc, Marival, la Ville-Jean, la Saudraye, etc., qui servit en qualité d'homme d'armes sous le sire du Plessis, en 1621. Il épousa Marie Bonnet, d'une famille noble, dont il eut un fils, François, qui suit, VI.

VI. François de Saint-Meleuc, écuyer, seigneur de Saint-Meleuc, de la Ville-Jean, de la Saudraye, de Marival, de Beauvais, de Saint-Guinou, de Vauclerie, marié en 1652 à Jeanne Macé, de la maison de ce nom déclarée d'ancienne extraction par jugement de 1669 quatre enfants, savoir :

*A.* Mathieu de Saint-Meleuc, écuyer, seigneur de

Saint-Meleuc, etc., déclaré noble d'extraction par jugement du 3 janvier 1669; il mourut sans laisser de postérité.

 *B.* Eustache, qui continue la filiation et suit, VII.

 *C.* Jeanne de Saint-Meleuc.

 *D.* Étienne de Saint-Meleuc.

 VII. Eustache de Saint-Meleuc, écuyer, seigneur de Saint-Meleuc, etc., etc., maintenu dans sa gentillesse et priviléges et déclaré d'ancienne extraction avec son frère Mathieu, par arrêt du 3 janvier 1669, épousa Suzanne Gauthier de la Benaudais, dont il eut un fils, Étienne qui suit, VIII.

 VIII. Étienne Sébastien de Saint-Meleuc, chevalier, seigneur de Saint-Meleuc, de Marival, de la Saudraye de la Ville-Jean, de Vauclerie, de Beauvais, de Saint-Guinou, héritier principal du noble seigneur de Marival, épousa Françoise Mallet, dont un fils, Alain-Malo-Étienne qui suit, IX.

 IX. Alain-Malo-Étienne de Saint-Meleuc, écuyer, seigneur de Saint-Meleuc, etc., etc., épousa Thérèse de la Motte de Montmuran dont deux enfants, savoir :

 *A.* Hélène-Fidèle de Saint-Meleuc épousa Louis le Forestier de la Houssaye.

 *B.* Henri-Alain-Jean-Joseph qui suit, X.

 X. Henri-Alain-Jean-Joseph de Saint-Meleuc, chevalier, seigneur de Saint-Meleuc, de Marival, de la Saudraye, de la Ville-Jean, de Beauvais, de Veauclerie, de Saint-Guinou, conseiller au parlement de Bretagne en 1783. Il fut un des trois magistrats qui, après avoir été détenus au Temple avec le roi Louis XVI, périrent sur l'échafaud révolutionnaire, le 21 juin 1794. Il avait épousé Anne Porée de Latouche, de la maison Porée mentionnée plus haut. Il eut de ce mariage un fils, Marie-Aristide, qui suit, XI.

XI. Marie-Aristide, comte de Saint-Meleuc, chef de nom et d'armes de sa famille, avocat général à la Cour de Rennes, à l'âge de vingt-quatre ans, étant alors le plus jeune magistrat de toute la France, démissionnaire en 1830 par refus de serment, épousa dame Caroline Porée du Breil, sa cousine germaine, dont trois enfants, savoir :

*A.* Marie-Edmond, comte de Saint-Meleuc, chef de nom et d'armes de cette belle famille, épousa mademoiselle Émilie Michel de Montluçon, petite-fille du comte du Bourblanc, ancien avocat général au parlement de Bretagne, mort conseiller du roi Louis XVIII.

*B.* Marie-Alphonse, vicomte de Saint-Meleuc, épousa mademoiselle de Farcy de la Ville-du-Bois, fille de M. le vicomte de Farcy de la Ville-du-Bois, capitaine adjudant-major dans la garde royale, démissionnaire en 1830, et petite-fille de M. le marquis de la Bédoyère, dont la terre du nom, en Talensac près Montfort, appartient à M. le vicomte de Saint-Meleuc par son mariage avec mademoiselle de Farcy.

*C.* Marie-Francisque de Saint-Meleuc épousa mademoiselle de Tinguy, fille de M. le marquis de Tinguy.

**SAINT-MELOIR.** *Bretagne.*

De gueules, à dix molettes d'or posées 4, 3, 2 et 1.

Cette famille a deux représentants : de Saint-Meloir, chevalier de la Légion d'honneur, à Taden, département des Côtes-du-Nord ; Auguste-Bertrand-Marie de Saint-Meloir, attaché à l'administration des lignes télégraphiques, à Paris.

**SAINT-MICHEL DE DUNÉZAT.** *Saintonge, Guyenne.*

De gueules, au Saint-Michel ailé, revêtu de son armure,

la tête nue, couvert de son bouclier et armé de sa lance, terrassant un dragon, le tout d'or.

Cette famille a encore trois représentants à la Guyane française, où elle s'est établie au commencement du XVIII$^e$ siècle. L'un de ses membres a été lieutenant de roi et deux fois gouverneur intérimaire de cette colonie. Deux fils de cet officier ont servi dans la marine sous Louis XVI : l'un d'eux était capitaine de vaisseau lors de la Révolution. Un fils de celui-ci est mort en 1819, lieutenant de vaisseau.

### SAINT-MICHEL. *Dauphiné.*

D'argent, à trois fasces d'azur, chargées de six besants d'or posées trois sur la première fasce, deux sur la seconde et une sur la troisième.

Saint-Michel, en Dauphiné, a trois représentants : de Saint-Michel, au château de Blagny, par Mirebeau, département de la Côte-d'Or; de Saint-Michel, à Lyon; de Saint-Michel de Rivet, sous-commissaire de la marine, directeur de la Banque, à la Martinique.

### SAINT-MICHEL. *Orléanais.*

D'azur, à un bouclier d'or, croisé de gueules et accompagné de trois demi-vols d'argent, posés en bande, deux en chef et un en pointe.

Saint-Michel, en Orléanais, a deux représentants : de Saint-Michel, au château de la Commanderie, par Pont-aux-Moines, département du Loiret; de Saint-Michel, à Orléans.

### SAINT-OMER. *Artois.*

D'or, à la bande de gueules chargée d'une étoile du champ.

De Saint-Omer, unique représentant du nom, est employé au ministère de l'intérieur, à Paris.

### SAINT-OUEN. *Normandie.*

D'azur, au sautoir d'argent, cantonné de quatre aiglettes au vol abaissé du même.

Cette famille est représentée par Ernest de Saint-Ouen d'Enermont, au château de Heuze, par Bellencombre, département de la Seine-Inférieure, et par Alexandre-Louis de Saint-Ouen de Pierrecourt, au château de Grésil, à Montureux-sur-Saône, département des Vosges.

### SAINT-OURS. *Dauphiné.*

D'or, à l'ours de sable.

De Saint-Ours, unique représentant du nom, réside au château de Griffoul, par Sarlat, département de la Dordogne.

### SAINT-PAIR. *Normandie, Bretagne.*

D'argent, à trois losanges de gueules; au chef du même chargé d'un lion léopardé d'or.

L'unique représentant du nom, de Saint-Pair, réside au château de Beauchamps, par Honfleur, département du Calvados.

### SAINT-PARDOUX (du Bousquet de). *Limousin.*

Écartelé : aux 1 et 4 de gueules à un chef cousu d'azur, chargé de trois molettes d'éperon d'or, aux 2 et 3 contre-écartelé d'azur à la bande d'or, accostée de six étoiles du même, mises en rang ; qui est de Lajaumont. Couronne : de comte.

Cette famille a trois représentants : le comte Maurice du Bousquet de Saint-Pardoux, au château de Saint-Pardoux, par Donzenac (Corrèze); le vicomte Joseph du Bousquet de Saint-Pardoux, au château des Picquets, par Julliac (Corrèze); le vicomte Henry du Bousquet de Saint-Pardoux, à Cosnac, par Brives (Corrèze).

**SAINT-PASTOU.** *Languedoc, Guyenne, Gascogne.*

D'azur, à l'aigle d'argent, tenant en son bec une cloche du même.

Cette famille a deux représentants : de Saint-Pastou, à Toulouse; de Saint-Pastou, inspecteur des contributions directes, à Pau, département des Basses-Pyrénées.

**SAINT-PAU.** *Guyenne.*

D'or, à trois fasces ondées d'azur.

De Saint-Pau, unique représentant du nom, réside au château de Bois-Thibanet, par Lassay, département de la Mayenne.

**SAINT-PAUL.** *Franche-Comté, Provence, Bretagne, Artois, Picardie, Languedoc, Toulouse, Normandie.*

FRANCHE-COMTÉ, PROVENCE. D'azur, à la croix écotée d'or; sur le tout de sable, semé de faux sans nombre d'or.

BRETAGNE. D'azur, au paon rouant d'or.

ARTOIS. D'azur, à une gerbe d'avoine d'or, liée du même.

PICARDIE. D'argent, au lion de gueules.

LANGUEDOC. D'argent, à trois pals de gueules, chargés d'une croix de Malte de sinople.

TOULOUSE. D'azur, à une épée d'argent, la pointe en bas, la garde d'or, sur laquelle s'appuie un lion d'or, armé et lampassé du même.

Normandie. D'argent, au sautoir dentelé de sable.

Sous le nom générique de Saint-Paul on compte dix-sept représentants : le marquis de Saint-Paul, à Paris ; le comte de Saint-Paul, à Paris ; le baron de Saint-Paul, au château de Liqueux, par Savignac, département de la Dordogne ; de Saint-Paul, officier de la Légion d'honneur, ancien préfet du département de la Meurthe ; de Saint-Paul, ancien conseiller d'État, secrétaire au ministère de l'intérieur, à Paris ; de Saint-Paul-la-Roche, référendaire à la Cour des comptes, à Paris ; de Saint-Paul, à Paris ; Maurice de Saint-Paul, à Paris ; de Saint-Paul, avocat, à Paris ; de Saint-Paul, à Bazoches, département du Loiret ; de Saint-Paul, à Bazoches, département du Loiret ; de Saint-Paul de Sinçay, chevalier de la Légion d'honneur, directeur des mines de la Vieille-Montagne, à Paris.

**SAINT-PÈRE.** *Provence.*

D'argent, au chevron de gueules, accompagné de trois croix pattées du même, posées 2 et 1, chacune entourée d'un cercle de grains de chapelet, aussi de gueules.

Cette famille a plusieurs représentants : Charles de Saint-Père, à Paris ; son fils, Eugène de Saint-Père, à Paris, père de Jeanne et de Léon ; Gabriel de Saint-Père, à Dijon ; Julien de Saint-Père, officier de marine, à Brest.

**SAINT-PÉRIER.** *Beauce.*

Écartelé d'argent et d'azur ; à la bonde de gueules brochante sur le tout.

Cette famille a deux représentants : le comte de Saint-Périer, au château de Valnay, par Étampes, département de Seine-et-Oise ; le vicomte de Saint-Périer, au château de Champigny, par Étampes.

**SAINT-PERN.** *Bretagne.*

D'azur, à dix billettes vidées d'argent, posées 4, 3, 2 et 1.

Cette famille a quatre représentants : le marquis Isidore de Saint-Pern, au château de Guilerien, près Broons, département des Côtes-du-Nord ; le comte Raoul de Saint-Pern, au château de la Bourgonnière, par Ancenis, département de la Loire-Inférieure ; de Saint-Pern, au château de Lande, par Malestroit, département du Morbihan ; l'abbé de Saint-Pern, vicaire de la Trinité, à Paris.

**SAINT-PHALLE.** *Nivernais, Champagne, Bourgogne.*

D'or, à la croix ancrée de sinople.

D'ancienne noblesse, cette famille est représentée par le marquis de Saint-Phalle, conseiller général, au château de Montgoubin, par Nevers, département de la Nièvre. Elle est également représentée par le comte de Saint-Phalle, à Saint-Julien-du-Sault, département de l'Yonne.

**SAINT-PIERRE.** *Normandie.*

D'azur, au chevron d'or accompagné de trois roses du même. — D'azur, à trois roses d'or.

Cette famille a quatre représentants : le marquis de Saint-Pierre, à Saint-Brieuc, département des Côtes-du-Nord ; le comte de Saint-Pierre, à Paris ; le vicomte de Saint-Pierre, au château de Saint-Pierre-de-Fresne, par Aunay, département du Calvados ; de Saint-Pierre, au château de Rochel, par La Haye-Pesnel, département de la Manche.

**SAINT-PIERRE DE NIEUBOURG.** *Provence.*

D'azur, au lion couronné d'or et à la bande de gueules brochante sur le tout.

L'unique représentant du nom, comte de Saint-Pierre de Nieubourg, réside à Cimiès, près Nice, département des Alpes-Maritimes.

**SAINT-PIERRE.** *Toulouse.*

Écartelé : aux 1 et 4 de gueules, à deux clefs d'or passées en sautoir, l'anneau en bas ; aux 2 et 3 d'azur, au lion rampant d'or ; au chef de sable, à trois croissants d'argent, brochant sur le tout.

Cette famille a deux représentants à Bordeaux ; de Saint-Pierre, avocat ; de Saint-Pierre, juge au tribunal civil.

**SAINT-POL.** *Normandie.*

D'argent, au sautoir denché de sable.

Saint-Pol, en Normandie, a trois représentants : le comte de Saint-Pol, à Abbeville, département de la Somme et au château de Thaon, par Creuilly, même département ; le comte de Saint-Pol, au château de Neuilly, par Evrecy, département du Calvados ; de Saint-Pol, au château de Masle, par Theil, département de l'Orne.

**SAINT-PONCY** (MOLEN DE). *Bretagne, Limousin, Auvergne.*

D'azur, à trois flanchis d'or.

Cette famille a trois représentants : le marquis Molen de Saint-Poncy, au château de Bonnac, par Massiac, département du Cantal ; le comte Léo Molen de Saint-

Poncy, conseiller général, à Blesle, département de la Haute-Loire, qui a sa résidence d'hiver à Paris ; le vicomte Molen de Saint-Poncy, au château de Lafaye, par Blesle.

**SAINT-PRIVAT.** *Montpellier, Montauban.*

Étiqueté d'or et de sable.

L'unique représentant du nom, marquis de Saint-Privat, réside au château de Rabasse, par Saint-Mamers, département du Gard.

**SAINT-PRIX DE SOUBEYRAN.** *Vivarais.*

Coupé : au 1 d'azur, au buste féminin, chevelé et couronné d'or, accosté de deux croissants d'or en chef ; au 2 d'argent, à trois tours de gueules, posées 2 et 1 ; au chef de gueules, chargé de trois macles d'argent.

Cette famille, qui a donné deux chevaliers de Saint-Louis et un député, est représentée par Hector-Ernest-Humbert de Saint-Prix de Soubeyran, au château de la Bastie-Tour-de-Vère, par Saulces, département de la Drôme.

**SAINT-QUENTIN.** *Champagne, Guyane française, Franche-Comté, Cambrésis, Artois, Picardie, Poitou, Berry, Bourg.*

CHAMPAGNE, GUYANE FRANÇAISE. D'azur, à la fasce d'or, chargée d'un tronc d'arbre de gueules, et accompagnée en chef de trois molettes du second.

FRANCHE-COMTÉ. D'or, à la bande de gueules ; au franc-canton d'azur.

CAMBRÉSIS. De sinople, à la tête de léopard d'argent.

ARTOIS, PICARDIE. D'argent, à la croix de gueules, couronnée de quatre lionceaux de sable.

POITOU. SAINT-QUENTIN DU DOIGNON. D'argent, à neuf mouchetures d'hermines de sable.

Berry. D'or, à la fleur de lis de gueules.

Bourg. Saint-Quentin de Blet. D'or, à la fleur de lis d'azur.

La plupart de ces familles sont encore représentées.

### SAINT-REMY (du Puy de). *Limousin.*

De sable, au lion d'or, armé, lampassé et couronné de gueules ; au chef cousu du même, chargé de trois étoiles d'argent.

Le vicomte du Puy de Saint-Remy, unique représentant du nom, réside au château de Saint-Remy, par Villeneuve, département de l'Aveyron.

### SAINT-REMY. *Maine.*

De sable, au chevron d'argent accompagné de trois fleurs de lis d'or, deux en chef et une en pointe.

Cette famille dont était Ambroise de Saint-Remy, écuyer, qui épousa, le 28 avril 1499, Guyonne de Coisnon, a possédé plusieurs fiefs et seigneuries. Elle s'est divisée en quatre branches : de Saint-Remy, de Courvallain, de la Chesnadière, de Fleuriot, et n'est plus représentée que par deux membres : de Saint-Remy de Courvallain, au château de Courvallain, par Tuffé, département de la Sarthe ; de Saint-Remy, au Mans.

### SAINT-SALVY (Bourdoncle de). *Toulouse, Montauban.*

De gueules, à un pélican avec ses trois petits d'argent ; au chef d'azur, chargé de trois étoiles d'or.

Bourdoncle de Saint-Salvy, unique représentant du nom, réside à Lavaur, département du Tarn.

### SAINT-SAUVEUR. *Normandie.*

D'argent, au chevron d'azur, accompagné en chef de

deux étoiles de gueules et en pointe d'une rose du même.

Cette famille a trois représentants : de Saint-Sauveur, au château de Saint-Sauveur, par Athis, département de l'Orne ; de Saint-Sauveur, inspecteur des forêts, à Chaumont, département de la Haute-Marne ; de Saint-Sauveur, ancien avocat au conseil d'État, à Paris.

**SAINT-SERNIN** (CARDAILLAC DE). *Quercy, Auvergne.*

De gueules, au lion d'argent, armé, lampassé, couronné d'or ; à treize besants d'argent rangés en orle.

Cette famille a deux représentants : le marquis Cardaillac de Saint-Sernin, au château de Molandier, par Belpech, département de l'Aude ; Cardaillac de Saint-Sernin, à Toulouse.

**SAINT-SÉVERIN.** *Italie, France.*

D'argent, à la fasce de gueules.

Le marquis de Saint-Séverin, unique représentant du nom, réside au château de Trocher, par Douvaine, département de la Haute-Savoie.

**SAINT-SIMON** (ROUVROY DE). *Picardie.*

Écartelé : aux 1 et 4 de sable, à la croix d'argent, chargée de cinq coquilles de gueules, qui est de Rouvroy ; aux 2 et 3 échiqueté d'or et d'azur ; au chef du second, chargé de trois fleurs de lis du premier, qui est de Saint-Simon.

Éteinte dans les mâles, cette famille est représentée par la duchesse Rouvroy de Saint-Simon, à Paris.

**SAINT-SIMON DE TALHOUET.** *France.*

D'argent, au chef emmanché de sable.

L'unique représentant du nom, comte de Saint-Simon de Talhouet, réside au château de Prevessin, à Ferney, département de l'Ain.

**SAINT-SOUPLET** (Guillemeau de). *Ile-de-France.*

D'azur, à la licorne issante d'argent du bord de l'écu, surmontée de deux étoiles d'or.

Guillemeau, marquis de Saint-Souplet, unique représentant du nom, réside au château de Saint-Cyr, à Villetertre, département de l'Oise.

**SAINT-THOMAS.** *France.*

D'or, à la bande d'azur, accompagnée en chef d'un casque de chevalier au naturel, et en pointe d'une épée haute en pal également au naturel ; au chef de gueules, à la croix ancrée d'argent entre deux roses héraldiques du même.

Cette famille a deux représentants : Jean-Etienne, chevalier de Saint-Thomas, au château des Athiauds, par Saint-Germain-Lespinasse, département de la Loire ; Ludovic de Saint-Thomas, receveur particulier des finances, à Thiers, département du Puy-de-Dôme.

**SAINT-THOMAS** (L'Ange). *Picardie.*

D'azur, au croissant d'argent, surmonté d'une étoile du même.

L'Ange de Saint-Thomas, unique représentant du nom, est avocat à Beauvais, département de l'Oise.

**SAINT-TRIVIER.** *Bourgogne.*

De sable, à une croix tréflée d'argent.

Cette famille a deux représentants : le vicomte de Saint-Trivier, au château de la Brosse, à Montmerle, par Trévoux, département de l'Ain ; le vicomte de Saint-Trivier, au château du Thil, par Beaujeu, département du Rhône. Il a sa résidence d'hiver à Lyon.

**SAINT-VALLIER.** *Dauphiné.*
D'azur, à six besants d'or.
Cette famille a trois représentants : le comte de Saint-Vallier, au Château-les-Eppes, à Festieux, département de l'Aisne ; le vicomte de Saint-Vallier, chef du cabinet du ministère des affaires étrangères, à Paris ; de Saint-Vallier, chevalier de la Légion d'honneur, secrétaire d'ambassade, attaché au ministère d'État, à Paris.

**SAINT-VICTOR.** *La Rochelle.*
D'azur, à une croix fleurdelisée d'or.
Cette famille est représentée par le comte de Saint-Victor, à Paris ; et par de Saint-Victor, chef de cabinet du préfet, à Evreux, département de l'Eure.

**SAINT-VICTOR.** *Lyonnais.*
D'argent, à la canette de sable passée sur trois pommes de pin de sinople en pointe ; au chef d'azur, à trois étoiles d'or.
Cette famille est représentée par deux frères résidant alternativement à Lyon et aux châteaux de Romo, par Amplepuis, et de Chamousset, par Saint-Layrent, département du Rhône.

**SAINT-VINCENT.** *Lorraine, Champagne, Pays basque, Toulouse.*
LORRAINE, PAYS BASQUE. D'azur, au lion d'or.
Un représentant : de Saint-Vincent, chevalier de la Légion d'honneur, conseiller à la cour de Nancy.

Champagne, Pays basque. Écartelé : aux 1 et 4 d'or, au bœuf passant de gueules, clariné du même; au canton sénestre d'azur chargé d'une croix pattée et alésée d'or; aux 2 et 3 d'or, à la cloche de gueules. (Cette branche est éteinte.)

Champagne, Toulouse, Pays basque. De gueules, au dextrochère d'argent, mouvant du flanc sénestre, tenant une épée d'argent montée d'or.

Cette branche a trois représentants, dont deux ont postérité : le chevalier de Saint-Vincent, comte palatin, au château de Gizancourt (Marne); le marquis de Saint-Vincent, au château de Marcillac (Aveyron); le baron de Saint-Vincent, à Toulouse.

### SAINT-VINCENT (Robert de). *Ile-de-France.*

D'or, à la vache de gueules, accolée, accornée et clarinée d'azur; sur la tête une étoile de gueules et un chef aussi d'azur.

Cette famille a trois représentants : le vicomte Robert de Saint-Vincent, officier de la Légion d'honneur, chef de bataillon du génie, au château de Forges, par Orsay, département de Seine-et-Oise ; Henri-Robert de Saint-Vincent, capitaine au 80e de ligne; le vicomte Robert de Saint-Vincent, colonel de cavalerie en retraite.

### SAINT-YON DU TREMBLAY. *Picardie.*

D'azur, à la croix losangée d'or et de gueules, cantonnée de quatre cloches d'or bataillées d'azur.

Cette famille, dont était Pierre de Saint-Yon, écuyer, seigneur de Russy, en Valois, vivant vers l'an 1500, est représentée par de Saint-Yon du Tremblay, à Paris.

**SAISSEVAL.** *Picardie, Artois.*

D'azur, à deux bars adossés d'argent. Cimier : une licorne. Supports : deux lévriers.

D'ancienne noblesse de Picardie, élection d'Amiens. La généalogie de cette belle famille remonte à Enguerrand de Saisseval, écuyer, lequel fit conjointement avec sa femme, en 1023, hommage au seigneur de Picquigny, à cause de son fief de Saisseval, de ceux de Brailly et de Saint-Vicats.

Robert de Saisseval suivit Louis IX en Terre-Sainte et assista à la bataille de la Massoure, où le Roi et les capitaines qui l'accompagnaient firent, au dire du sire de Joinville, des prodiges de valeur.

L'un de ses descendants, en 1636, sous François I$^{er}$, se jeta avec 1,000 hommes d'infanterie dans la place de Péronne, qu'assiégeaient les impériaux, et força le comte de Nassau à lever le siége, malgré trois brèches considérables faites aux remparts. Le souvenir de cette action d'éclat se conserva jusqu'en 1789 dans la mémoire reconnaissante des habitants de la ville, et tous les ans, le jour de saint Furcy, on promenait processionnellement, comme témoin de ce haut fait, une bannière à l'un des coins de laquelle étaient brodées les armes de Saisseval : « *A la porte d'azur, à deux bars adossés d'argent.* »

En 1590, un sieur de Saisseval trouvait la mort sous les murs de Doullens, assiégée par Henri IV.

En 1745, Louis-François-Maximilien de Saisseval, sous les ordres du duc de Chaulmes, exécutait la manœuvre qui fixa le sort de la bataille de Fontenoy ; ce fut lui qui plaça les quatre canons en face de la colonne anglaise et qui les dirigea jusqu'à la fin de l'action. Il avait vingt-deux ans à peine et fut le grand-oncle du comte de Saisseval, président du tribunal civil de Reims, mort le dernier hoir mâle de son nom, le 14 janvier 1874.

**SAISSY** (Chateauneuf de). *Provence.*

D'azur, au château flanqué de deux tours d'argent.

L'unique représentant du nom, comte Châteauneuf de Saissy, réside à Bleussac, par Nice.

**SAISSY DE KERAMPUIL.** *Bourgogne, Bretagne.*

Écartelé : aux 1 et 4 de gueules, à trois colombes d'argent, qui est de Kerampuil ; aux 2 et 3 de gueules, à l'épée d'argent, pointée sur une guipe et surmontée d'une hache d'armes du même, en pal, qui est de Saisy. Couronne : de marquis.

Devises : *Qui est Saisy est fort.* — *Mitis ut columba.*

Originaire de Bourgogne, cette famille, dont une branche s'est établie en Bretagne, a trois représentants : Emmanuel-Joseph-Marie, comte de Saisy de Kerampuil, chevalier de la Légion d'honneur, au château de Ker-Saint-Éloi, près de Rostrenen, département des Côtes-du-Nord ; le comte François de Saisy de Kerampuil, à Saint-Pol-de-Léon, département du Finistère ; Charles-Xavier de Saisy de Kerampuil, au château de Siltz, par Muzillac, département du Morbihan.

**SALABERRY** (Irumberry de). *Navarre, Orléanais, Touraine.*

Parti : au 1 coupé, en chef d'or, au lion de gueules, armé et lampassé du même, qui est de Laxague et en pointe d'or, à deux vaches de gueules accornées, accolées et clarinées d'azur, qui est de Béarn ; au 2 de gueules, à la croix d'argent pommetée d'or ; à la bordure d'azur chargée de huit croix de Saint-André d'or. Tenants : deux anges tenant chacun une bannière de gueules, à la croix d'argent, pommetée d'or. Couronne : de comte. Cimier : une tête de maure.

Devise : *Force à superbe, mercy à faible.*

La maison d'Irumberry de Salaberry, originaire du royaume de Navarre, d'ancienne extraction et de chevalerie, tire son nom des châteaux et fiefs d'Irumberry et de Salaberry, fiefs compris dans tous les rôles des maisons qui donnaient entrée aux États du royaume de Navarre, dans le corps de la noblesse. Dès l'an 1276, nous voyons N***, seigneur d'Irumberry, chevalier et mesnadier du roi de Navarre. La qualité de mesnadier impliquait le titre de chevalier et imposait le devoir de servir le roi pendant quarante jours en temps de guerre, et de le suivre à cheval en temps de paix, accompagné d'un cavalier bien armé et équipé aux dépens du titulaire.

Cette origine et ces titres sont prouvés par des chartes originales des années 1274, 1275, 1308, 1428, 1429, conservées à la Bibliothèque nationale, à Paris.

La généalogie de cette maison, officielle et attestée, remonte sans interruption, de mâle en mâle, par ordre de primogéniture à Pierre d'Irumberry, premier du nom, seigneur d'Irumberry, au pays de Cize, qui épousa en 1445 Gracieuse de Lacarre, de l'illustre maison de Lacarre, nièce de Henri Ier, dit le Gros, roi de Navarre.

Elle a plusieurs représentants : Louis-François-Georges-Ehrard, comte de Salaberry, chef de nom et d'armes, chevalier de Malte, né en 1804, qui épousa Herminie-Angélique-Marie-Hyacinthe Conen de Saint-Luc, dont trois enfants : Louis-Anne-Marie-Hubert d'Irumberry, comte de Salaberry, marié à Antoinette-Charlotte-Henriette-Marie-Élisabeth de Pechpeyrou de Comminges-Guitaut, dont sept enfants ; Jeanne-Marie-

Charlotte, vicomtesse de Penet de Monterno; Louise-Anne-Marie-Charlotte, sans alliance.

### SALAUN DE KERTANGUY. *Bretagne.*

D'argent, à la hure de sanglier arrachée de sable, défendue d'argent, couronnée d'or.

Félix Salaun de Kertanguy, unique représentant du nom, est officier de marine.

### SALES. *Toulouse, Languedoc.*

TOULOUSE. D'azur, au château d'argent, maçonné de sable.

LANGUEDOC. D'azur, au lion d'or, lampassé de gueules; au chef du même, chargé de trois étoiles d'argent.

Cette famille a deux représentants: de Sales, notaire, à Figeac, département du Lot; de Sales, proviseur au lycée à Carcassonne, département de l'Aude.

### SALETTES. *France.*

Écartelé: aux 1 et 4 d'azur, au lion d'or; aux 2 et 3 d'or, à l'arbre de sinople.

Cette famille a deux représentants: le baron de Salettes, juge de paix; de Salettes, avocat à Pau, département des Basses-Pyrénées.

### SALIGNAC DE LA MOTHE-FÉNELON. *Périgord.*

Écartelé: aux 1 et 4 d'azur, au chevron d'or, accompagné en chef de deux losanges d'or et en pointe d'un lion d'or qui est Caze; aux 2 et 3 d'or, à trois bandes de sinople, qui est Salignac. Couronne: de marquis. Cimier: une aigle d'or gisant, surmonté d'une croix d'or arrondie et bourdonnée.

Devise, tirée de la huitième églogue de Virgile, placée entre l'*alpha* et l'*oméga* : *A te principium Tibi desinet.*

Maison originaire du Périgord où sa filiation est connue depuis 980, elle a occupé les plus hautes fonctions du royaume.

Cette maison compte parmi ses ancêtres plusieurs ambassadeurs, trois chevaliers des ordres du roi, dix évêques, des abbesses, trois archevêques, entre autres le célèbre archevêque de Cambrai, la gloire de son siècle; il appartenait à la branche aînée de la Mothe-Fénelon, branche éteinte le 25 décembre 1852 par la mort prématurée de Charles-François-Henri de Salignac de La Mothe, marquis de Fénelon, né le 13 octobre 1831, fils de Charles-Pierre-Henri de Salignac, marquis de La Mothe-Fénelon, né le 1er avril 1799, mort le 13 novembre 1849, et de Berthe de Roncherolles.

Son unique sœur, seule représentante de cette illustre maison et de sa branche, Adélaïde-Marie-Charlotte de Salignac de La Mothe-Fénelon, mariée le 10 décembre 1849 à Alexandre-Gustave-Augustin-Xavier, vicomte de Caze de la Bove, d'une ancienne maison de Provence, originaire d'Italie, mort le 17 janvier 1873 à 53 ans. A la suite d'un jugement du tribunal de la Seine, rendu le 17 juin 1855, un décret de Sa Majesté l'Empereur Napoléon III, en date du 8 septembre 1855, inscrit au *Bulletin des Lois* le 25 décembre 1855, elle a été autorisée pour elle, son mari et ses enfants nés et à naître à relever les noms et les armes de cette antique maison de Salignac La Mothe-Fénelon.

1° Alexandre-François-Augustin de Salignac de la Mothe-Fénelon, né le 19 novembre 1850;

2° Enguerrand-Alexandre-Gustave-Adolphe de Salignac de la Mothe-Fénelon, né le 18 août 1852;

3° Robert-Henri de Salignac de la Mothe-Fénelon, né le 10 décembre 1855 ;

4° Hélion-Henri de Salignac de la Mothe-Fénelon, né le 7 août 1857.

Preuves pour l'ordre du Saint-Esprit faites en 1579 et 1759.

On trouve dans La Chesnaye des Bois, tome XII, page 481, la filiation de cette maison jusqu'à inclus :

XXI. — (François) de Salignac, marquis de la Mothe-Fénelon, né le 7 novembre 1722, colonel du régiment de la Fère en 1743, brigadier des armées du roi en 1647, maréchal de camp le 10 février 1759, lieutenant général le 25 juillet 1762; il avait été gouverneur de la Martinique et des îles du Vent; le 27 novembre 1747 il épousa Marie-Charlotte de Bercy, née le 8 mai 1729, elle mourut en 1760.

Leurs enfants furent :

XXII. — Louis-François-Charles de Salignac de la Mothe-Fénelon, né à Paris le 9 septembre 1730; le 3 juillet 1762 il fut nommé lieutenant en second dans le régiment du Roi, puis capitaine de cavalerie dans Royal-Navarre; il est mort à Paris le 24 mars 1803, laissant de son mariage avec Marie-Catherine-Moulins, un fils.

XXIII. — Charles-Pierre-Louis de Salignac, marquis de la Mothe-Fénelon, né le 1er avril 1799, il a servi dans les gardes du corps du Roi, compagnie de Noailles, jusqu'en 1830; le 25 janvier 1829 il épousa Berthe de Roncherolles; il est mort le 13 novembre 1849 laissant :

Charles-François-Henri de Salignac de la Mothe, marquis de Fénelon ci-dessus, mort sans enfants, laissant son nom à sa sœur Adélaïde-Marie-Charlotte et aux enfants nés de son mariage avec le vicomte de la Caze de Bove.

**SALIGNY.** *France.*

De gueules à trois tours d'argent.

L'unique représentant du nom, comte de Saligny, grand officier de la Légion d'honneur, réside à Paris.

**SALIMBENI.** *Toulouse.*

Écartelé : aux 1 et 4 de gueules, au lion rampant d'argent ; aux 2 et 3 de gueules, à trois losanges d'argent, posées 2 et 1.

L'unique représentant du nom de Salimbeni réside à Toulouse.

**SALINIS.** *France.*

D'argent, au hêtre de sinople, sénestré d'un ours au naturel, contre-rampant et jetant du sel avec sa patte.

L'unique représentant du nom, Jean-François de Salinis, commandeur de l'ordre de Saint-Grégoire le Grand, est percepteur à Pau.

**SALIS.** *France.*

D'argent, au saule de sinople, coupé sur argent à deux pals de gueules.

Cette famille a trois représentants : le comte de Salis, chevalier de la Légion d'honneur, conseiller général, à Beauvais, département de l'Oise ; le vicomte Paul de Salis, ingénieur civil, à Paris ; de Salis, à Metz.

**SALLE** (Caillebot de la). *Beauce.*

D'or, à six annelets de gueules.

Le marquis de Caillebot de la Salle, unique représentant du nom, réside à Versailles.

**SALLE** (DE LA). *Guyenne.*

Écartelé : aux 1 et 4 d'or, au lion de gueules ; aux 2 et 3 d'azur, à neuf losanges d'or, posées 3, 3 et 3.

Cette famille a quatre représentants : de la Salle, au château de Garinie, par Montbazens, département de l'Aveyron ; de la Salle, au château de Ganet, par Margaux, département de la Gironde ; de la Salle, receveur de l'enregistrement à Salignac, département de la Dordogne ; l'abbé de la Salle, à Bordeaux.

**SALLE** (DE LA). *Lyonnais.*

D'azur, à trois tours d'argent maçonnées de sable.

L'unique représentant du nom, de la Salle, sans fonctions et sans titre, réside à Lyon.

**SALLE** (DE LA). *Normandie.*

D'azur, au croissant d'or, surmonté de deux étoiles du même.

Cette famille a deux représentants : de la Salle, avocat à Paris, et de la Salle, ancien lieutenant-colonel à l'état-major général des gardes nationales de Paris, sous-préfet de Châteaudun.

De la Salle Amand, conservateur des hypothèques à Fontainebleau, est mort ne laissant qu'une fille qui a épousé M. de Buffon, avocat général à Rennes, seul descendant du naturaliste.

**SALLE** (DE LA). *France, Bourbonnais, Touraine, Bourgogne, Poitou.*

FRANCE. D'argent, à la tour donjonnée de sable.

BOURBONNAIS. D'or, à la croix ancrée de sinople ; au canton de gueules.

TOURAINE. D'argent, à trois fleurs de lis d'or ; à la bordure d'azur.

BOURGOGNE. Fascé, ondé d'argent et de gueules de huit pièces.

POITOU. D'argent, à trois tourteaux d'azur rangés en bande.

Sous le nom générique de la Salle, on trouve encore quatre représentants : de la Salle, au château de Phlins, par Nomény, département de la Meurthe ; de la Salle, directeur de l'école supérieure, à Bourges, département du Cher ; de la Salle, chevalier de la Légion d'honneur, à Blidah, Algérie ; de la Salle de Rocheman, à Blois, département du Loir-et-Cher.

**SALLÉ.** *France.*

De gueules, au chevron brisé d'or, accompagné de trois étoiles d'argent ; à la bordure d'hermines ; au franc-quartier de baron ; président de cour d'appel.

De noblesse d'empire, cette famille est représentée par le baron Sallé, conseiller à la Cour d'appel, à Bourges, département du Cher.

**SALLEMARD.** *Beaujolais, Dauphiné.*

Coupé d'argent sur sable ; à la bande dentelée de l'un en l'autre.

Le comte Raymond de Sallemard, chef de nom et d'armes, réside au château de Montfort, par Vienne, département de l'Isère ; le vicomte de Sallemard, autre représentant du nom, réside au château de Peyrins, par Romans, département de la Drôme.

**SALLEN.** *Normandie.*

D'azur, à la fasce d'argent, accompagnée de trois annelets du même.

Le baron de Sallen, unique représentant du nom, réside au château de la Rivière, par Balleroy, département du Calvados.

### SALLES-LAURAGUAIS. *Languedoc.*

Écartelé : au 1 d'argent, à la croix de Jérusalem de gueules ; sur le tout d'or, à deux tourteaux de gueules ; aux 2 et 3 d'azur, au chevron d'or accompagné en chef de trois étoiles et en pointe d'un lion rampant du même ; au 4 d'argent, à la fasce de gueules, accompagnée en pointe d'un poirier de sinople fruité de gueules ; au chef d'or, chargé d'une fleur de lis de gueules ; sur le tout d'or, au lion de gueules, accompagné en chef et en pointe d'un tourteau du même ; à la bordure de sinople, chargée de huit petits écus d'or.

Quatre familles ont possédé le nom et les seigneuries de Salles en Lauraguais : Avant le xiv$^e$ siècle immémorialement, les Espagne-Montespan, branche des comtes de Foix, Comminges et Armagnacs, c'est-à-dire descendants des rois de Bavière et des rois carlovingiens et mérovingiens par un Caribert, puis les Montesquieu jusqu'en 1577. Les Rochefort, *Roquefort* du P. Antoine, *Ruperfortis* de d'Hozier, jusqu'au milieu du xviii$^e$ siècle, et enfin des Vaudreuil jusqu'à la Révolution. Les érudits ont cherché l'étymologie de Salles ou Sales, car Salle sur Lhers a porté ces deux orthographes. Ils sont arrivés jusqu'aux Francs *Saliens* et même aux Gallo-*Salluviens*. Un meuble de l'écu commun aux quatre branches, le tourteau de gueules, représente un gâteau peint en rouge que les *Saliens* offraient à leurs divinités païennes. Un morceau de l'ancienne seigneurie, la terre et château d'Autipas, Auzivats ou Aychivat, est encore possédé par les de Salles. Ces noms du château sont les variantes du latin *Areivus, Aydievatus*, en français Arcieu, prénom très-fréquent parmi les comtes prédécesseurs.

Eusèbe, le propriétaire, publia, sous ce nom d'Arcieu, un voyage à Londres en l'an 1822. C'est par les Roquefort que les attaches avec Salles sur Lhers avaient duré. Louis XIV, vieux et pauvre, pressura les nobles sous prétexte de révision des titres. Lacour de Bauval, un des traitants pour l'impôt déguisé, fut débouté par Lamoignon de Basville. Le parchemin jugement de noblesse (1695) mentionne une alliance contractée en 1528 par un Jean Martel (*sic*) de Salles, coseigneur de Barbeyran. Un autre Barbeyran, qualifié marquis, fut en correspondance avec le fameux évêque de Genève sanctifié depuis. Une lettre conservée comme une relique est un jalon de plus pour reconstruire les archives de famille après les ravages de la Révolution. Quand le nom du prélat commença à briller comme bel esprit et prédicateur, quelques homonymes du Midi réclamèrent sa parenté. Cet empressement était honorable de la part de nobles d'épée. Aussi la réponse fut-elle courtoise. Le prélat ne refuse pas le cousinage et offre sa protection pour faire entrer un cadet de Salles Barbeyran dans l'ordre de Malte. Il mentionne comme illustres homonymes, des Artoignan, des Rochefort, des Marquaient portant le patronymique de Salles comme le correspondant otacin. La lettre est de mai 1619. Elle est comme le jugement aux archives du département de l'Aude d'où relèvent Barbeyran, Salles-sur-Lhers et la terre d'Autipes. Après la canonisation du saint évêque, le prénom français rivalisa le nom plus ancien d'Arcieu, Arciet, Marcietou, Marsal. Deux frères aînés d'Eusèbe s'appelaient Marsal et François. Un petit-fils de Marsal, hôte le plus habituel du château d'Autipas et qui a épousé une nièce du maréchal Canrobert, héritière du marquisat des Montils au pays d'Aunis, ce petit-fils s'appelle encore Marsal de Salles, comme le Barbeyran allié des Roquefort en 1528. Quand Eusèbe, armé chevalier, grand-croix du Saint-Sépulcre à Jérusalem en 1837, dut selon la formule du diplôme *nomen baptismale mutare*, il ajouta François à son prénom jusque-là unique. Ses deux frères aînés avaient renouvelé vers 1808 l'alliance des Barbeyran avec les Rochefort. A trois cents ans de distance, la parenté traditionnelle ne pouvait être cas dirimant, le nom même avait changé, les alliés s'appelaient Pech, Delom, Tilly, Roquefort. Avant la Ligue ils étaient seigneurs de Vizeau qui a gardé leur écu d'argent au pêcher de sinople fruité au naturel. Un colonel Pech Delom, un des premiers chevaliers de Saint-Louis, en garnison à Bayonne vers la paix de Ryswyk, y avait épousé Albertine de Tilly, de la famille flamande illustrée par t'Serclaes de Tilly, généralissime des impériaux, qui balança Gustave-Adolphe dans la guerre de Trente ans.

Eusèbe, chef apparent de la famille par son grand âge, n'est réellement qu'un cadet survivant. Il est connu par des campagnes, des voyages et des livres. L'action fut toujours l'incitant de sa pensée. C'était la vraie manière de recommencer l'éclat des aïeux. Il fit la campagne d'Alger et écrivit *Alz le Renard*. Il voyagea en Europe, en Asie et Afrique et composa l'*Histoire des races humaines*. Il avait rencontré huit fois la peste en Turquie et autant de choléras en Europe : il discuta scientifiquement leur mode de propagation ; son mémoire changea les législations quarantenaires. Il avait pratiqué les mœurs et langues du magreb de la Turquie, Syrie, Égypte. Il traita la question d'Orient dans les *Pérégri-*

*nations*. Là figure son travail sur l'ordre de Malte auquel il appartenait depuis 1823. Ses diplômes de croix, commanderies et plaques des diverses nations visitées pendant sa mission de 1837, enregistrés à la Légion d'honneur, portent les titres héréditaires et personnels avec le nom sous lequel il s'est fait connaître depuis cinquante ans. Dans un siècle qui a changé tant de choses, cette prescription légale comptera quelque jour à ses deux héritiers militaires, François de Salles et Amaury de Lavalette, neveu par une sœur, ainsi qu'à Léon de Salles, l'ingénieur ; et d'abord à Marsal du château d'Antipas, chef de nom et d'armes. Celles d'Eusèbe après Jérusalem furent d'argent, à la croix potencée de gueules, avec sur le tout Arcieu. Les branches Marsal, Léon et François y écartèlent Desmoutils, Tilly, et Sijean Amaury a les siennes comme marquis de l'ancien Gévaudan : il y joindra Arcieu en franc-quartier. Entre Eusèbe et les Barbeyran la plupart des aïeux servirent dans le génie civil et militaire. Jacques-Marcel-François, le dernier de tous, était ingénieur du roi Louis XVI en Vivarais et Narbonnais, il commanda une compagnie de sapeurs-mineurs à l'armée de Dugommier, en 1794. Il n'avait pas émigré.

**SALLES**. *Guyenne, Gascogne, Béarn, Champagne.*

Guyenne, Gascogne. D'azur, au chevron d'or, accompagné de trois lions du même.

Béarn, Champagne. D'argent, à la tour donjonnée de sable posée sur un tertre de sinople.

Cette famille a quatre représentants : le comte de Salles, chevalier de la Légion d'honneur, à Marseille ; le vicomte de Salles, vice-président du Conseil de préfecture, à Dijon, département de la Côte-d'Or ; de Salles, à Paris ; de Salles de Hys, juge de paix à Massat, département de l'Ariége.

**SALLET.** *Normandie.*

D'argent, au cœur de gueules abaissé sous deux roses du même.

L'unique représentant du nom, de Sallet, réside au château de Haute-Éclaive, par Bonnétable, département de la Sarthe.

**SALLETOIN.** *Guyenne.*

D'azur, au chien d'argent passant sur une terrasse de sable et tenant entre ses dents une palme de sinople.

Cette famille n'est plus représentée que par de Salletoin, chevalier de la Légion d'honneur, à Champagnac, département de la Dordogne.

**SALLIGNY.** *Poitou.*

De gueules, à trois pals au pied fiché d'or ; à la bordure dentelée du même.

De Salligny, unique représentant de cette maison, est percepteur à Pougy-sur-Aube, département de l'Aube.

**SALM-SALM.** *France.*

Parti d'or et de gueules.

Les seuls représentants de cette maison, en France, sont la princesse de Salm-Salm et la comtesse de Salm-Salm, toutes deux à Paris.

**SALMON DE MAISON-ROUGE.** *Touraine.*

D'azur, au chevron d'argent accompagné en pointe d'une cloche du même, bataillée de sable ; au chef d'azur chargé de trois trèfles de sinople.

Cette famille n'a qu'un représentant : Joseph-Amédée Salmon de Maison-Rouge, au château de Plessis-Thibouze, par Azay-le-Rideau, département d'Indre-et-Loire. Il a sa résidence à Tours.

**SALMONIÈRE** (Goguet de la), *Bretagne.*

D'azur, au croissant d'or, accompagné de trois coquilles du même.

Goguet de la Salmonière chef de nom et d'armes, réside au château de Dieuzic, par Segré, département de Maine-et-Loire ; Charles Goguet de la Salmonière, oncle du chef de la famille, réside à Mantes. Il a postérité.

**SALOMON DE LA CHAPELLE.** *Sicile, Provence, Languedoc.*

D'azur, parti par un trait de sable ; au 1, à trois bandes d'or ; au 2, à une barre du même. Couronne : de marquis. Supports : à dextre, un lion ; à sénestre, une aigle.

Cette famille a deux représentants : Louis-Frédéric-Lancelot de Salomon de la Chapelle, chevalier de la Légion d'honneur, à Gluiras, par Saint-Pierreville, département de l'Ardèche ; Marie-Antoine de Salomon de la Chapelle, son fils, juge de paix à Lyon.

**SALUCES.** *Piémont.*

D'argent, au chef d'azur.

Devise : *Si Deus pro nobis quis contra nos ?*

Cette famille a pour chef de nom et d'armes le marquis Gabriel de Saluces, au château d'Aisuq, par Ruffec, département de la Charente. Il a deux fils et deux frères.

**SALVADOR.** *Comtat Venaissin.*

D'azur, au pin terrassé, accosté de deux cerfs et surmonté de trois molettes, le tout d'or.

Le vicomte de Salvador, unique représentant du nom, réside au château de Sarvaudou, par Avignon, département de Vaucluse.

**SALVAING DE BOISSIEU.** *Dauphiné.*

D'or, à l'aigle à deux têtes éployée de sable, membrée, becquée, diadémée de gueules; à la bordure d'azur semée de fleurs de lys d'or.

Devise : *A Salvaing le plus Gorgias.*

Cette famille est représentée par trois branches.

1re BRANCHE. Arthur de Salvaing, baron de Boissieu, au château de Beyre-le-Chatel, Mirebeau-sur-Beze (Côte-d'Or), fils du conseiller à la cour impériale de Paris, décédé le 1er mars 1870.

2me BRANCHE. Georges de Salvaing de Boissieu, au château de la Corbière, commune de Moussonvilliers (Orne).

Olivier de Salvaing de Boissieu, à Verneuil (Eure).

3e BRANCHE. Ernest-Armand de Salvaing de Boissieu, au château de Saint-Aubin-les-Elbeuf (Seine-Inférieure).

Gaston-Maurice-Prosper de Salvaing de Boissieu, lieutenant au 8e dragons, fils du précédent.

**SALVANDY.** *Gascogne.*

Écartelé : au 1 d'argent, à deux lions affrontés de gueules ; au 2 d'azur, à trois étoiles d'or posées 3 et 1 ; au 4 d'or, à deux taureaux de sable, la tête de front et posés l'un au-dessus de l'autre.

Cette famille est représentée par le comte Paul de Salvandy, député, résidant à Paris, époux de Mlle Eugénie Rivet, fille du baron Rivet, ancien préfet du Rhône, ancien conseiller d'État, ancien député.

Le père de M. de Salvandy, décédé en 1856, était

membre de l'Académie française, grand-croix de la Légion d'honneur, et avait été successivement conseiller d'État, député, ambassadeur et ministre de l'instruction publique avant 1848.

**SALVE.** *Provence.*

D'argent, au loup passant de sable ; à la bordure dentelée de gueules.

Cette famille a deux représentants : Sébastien de Salve, à Reillane, par Forcalquier; de Salve, inspecteur de l'instruction publique, à Marseille.

**SALVE-VILLEDIEU.** *France.*

D'argent, à deux loups passants de sable, l'un sur l'autre, armés, lampassés de gueules ; à la bordure du même. Couronne : de marquis.

Louis-Ernest de Salve-Villedieu, chevalier de la Légion d'honneur, unique représentant du nom, réside à Valensales, département des Basses-Alpes.

**SALVERT.** *Bourbonnais.*

D'azur, à la croix ancrée d'argent.

Cette famille a deux représentants : le comte de Salvert, au château de Villebeton, par Cloyes, département d'Eure-et-Loir ; de Salvert, à Lyon.

**SAMATAN.** *Languedoc et Provence.*

D'azur, au dextrochère de carnation, habillé de pourpre et tenant trois épis de blé d'or; au chef de gueules chargé de trois croix de Comminges d'argent. Supports : deux lévriers d'argent colletés d'or.

Cette famille, dont il est parlé dans dom Vaissette, a pour représentant : Louis-Nicolas, baron de Samatan, chevalier de l'ordre de Saint-Jean de Jérusalem, à Marseille, dont le grand-père, Basile de Samatan, périt sur l'échafaud révolutionnaire, le 23 janvier 1794, victime de son dévouement à l'ancienne monarchie.

**SAMBŒUF.** *France.*

D'azur, au chevron d'argent accompagné en chef de deux têtes de bœuf, et en pointe d'une étoile d'argent.

Cette famille a deux représentants : Louis-Ernest de Sambœuf, capitaine au 43e de ligne ; Charles-Pierre de Sambœuf, à Anglure, département de la Marne.

**SAMBUCY.** *Toulouse.*

D'or, au sureau de sinople fleuri d'argent, posé sur un croissant de sable ; au chef d'azur, chargé d'un soleil d'or.

Cette famille a trois représentants : le baron de Sambucy de Sorgues, à Toulouse, membre de la Société archéologique ; Adrien de Sambucy de Saint-Luzençon, à Toulouse ; de Sambucy de Sorgues.

**SAMPIGNY.** *Lorraine, Auvergne, Ile-de-France.*

De gueules, au sautoir d'argent.

Cette famille a trois représentants : le comte de Sampigny, au château de la Garde, par Lezoux, département du Puy-de-Dôme ; de Sampigny, au château de Denone, par Aigueperse, même département ; de Sampigny, au château de Forest, par le Donjon, département de l'Allier.

**SAPIN.** *Italie, Bourbonnais, Auvergne.*

De gueules, au chevron d'argent, accompagné en pointe d'un croissant d'or ; au chef d'argent, chargé d'un sapin de sinople. Couronne : de marquis. Supports : deux lévriers.

Devise : *Pro rege et fide semper.*

Divisée en trois branches dont la première est éteinte, cette famille a pour siége principal le château de Trouffy, en Auvergne.

**SAPINAUD.** *Poitou.*

D'argent, à trois merlettes de sable.

Cette famille a trois représentants : le vicomte Ernest de Sapinaud, à Angers, département de Maine-et-Loire ; de Sapinaud, au château de Coulon, par la Flèche, département de la Sarthe ; de Sapinaud, au château de Triquel, par Guéméné-Penfao, département de la Loire-Inférieure.

**SAPORTA.** *Provence.*

D'azur, au portique d'or ; au chef cousu de gueules, chargé d'un lion passant d'or.

L'unique représentant du nom, marquis de Saporta, réside à Aix, département des Bouches-du-Rhône.

**SAQUI DE SANNES.** *Provence.*

De gueules, au chevron d'argent, accompagné en pointe d'un grappin du même.

Le marquis de Saqui de Sannes, chef de nom et d'armes, à Aix, département des Bouches-du-Rhône, a trois fils, entre autres Charles de Saqui de Sannes, sous-préfet de Clamecy. Il a aussi une fille.

**SARCÉ.** *Maine, Touraine.*

D'or, à la bande fuselée de sinople, couronne de comte.

Cette famille fort ancienne a six représentants : Louis et Eugène de Sarcé, au château d'Houdebert (Indre-et-Loire) ; Victor de Sarcé, à Chanceaux-sur-Choisille (Indre-et-Loire) ; Hippolyte de Sarcé, et Pierre de Sarcey, au château de la Soudelle, par Tours (Indre-et-Loire) ; Gaston de Sarcey, au Mans (Sarthe).

**SARCUS.** *Picardie, Bourgogne.*

De gueules, au sautoir d'argent, cantonné de quatre merlettes du même.

Cette famille se divise en trois branches : la première a pour chef de nom et d'armes le marquis de Sarcus, à Aumale, département de la Seine-Inférieure, qui n'a qu'une fille ; la seconde est représentée par le comte de Sarcus, à Saint-Léger, par Beaumont-le-Roger, département de l'Eure ; la troisième est représentée par le comte de Sarcus, à Bussy-le-Grand, département de la Côte-d'Or, qui a un fils marié.

**SARDIN DE LA SOUTIÈRE.** *Poitou.*

D'azur, à trois sardines de gueules posées en fasce l'une sur l'autre.

Cette famille a trois représentants dans le département de la Charente : Sardin de la Soutière, au château de Reillac, par Chabannais ; Sardin de la Soutière, au château de Jambes, par Saint-Cloud ; Sourdin de Fonfais, à Champagne-Mouton.

**SARRAZIN.** *Auvergne.*

D'argent, à la bande de gueules, chargée de trois coquilles d'or.

Cette famille, qui a donné un chambellan du roi saint Louis, se divise en deux branches : celle de Bonnefont et celle de Chalusset. La première a pour chef de nom et d'armes Allyre-Charles-Augustin, comte de Sarrazin, au château de la Boutelaye, près la Roche-Posay, département de la Vienne. Il a un cousin, le vicomte Alfred de Sarrazin, chevalier de la Légion d'honneur, ancien sous-préfet, à Vendôme, département de Loir-et-Cher, qui a un fils, le vicomte René de Sarrazin, officier au 10e bataillon de chasseurs à pied.

La seconde branche a deux représentants : le comte Émile de Sarrazin, à Clermont-Ferrand, département du Puy-de-Dôme, qui a un fils, le vicomte Achille de Sarrazin, au château de Mazie, par Aurillac, département du Cantal.

**SARRAZIN DE MONTFERRIER.** *Limousin.*

De gueules, à trois fleurs de lis mal ordonnées.

Cette famille a trois représentants : Ernest Sarrazin de Montferrier; Gustave Sarrazin de Montferrier, à Paris; Adolphe Sarrazin de Montferrier, curé de Saint-Marcel de la Maison-Blanche, à Paris.

**SARREBOURSE.** *Orléanais.*

D'azur, à la croix ancrée d'or.

Cette famille a deux représentants : Sarrebourse d'Audeville, ancien sous-préfet, à Apt, département de Vaucluse ; Sarrebourse de la Guillonnière, juge de première instance, à Orléans.

**SARRET.** *Languedoc, Auvergne.*

D'azur, à deux lions affrontés d'or, armés et lampassés de gueules, surmontés d'une étoile d'argent et posés sur un rocher de six coupeaux du même.

Distinguée par ses services militaires, cette famille,

qui a donné Henri de Sarret, seigneur de Fabrègues, maréchal des camps et armées, gouverneur de Pézenas, commandant un régiment de son nom au siége de Montpellier, sous les yeux du roi, en 1622, a donné aussi François-Antoine de Sarret, marquis de Fabrègues, conseiller du roi en ses conseils, maréchal des camps et armées, ainsi que plusieurs capitaines d'infanterie, de cavalerie, de dragons et de gentilshommes de la maison du roi. Elle remonte à Pierre de Sarret, premier du nom, seigneur du Pouget, en 1351, et elle a deux représentants : le comte de Sarret, au château de Cols, par Montsaloy, département du Cantal; de Sarret, au château de Coussergues, par Montagnac, département de l'Hérault.

**SARRIEU.** *Toulouse.*

De sable, à deux lions d'or l'un sur l'autre.

L'unique représentant du nom, de Sarrieu, réside à son château, par Boulogne, département de la Haute-Garonne.

**SARS.** *Artois.*

D'or, à la bande de gueules chargée de trois lions d'argent.

Cette famille est représentée par Louis-Eugène de Sars, ancien officier d'infanterie, adjoint au maire, à Aire-sur-la-Lys, département du Pas-de-Calais. Il a cinq enfants, un petit-fils et un neveu, à Aire.

**SARS DU CATELET** (le). *Flandre.*

Tiercé en pal : au 1 d'azur, au lion d'argent; au 2 de gueules, à une aigle d'argent en chef et une croix potencée du même en pointe; au 3 d'or, à trois barres d'azur.

L'unique représentant du nom, Charles le Sars du Catelet, sans fonctions et sans titre, réside à Cambrai, département du Nord.

**SARTIGES.** *Haute-Auvergne.*

D'azur à deux chevrons d'or, accompagnés de trois étoiles d'argent, deux en chef, une en pointe; le chevron du chef surmonté d'une fleur de lis d'or; supports: deux griffons d'or.

Devise : *Lilium pro virtute.*

La généalogie de la famille a été établie sur des actes authentiques dont le premier remonte à l'an 1223 et dont les derniers se rapportent aux années présentes. Nous nous bornons à donner un extrait de ces documents curieusement réunis par le baron de Sartiges d'Angles et qui font mention de nombre d'autres familles historiques.

Gaultier de Sartiges, chevalier, accompagna le roi saint Louis à la première croisade en 1248, sous la bannière d'Alphonse de France, frère du roi. Il se trouva avec ce prince à Saint-Jean d'Acre, au mois de mai 1250, et c'est en vertu du titre qui l'atteste, que son nom et l'écu de ses armes se trouvent à la troisième salle des croisades, au musée de Versailles. Gautier de Sartiges fut du petit nombre des croisés qui revirent leur patrie. Il rendit foi et hommage au vicomte de Ventadour, seigneur de Charlus, en 1258. Il laissa plusieurs fils, entre autres Hugues de Sartiges, damoiseau, et Bertrand de Sartiges. Ce dernier fut reçu chevalier de l'ordre du Temple, sous le grand maître Guillaume de Beaujeu, en 1279. Il était commandeur de Carlat en 1309. Arrêté avec les Templiers d'Auvergne, Bertrand de Sartiges fut interrogé par l'évêque de Clermont, en juin 1309, puis transféré à Paris, où il fut choisi par les accusés pour défendre l'Ordre devant la commission instituée par le pape Clément V. Après la dissolution des Templiers, il passa dans l'Ordre Teutonique.

Bertrand de Sartiges, fils de Hugues, précité, rendit hommage à l'évêque de Clermont en 1330 et 1337 et fit un échange avec le même prélat auquel il céda la haute et moyenne justice du fief de Marlat, paroisse de Sourniac, pour la moyenne et basse justice de Linars, paroisse de Jalleyrac, le 24 septembre 1335.

Bertrand de Sartiges, de Lavandès, fief qui donna son nom à une branche de la famille, fils de Ripond de Sartiges et de Sibylle de Bort, chevalier de Saint-Jean de Jérusalem, commandant d'Ydes, était frère puîné d'Hugues de Sartiges, deuxième du nom, chevalier. Il assista au mariage de Dauphine de la Tour d'Auvergne avec Astorge d'Aurillac, le 18 avril 1314, à celui de Bertrand IV, sire de la Tour, avec Isabeau de Lévis, au mois d'octobre 1320. Il testa le 31 mars 1346, recommandant à ses successeurs l'obéissance au roi, en mémoire de la fleur de lis d'or que Philippe de Valois lui avait concédée au camp de la Capelle. Il déclara vouloir être inhumé dans l'église du prieuré de Champagnac, dans laquelle reposaient déjà Bernard de Sartiges, son aïeul; Julienne d'Aleyrac, son aïeule; Rigaud, son bisaïeul, et N. de Montmorin, sa bisaïeule. Il fonda une messe anniversaire pour le repos de l'âme de Bertrand de Sartiges, jadis chevalier du Temple. Il laissa d'Astorge d'Archon plusieurs enfants.

Georges de Sartiges, damoiseau, son fils aîné, reçut des reconnaissances féodales comme coseigneur de Sartiges, paroisse de Sourniac, le vendredi après la fête de l'Assomption 1362 et le 11 octobre 1368. Il rendit foi et hommage à Guy, seigneur de la Tour d'Auvergne, le 28 juillet 1374. Il avait épousé Marguerite de la Force, de la maison de Chabannes, fille de Pierre de la Force, chevalier, seigneur de la Force, près Charlus, dont il eut deux fils :

1° Bertrand de Sartiges, damoiseau, seigneur de Lavandès, de la Force, de Beyssat et autres lieux, institué héritier de Pierre de la Force, chevalier, son aïeul maternel, par testament de samedi, après la fête de Saint-Jean-Baptiste en 1374.

2° Antoine de Sartiges, damoiseau, seigneur de Lavandès, de la Force, de Roussilhe, du Vinhals et autres lieux, continue la descendance. Les papes Paul II et Sixte IV lui accordèrent, par indults des 3 octobre 1465 et 22 décembre 1474, diverses indulgences et priviléges pour avoir contribué à délivrer de l'esclavage des chrétiens pris par les Sarrasins. Il fit foi-hommage à Bertrand VII, sire de la Tour, comte de Boulogne et d'Auvergne, au château de Saint-Saturnin, le 9 août 1469, transigea avec Jeanne de Cayrac et ses filles, le 7 juin 1484 ; fit un échange avec Louis, comte de Ventadour, baron de Charlus, le 31 juillet 1490, et testa le 29 septembre 1493. De son mariage avec Catherine de Lespinasse de Malengue issirent outre Jean, qui suit, et Louis de Sartiges, dit de Lavandès, tué à l'armée d'Italie, le 8 juin 1520, Antoinette de Sartiges, religieuse à l'abbaye de la Règle, à Limoges ; elle n'avait que vingt ans lorsque par la bulle du pape Jules II, du 4 des Nones de mai 1507, elle fut pourvue du prieuré de la Mongerie, ordre de Saint-Benoît, en Limousin, puis transférée au prieuré de Champagnac, en Auvergne, dont elle prit possession le 25 mai 1539 et qu'elle résigna en faveur d'autre Antoinette de Sartiges, sa nièce, suivant bulle du pape Paul III, datée du 12 des calendes de juin 1542.

Aymon de Sartiges, seigneur de Lavandès, de la Force, de la Roussilhe, du Broc, de Laurens, de Chabrier, de Combret et du Chaise, fit foi et hommage au roi entre les mains du sénéchal d'Auvergne, le 29 juillet 1540. Il servit dans une des compagnies d'ordonnance du roi et épousa, le 18 mai 1539, Claudine de Pléaux, fille d'Antoine de Pléaux, coseigneur de ladite ville, et de dame Guines de Saint-Aulaire.

Léger de Sartiges de Lavandès, son fils aîné, épousa, par contrat du 29 juillet 1571, Jacqueline de Turenne, fille de Jean de Turenne, baron de Durfort et de Soursac, et de Suzanne de Rillac. Son petit-fils, Charles de Sartiges, seigneur de Lavandès, de la Force, de Combret et de la Chaise, avait à peine dix ans lorsqu'il fut accordé en mariage avec Jeanne de Textoris, fille également mineure d'Aymon de Textoris et de Michelle de Moussy. Il servit à la réduction de Sancerre, en 1621 ; au siége de La Rochelle, en 1627 ; plus tard, en Roussillon et en Catalogne. Il fut convoqué le 23 février 1649 pour assister le 1er mars suivant à l'Assemblée des états de la haute Auvergne, à Aurillac.

Jean-Gabriel de Sartiges, seigneur de Lavandès, de Combret et de la Chaise, fils unique de Charles, précité, épousa, le 4 février 1638, Françoise d'Anglars. Il servit aux guerres de Guyenne, de Catalogne et de Flandre de 1651 à 1664, fut maintenu dans sa noblesse d'extraction le 15 décembre 1666, fit foi et hommage au roi le 20 septembre 1669. Il eut plusieurs fils, entre autres Charles, qui suit, et Claude de Sartiges, dit de Combret, garde du corps du roi, compagnie de Noailles, tué à la bataille de Seneffe, le 11 août 1764.

Charles de Sartiges, capitaine aux dragons de Saint-Nectaire, épousa, le 9 février 1671, Marie-Françoise de la Croix de Castries, fille de François de la Croix, baron d'Anglars, coseigneur de la ville d'Ussel, et de dame Anne de Saint-Quentin-Beaufort, dont il eut Claude de Sartiges, seigneur de Lavandès, du Combret et de la Chaise, lieutenant au régiment de Lévis-cavalerie. Il eut six enfants, dont trois fils : François qui suit; Aymon de Sartiges, lieutenant de cavalerie au régiment de Lévis, mort à l'armée de Bohême, le 3 février 1742 ; Jacques de Sartiges, lieutenant au régiment de Rohan-cavalerie, mort à l'armée de Flandre et inhumé dans l'église de Wilryck, près d'Anvers, le 1er octobre 1748.

François de Sartiges, qualifié comte de Lavandès, seigneur de Combret et de la Chaise, capitaine au régiment de Charlus-cavalerie. Né le 26 septembre 1702, mort le 20 novembre 1750, il laissa deux enfants : 1° Antoine-Marguerite de Sartiges, comte de Lavandès, page du duc d'Orléans en 1760, mort en 1779; 2° Marie-Pierrette-Françoise de Sartiges, mariée le 13 janvier 1776, à Jean-Gérôme de Ribier, seigneur de Chavagnac.

François de Sartiges de Lavandès, sieur d'Anjalhac, petit-fils de Pierre de Sartiges de Lavandès, fils puîné d'Aymon de Sartiges, seigneur de Lavandès et de Claudine de Pléaux, servit dans la compagnie du prince de Condé en Flandre, en Navarre, en Catalogne. Il épousa, le 12 juin 1641, Antoinette de Massip, dont un fils, Aymon de Sartiges. Celui-ci servit avec distinction dans la compagnie de gentilshommes chevau-légers, commandés par M. de Sournac.

Son petit-fils, Charles de Sartiges, seigneur d'Anjalhac et d'Estillot, officier au régiment de Lévis en 1730, épousa, le 30 mai 1735, Madeleine de Fontanges, fille d'Antoine de Fontanges, seigneur de Haute-Roche, de Vernines, de Fournols et de Clidelle, et de dame Marguerite de Longa, sœur consanguine de Marie-Élisabeth de Fontanges, épouse de M. de Sartiges de Sourniac, dont trois enfants, entre autres Guillaume de Sartiges, qui servit aux gendarmes de la garde de la Reine, jusqu'au licenciement du corps en 1788, et fut chevalier de Saint-Louis, et Madeleine de Sartiges, dame de justice de l'ordre de Malte, à Beaulieu, en Quercy, en 1771.

Jean de Sartiges-Lavandès, seigneur de la Chassaigne, fils puîné de Charles de Sartiges-Lavandès, seigneur d'Anjalhac, et de Jeanne du Châtelet, servit avec son frère dans la compagnie d'ordonnance du prince de Condé, fut maintenu dans sa noblesse le 15 décembre 1666, fit foi et hommage au roi les 8 juillet 1669, 21 janvier 1684 et 12 octobre 1685.

François de Sartiges, seigneur de Sourniac, son fils, lieutenant au régiment du Perche en 1693, épousa, le 11 avril 1706, Jeanne de Sartiges, fille de Charles et de Marie-Françoise de la Croix de Castries, ci-dessous. Il eut trois fils : 1° Charles, qui suit; 2° François de Sartiges, capitaine au régiment de Rohan, qui eut de son mariage avec Marie du Mont de Beaufort deux fils, morts sans alliance ; Jean-Baptiste de Sartiges de Beaufort, capitaine aux grenadiers du régiment de Béarn, aide de camp du général Boisgelin en 1792, et François de Sartiges, dit le chevalier de Beaufort; 3° Jean-Baptiste de Sartiges, officier porte-étendard des gardes du corps du roi, compagnie de Charost, et chevalier de Saint-Louis.

Charles de Sartiges, qualifié comte, puis marquis de Sartiges, seigneur de Sourniac, chevalier de Saint-

Louis, épousa, le 19 février 1727, Marie-Élisabeth de Fontanges, dame de Vernines, de Fournols et de Villejacques, dont sept enfants : François, qui suit ; Pierre-Antoine de Sartiges, chanoine-comte au chapitre de Lyon ; Charles de Sartiges, aussi chanoine-comte au chapitre de Lyon ; Pierre-François de Sartiges, dit le chevalier de Sourniac, capitaine au régiment de Neustrie en 1780, chevalier de Saint-Louis, émigré en 1792, colonel en 1814, mort sans alliance ; Pierre-Antoine-Simon, dit le vicomte de Sartiges, capitaine du génie en 1780, chevalier de Saint-Louis, émigré en 1792, colonel, puis maréchal de camp, mort sans alliance ; Magdeleine et Marguerite de Sartiges, admises sur preuves chanoinesses-comtesses au chapitre de Remiremont, en 1788.

François de Sartiges, comte de Sartiges et de Sourniac, seigneur de Vernines, de Fournols, de Bilgeac, du Planchat, de Guéry et autres lieux, fit plusieurs campagnes en Allemagne, en qualité de capitaine au régiment Royal-Comtois, de 1746 à 1749. Chevalier de Saint-Louis, inspecteur général des haras d'Auvergne, il racheta du comte de Combarel la terre de Sartiges, berceau de sa famille, et en obtint la réunion à celles de Sourniac et de Lavaur avec titre de comte, le 17 juillet 1786. Incarcéré pendant la Terreur, soustrait à l'échafaud par la chute de Robespierre, le comte de Sartiges mourut à Sourniac le 11 juillet 1804, laissant de Marie-Gilberte de Talemandier de Guéry trois fils : Louis-Joseph-François, Charles-Gabriel-Eugène et Antoine-François-Gilbert.

Louis-Joseph-François, comte de Sartiges, né en 1767, officier aux gardes françaises, admis aux honneurs de la cour en mai 1789, lieutenant-colonel en 1814, chevalier de Saint-Louis, mort sans alliance aux bains de Schlangenbach, duché de Nassau, en 1837.

Charles-Gabriel-Eugène, vicomte de Sartiges, du vivant de son frère aîné, né à Sourniac le 10 novembre 1770, officier dans la marine royale en 1787, sous-préfet de Gannat en 1807, préfet de la Haute-Loire en 1814, chevalier de Saint-Louis, mort à Lyon le 9 juillet 1827, épousa en 1802 Françoise-Félicité du Barry, fille de Balthazar du Barry, major d'infanterie, chevalier de Saint-Louis, et de Marie-Madeleine de la Roche du Bouzet. Elle mourut à Clermont-Ferrand, le 13 février 1857, laissant deux enfants, savoir :

Étienne-Gilbert-Eugène, comte de Sartiges, qui suit ;

Blanche-Gilberte-Stéphanie de Sartiges, qui épousa Adrien du Closel de Champfollet.

Etienne-Gilbert-Eugène, comte de Sartiges, après Louis-Joseph-François, comte de Sartiges, son oncle, mort sans alliance, chef de nom et d'armes de sa famille, né le 17 février 1809, successivement secrétaire de légation au Brésil, en Grèce, à Constantinople de 1830 à 1844, ministre de 1844 à 1862 en Perse, aux États-Unis d'Amérique, aux Pays-Bas, en Italie, ambassadeur près du Saint-Siège, de 1863 à 1868, sénateur, grand officier de la Légion d'honneur, grand-croix de plusieurs ordres. De son mariage avec Anne Thorndike, il a trois enfants, savoir :

A. Eugène de Sartiges.

B. Marie-Élisabeth de Sartiges.

C. Louis de Sartiges.

Antoine-François-Gilbert, comte de Sartiges-Sourniac, né le 3 février 1772, mort à Sourniac en mai 1850, officier au régiment de Neustrie, émigré en 1792, fit toutes les campagnes de l'armée de Condé, jusqu'au licenciement en 1801. Il épousa Louise-Suzanne de Chabannes, fille de Claude-François, marquis de Chabannes, pair de France, et de dame Marie-Henriette de Fourvières de Quincy, dont il eut un fils François-Louis-Marie, né le 8 juin 1806, marié en 1848 à Sophie d'Anglars de Bassignac, dont Hélène, Louise, Henriette et Aymon.

D'une autre branche de la famille, celle de la Prade, sont issus : Jean, baron de Sartiges d'Angles, né le 1ᵉʳ novembre 1789, veuf sans enfants de dame Anne-Joséphine-Ghislaine Domis de Semerpont, d'une famille noble de Belgique ; Jean-François, baron de Sartiges de Durfort qui épousa Delphine de Narbonne-Pelet, dont un fils, Jean-Gustave, et une fille, Delphine-Thérésia.

**SARTON DE JONCHAY.** *Lyonnais.*

D'or, au lion de gueules ; au chef d'azur, chargé d'une étoile d'argent.

De Sarton de Jonchay, unique représentant du nom, réside au château de Jonchay, par Anse, département du Rhône.

**SASSELANGES** (SANHARD DE). *Languedoc.*

D'azur, au sautoir d'or.

Le marquis Sanhard de Sasselanges, unique représentant du nom, réside au château de Veauchette, département de la Loire.

**SAUCEY.** *Normandie.*

D'azur à trois fers de lance d'or, accompagnés en chef de deux molettes d'argent.

Éteinte dans les mâles, cette famille n'est plus représentée que par Mᵐᵉ de Saucey, au château de Grand-

Blateriau, par Carquefou, département de la Loire-Inférieure.

**SAUCIÈRES.** *France.*

De gueules, au lion d'or couronné du même.

De Saucières, unique représentant du nom, est directeur d'assurances à Versailles, département de Seine-et-Oise.

**SAUGY.** *Paris.*

D'azur, à une fasce d'argent, chargée d'une plante de sauge de sinople.

Sans fonctions et sans titre, l'unique représentant du nom, de Saugy, réside à Lyon.

**SAULIEU.** *Bourgogne, Nivernais.*

Tiercé en fasce : au 1 de gueules, à trois étoiles d'or ; au 2 d'or plein ; au 3 d'azur, au lévrier passant d'argent, colleté de gueules, bordé et cloué d'or.

De Saulieu, unique représentant du nom, réside au château de Lurcy-le-Bourg, par Premery, département de la Nièvre.

**SAULNIER.** *Bourbonnais, Nivernais, Saintonge.*

Bourbonnais, Nivernais. D'argent, à trois bandes d'azur.

Saintonge. D'azur, au chardon d'or, tigé, feuillé et terrassé de sinople, supportant deux chardonnerets affrontés du même.

Cette famille a quatre représentants : le vicomte Jules Saulnier d'Anchald, officier de louveterie, à Beaumont-la-Ferrière, département de la Nièvre ; Saulnier de Longchamps, au château de Curton, à Chalignac, département de la Charente ; le baron Saulnier de Pierrefonds, receveur particulier, à Château-Thierry, département de l'Aisne ; Saulnier de Praingy, au château de Praingy, par Saint-Menoux, département de l'Allier.

### SAULNIER (DU). *Auvergne.*

D'azur, au chevron d'or, accompagné de trois demi-vols d'argent.

Éteinte dans les mâles, cette famille n'est plus représentée que par M$^{me}$ la douairière du Saulnier, au château de Rabaux, par Masseret, département de la Corrèze.

### SAULNIER DE LA COUR (LE). *Bretagne.*

Écartelé : aux 1 et 4 d'azur, à trois poissons d'argent nageant l'un sur l'autre, qui est de Saulnier ; aux 2 et 3 d'or, au porc-épic de sable, qui est le Pugneix.

L'unique représentant du nom, le Saulnier de la Cour, commande l'aviso de première classe à vapeur, le *Forfait.*

### SAULNIER DE LA PINELAIS. *Bretagne.*

D'azur, à trois poissons d'or nageant l'un sur l'autre.

Cette famille, qui a même souche et même origine que la précédente, a deux représentants : le Saulnier de la Pinelais, substitut du procureur de la République, à Ancenis, département de la Loire-Inférieure ; le Saulnier de la Pinelais, président du tribunal civil, à Saint-Brieuc, département des Côtes-du-Nord.

### SAULT (ARRAC DE VIGNES DE). *Guyenne.*

Écartelé : aux 1 et 4 d'argent, au sanglier passant de sable ; aux 2 et 3 d'azur, à l'aigle éployée d'or, le vol abaissé.

Cette famille a deux représentants : Arrac de Vignes, baron de Sault, au château de Sault de Navailles, département des Basses-Pyrénées ; Arrac de Vignes, baron de Sault, au château de Marpats, par Amou, département des Landes.

**SAUMERY** (Johanne de Lacarre de). *France.*

Écartelé : aux 1 et 4 de gueules au lion d'or ; aux 2 et 3 parti : d'azur, à trois fasces d'or et de sable, à trois coquilles d'argent.

Les deux représentants du nom de Johanne de Lacarre de Saumery résident à Orléans.

**SAUNHAC.** *Toulouse.*

Coupé : en chef d'or, au lion de gueules ; en pointe de gueules, au lion contourné d'argent.

Cette famille a quatre représentants : le baron de Saunhac de Fossat, au château de Fossat, par Fumel, département du Lot ; de Saunhac, au château de Tourriol, par Laissac, département de l'Aveyron ; de Saunhac, vice-président du tribunal, à Rodez, département de l'Aveyron ; de Saunhac, chevalier de la Légion d'honneur, lieutenant de vaisseau.

**SAUR.** *France.*

Écartelé : au 1 d'azur, au miroir ovale d'or, accolé d'un serpent d'argent qui se mire dans la glace ; au 2 et 3 d'or, au trèfle de sinople ; au 4 tranché A taillé d'argent et de gueules ; B d'azur, à une rose au naturel brochant sur les trois émaux.

Originaire de Bavière, cette famille éteinte dans les mâles n'est plus représentée que par la comtesse de Saur, au château de Courboissy, par Bassou, département de l'Yonne.

**SAUSSAY** (du). *Normandie.*

D'hermines au sautoir de gueules.

L'unique représentant du nom, du Saussay, est juge à Caen, département du Calvados.

**SAUSSAYE** (de la). *Orléanais.*

D'argent, au chevron de gueules, accompagné en chef de trois saules de sinople et en pointe d'un porc-épic de sable, passant.

Cette ancienne famille a trois représentants : Jean-François de Paule-Louis de la Saussaye, membre de l'Institut, commandeur de la Légion d'honneur, conseiller général de Loir-et-Cher, recteur de l'Académie de Lyon ; Olivier-Nicolas-Louis de la Saussaye, maire de Cormeray, au château de la Plante-d'Or, près Cormeray (Loir-et-Cher) ; Jean-François de Paule-Amédée-Renaud de la Saussaye, ancien conseiller de préfecture, à Lyon (Rhône).

**SAUSSAYE D'AUBIGNY** (de la). *Beauce, Orléanais.*

D'argent, à trois saules de sinople.

L'unique représentant du nom, de la Saussaye d'Aubigny, sans fonctions et sans titre, réside à Paris.

**SAUSSURE.** *Lorraine.*

Bandé, contre-bandé d'or et de sable.

Les représentants de cette famille sont nombreux, à Genève, à Lausanne, dans la Caroline du Sud. Le nom était primitivement Mongin de Saulxure, du bourg de Saulxure, en Lorraine.

**SAUTEREAU DU PORT.** *France.*

D'azur, à la croix d'or, cantonnée de quatre faucons d'argent, chaperonnés, grilletés et longés du second.

Cette famille a trois représentants : le baron Sautereau du Port, ancien directeur des haras, à Strasbourg ; Eugène Sautereau du Port, chevalier de la Légion d'honneur, lieutenant-colonel au 5ᵉ de hussards ; Jules Sautereau du Port, à Nevers, département de la Nièvre.

### SAUVAGE DE BRANTES. *Paris.*

D'azur, au chevron d'argent, chargé d'une croisette ancrée de gueules et de deux fleurs de lis d'azur, et accompagné en chef d'une étoile d'or, et en pointe d'un croissant du second.

Supports : deux lions.

Devise : *Facta et fata constantem probant.*

Sauvage de Brantes (Roger), marié à Louise Lacuée de Cessac, dont enfants : Paul et Françoise.

### SAUVAIGE. *France.*

De gueules, à l'aigle éployée d'argent, membrée d'azur.

Louis de Sauvaige, unique représentant du nom, réside au château de Verduzan, par Montréal, département du Gers.

### SAUVAN D'ARAMON. *Languedoc.*

Écartelé : aux 1 et 4 de gueules, au lion d'or, qui est de Sauvan ; aux 2 et 3 fuselé d'argent et de gueules, qui est de Barbezières-Chemerault.

Cette famille se compose de trois frères : Paul-Camille-Antoine, marquis de Sauvan d'Aramon, à Aramon (Gard) et à Paris, qui a cinq fils ; Georges-Henri-Louis, comte de Sauvan d'Aramon, à Paris et au château de Chaumont-sur-Loire ; Charles-Bernard-Jacques de Sauvan d'Aramon, mêmes résidences.

### SAUVEJUNTE (baron de Lavie). *Béarn.*

De sinople, fretté d'or à une fasce de vair.

De Sauvejunte, chef de nom et d'armes, réside au château de Coabous, par Castelnau-Magnoac, département des Hautes-Pyrénées ; de Sauvejunte, autre représentant du nom, est juge de paix à Castelnau-Magnoac, qui a deux fils, Louis et Jules de Sauvejunte.

### SAUVEUR DE LA CHAPELLE. *Bretagne.*

Tranché de gueules et d'azur, à la bande d'or.

Cette ancienne famille établie depuis Louis XIV en Bretagne a fourni des membres au parlement de ce pays. A son nom le Sauveur elle a joint celui de la Chapelle et s'est alliée, tant par elle que par les Quemper de Lanascal, à une grande partie de la noblesse bretonne.

Différents titres et actes publics authentiques établissent son ancienneté et son illustration.

1440. Charte sur parchemin passée devant vénérable et religieux seigneur messire Louis Sauveur, chanoine et archidiacre de l'église Sainte-Marie de Nîmes.

1471. Quittance donnée par Mathieu Beauvarlet, secrétaire du roi Louis XI, à Jehan de Sauveur, grènetier général du roi à Pontoise.

1574. Rôle original de 48 hommes de guerre formant la garnison du château de Beaufort en Anjou, et commandés par le lieutenant Pierre Sauveur, seigneur de Villeneuve.

1696. Copie de l'enregistrement officiel des armoiries de la famille Sauveur à l'Armorial du roi à la généralité de Paris.

Désiré, baron Sauveur de la Chapelle, ancien député, chef de nom et d'armes de sa famille, épousa M⁽ˡˡᵉ⁾ de Quemper de Lanascal, fille du marquis de Quemper de Lanascal, dont deux enfants, savoir :

A. Eugène Sauveur de la Chapelle, épousa M⁽ˡˡᵉ⁾ Cornu de Selins, dont un fils qui suit :

Jacques Sauveur de la Chapelle, dernier représentant actuel et héritier présomptif de nom et d'armes.

B. M⁽ᵐᵉ⁾ Léonide Sauveur de la Chapelle, épousa M. le vicomte de Crésolles dont postérité.

**SAUZAY.** *France.*

D'azur, à la tour ronde bretessée d'argent, de cinq pièces, maçonnée de sable, posée sur une terrasse de sinople et accompagnée en chef de deux étoiles d'argent.

L'unique représentant du nom, Alexis-Hyacinthe, comte de Sauzay, chevalier de la Légion d'honneur, ancien officier de cavalerie, réside à Paris.

**SAUZET.** *France.*

D'argent, à six fusées de gueules mises en fasce, surmontées en chef de quatre canettes du même. Couronne : de marquis.

La branche unique de cette famille est représentée par le comte Saint-Ange de Sauzet, qui a son domicile d'été au château de Boiris, près Saint-Lys, département de la Haute-Garonne, et son domicile d'hiver à Toulouse.

**SAVARY.** *France.*

D'argent, à une tête de mort surmontée d'un lambel à cinq pendants de gueules.

Sous le nom générique de Savary on rencontre deux représentants : Savary de Beauregard, au château de Boisvert, par Lermenault, département de la Vendée ; Savary de l'Épineraye, au château de Jay-Moreau, près Saint-Hilaire, même département.

**SAVARY DE LANCOSME.** *Touraine.*
Écartelé d'argent et de sable.
Cette famille a deux représentants : Savary de Lancosme, marquis de Brèves, à Paris ; Savary de Lancosme, comte de Brèves, chevalier de la Légion d'honneur, conseiller général du département de l'Indre, à Buzançais et au château de Brèves, par Vandœuvres-en-Brennes.

**SAVATTE.** *Poitou.*
D'or, à une semelle de soulier mise en pal.
Cette famille a quatre représentants : de Savatte, au château de Fleuré, par Lommaizé ; de Savatte, à Saint-Savin ; Anatole de Savatte, au château de la Boullère, par Couhévérac, tous trois dans le département de la Vienne ; Adhémar de Savatte, par La Crèche, département des Deux-Sèvres.

**SAVIGNAC** (DE LIOUX DE). *Rouergue.*
Coupé : au 1 d'azur à trois étoiles d'argent ; au 2 d'argent à une rose de gueules.
Connue depuis l'an 1280, cette famille, qui emprunte son nom à une terre située à une demi-lieue de Villefranche, en Rouergue, a six représentants : de Lioux de Savignac, officier de la Légion d'honneur, ancien médecin en chef de la marine, à Paris ; Charles de Lioux de Savignac, à Paris ; autre Charles de Lioux, à Paris ; de

Lioux de Savignac, professeur au Lycée, à Saint-Brieuc (Côtes-du-Nord); Auguste de Lioux de Savignac, à Brest; Stanislas de Lioux de Savignac, à Bruxelles.

**SAVIGNON.** *Provence.*

De gueules, au lion d'or, armé et lampassé d'argent et une bande d'argent brochant.

Cette famille, originaire de Gênes où elle occupait un rang considérable dès le $xi^e$ siècle, s'est établie en Provence, puis en Poitou et en Bretagne. La race de Bretagne s'est éteinte en 1816.

Un de ses membres, capitaine de vaisseau, s'est établi à l'île Bourbon, vers l'an 1760, et a continué la descendance jusqu'à nos jours, par son mariage avec Marie-Anne-Adélaïde Fitz-Gérald Droman, fille de Paul Fitz-Gérald, lequel était fils de Patrice Fitz-Gérald Droman, et petit-fils de Thomas Fitz-Gérald Droman, et de Marguerite de Callens, natifs du comté de Cork, en Irlande.

La famille de Fitz-Gérald porte pour armes : d'hermines au sautoir de gueules. Cimier : un singe au naturel, posé sur ses quatre pattes, ceint et enchaîné d'or.

Le chef de la famille, rentré en France, s'est de nouveau fixé dans le Poitou. D'autres membres de la famille sont restés dans la colonie.

La branche du Poitou est représentée par : Jean Rodolphe de Savignon, né le 13 mars 1814 et marié à Louise-Joséphine de Malavois, issue d'une ancienne famille de Champagne qui porte pour armes, « d'azur à deux épées d'argent, garnies d'or, passées en sautoir, accompagnées en chef d'une croix potencée d'or et de trois lis de jardin d'argent, deux aux flancs et un en pointe. »

De ce mariage sont nés : Louis-Aristide Auteuil de Savignon ; Louis-Frédéric Auteuil de Savignon ; Louis-Georges-Médard Auteuil de Savignon ; Louise-Estelle-Ellen Auteuil de Savignon.

**SAVIGNY.** *Normandie.*

De sable, à la fasce d'argent, accompagnée de trois merlettes du même.

Le baron de Savigny, unique représentant du nom, est conseiller de préfecture à Rouen, département de la Seine-Inférieure.

**SAVIGNY.** *Lorraine, Champagne.*

De gueules, à trois lions d'argent, armés, lampassés et couronnés d'or.

Victor de Savigny, unique représentant du nom, réside au château de Savigny-sur-Ardres, par Ville-en-Tardenois, département de la Marne.

**SAVORNIN.** *Provence.*

De gueules, aux deux lettres P et S d'or séparées et adextrées par trois points du même.

L'unique représentant du nom, de Savornin, réside à Leuris, par Apt, département de Vaucluse.

**SAVY DE GARDEIL.** *Toulouse.*

D'azur, au caducée d'or ailé d'argent.

Savy de Gardeil, unique représentant du nom, sans fonctions et sans titre, réside à Toulouse.

**SAXÉ.** *Orléanais.*

Tiercé en bande : d'azur, d'hermines et d'or.

Cette famille a deux représentants : de Saxé, chef

de bataillon en retraite, à Versailles ; de Saxé, à Versailles.

### SAY DE BOIS-LE-COMTE. *Normandie.*

D'argent, semé de billettes de sable ; au lion du même brochant sur le tout.

Le vicomte Say de Bois-le-Comte, grand officier de la Légion d'honneur, général de division en retraite, unique représentant du nom, réside à Paris.

### SAYETTE (DE LA). *Poitou.*

D'azur, à trois pointes de flèches d'argent.

Cette famille a deux représentants : de la Sayette, qui a son domicile d'été au château de la Sayette, par Vautebis, département des Deux-Sèvres, et son domicile d'hiver à Poitiers ; de la Sayette, au château de Landes, par La Gravelle, département de la Mayenne.

### SAYVE. *Bourgogne.*

D'azur, à la bande d'argent chargée de trois couleuvres de gueules.

Le marquis de Sayve, chef de nom et d'armes, réside à Paris ; le comte de Sayve, autre représentant du nom, réside également à Paris.

### SCEAUX. *Bretagne.*

D'or, à trois bandes d'azur ; au chaume d'argent brochant sur le tout.

Cette famille est représentée par de Sceaux, au château de Kermat, par Hennebon, département du Morbihan.

**SCÉPEAUX.** *Bretagne.*

Vairé d'argent et de gueules.

De Scépeaux, unique représentant du nom, réside au château de Bois-Guignot, par Bécon, département de Maine-et-Loire.

**SCEY.** *Bourgogne, Franche-Comté.*

De sable, au lion d'or couronné du même, armé et lampassé de gueules, avec neuf croisettes recroisetées au pied fiché d'or, timbrées, couronnées d'or, supportées par deux lions d'or, écartelées des bars ou barbeaux des comtes de Montbéliard.

Devise : *Changer ne veux.*

L'illustre maison de Scey est du petit nombre de celles dont l'origine se perd dans les temps les plus reculés : il ne reste point de maison dans l'ancien comté de Bourgogne qui prouve une antiquité au-dessus de la sienne, on en trouve des titres authentiques dès le $x^e$ siècle ; en 937, on qualifiait Atelle de Scey de *nobilis matrona*, titre qu'on ne donnait qu'aux grandes dames. Les églises, les monastères, sont remplis de chartes qui contiennent les libéralités qui leur ont été faites par les seigneurs de ce nom ; le trésor de la chambre des comptes au comté de Bourgogne, et les archives particulières en renferment davantage encore. Aux $xii^e$, $xiii^e$ et $xiv^e$ siècles, elle était au plus haut degré de sa gloire, alliée aux Montfaucon, aux Neuchatel, aux Montbéliard dont ils relèvent le nom et les armes, et à deux empereurs d'Orient et d'Occident ; Pierre II de Scey fondait, l'an 1134, l'abbaye de Billon, près Besançon, et meurt en croisade. Un autre, Pierre IV de Scey, fut l'une des cautions que donna Otton, duc de Méranie et comte palatin de Bourgogne, pour la sûreté du mariage d'Alis, sa fille, avec Hugue, fils du comte de Châlons, en 1230 ; et l'empereur Frédéric II, écrivant au comte de Bourgogne et à la noblesse de cette province en 1237, nomme Pierre et Richard de Scey parmi les premiers et les plus considérables entre les gentilshommes du pays.

Cette famille est représentée par le comte de Scey Montbéliard et de la Mainglane, marquis de Scey-le-Chatel et de Brun, résidant au château de Buthier, près Voray (Haute-Saône.)

**SCHACKEN.** *Lorraine.*

Coupé : au 1 d'azur, à trois étoiles à six rais d'or ; au 2 de gueules, à la montagne d'or, accostée de trois fleurs de lis du même.

Cette famille a trois représentants : le baron Schacken, chevalier de la Légion d'honneur, médecin en chef de l'hôpital de Nancy ; Guillaume de Schacken, son frère, chevalier de la Légion d'honneur, maire à Château-Salin (Meurthe) qui a deux fils, Edmond et Henry ; Hippolyte de Schacken, frère puîné, qui a deux fils.

**SCHAUENBOURG.** *Alsace, Lorraine, Bourgogne.*

D'or, à l'écusson d'azur, chargé d'un autre écusson d'argent ; au sautoir de gueules brochant sur le tout.

Cette famille a quatre représentants : le baron de Schauenbourg, ancien conseiller général, au château de Hochfelden (Bas-Rhin) ; le baron de Schauendbourg, à Geudertheim, par Brumath, même département ; de Schauenbourg, au château de Lamotte, par Villeneuve-L'Archevêque, département de l'Yonne ; de Schauenbourg, ancien juge au tribunal civil, à Wissembourg.

**SCHERER.** *Flandre.*

Écartelé : aux 1 et 4 d'argent à une demi-aigle à deux têtes éployée de gueules ; aux 2 et 3 d'or, à un cerf de gueules sur une terrasse de sinople.

Cette famille n'a qu'un seul représentant dans le département du Nord : Émile Scherer de Sherbourg, marié à Adélaïde d'Hespel de Flincques, dont un fils, Raphaël Scherer de Scherbourg, et trois filles.

**SCHILDE** (Hove de). *Flandre.*

De sable, à la bande échiquetée d'or et de gueules, accompagnée de deux quintefeuilles d'argent.

Le baron Hove de Schilde, unique représentant du nom, réside à Paris.

**SCHMID.** *Lorraine ; Moselle allemande.*

Écartelé d'argent et de gueules ; les 1$^{er}$ et 4$^{e}$ quartiers chargés de trois lis d'azur ; les 2$^{e}$ et 3$^{e}$ quartiers chargés d'un lion d'or lampassé de gueules. Couronne : de baron.

L'unique représentant du nom, baron de Schmid, est maire à Sarralbe, département de la Moselle.

**SCHOONEN.** *Zurich.*

D'argent, à la fleur de lis à l'antique ; au pied fiché de sable.

Appartenant à l'une des branches cadettes de cette famille, dont le premier mentionné par les actes publics est Jean Schoonen, né vers 1220, l'unique représentant du nom, le baron Étienne de Schoonen, est conseiller général, à l'Alma, Algérie.

**SCHRAMM.** *France.*

D'or, au chêne de sinople terrassé du même, accosté

à sénestre d'un lion grimpant de gueules, appuyé sur le tronc de l'arbre.

Cette famille a deux représentants : le comte de Schramm, grand officier de la Légion d'honneur, général de division, ancien sénateur, à Paris ; de Schramm, à Montigné, par Durtal, département de Maine-et-Loire.

### SCITIVAUX DE GREISCHE. *Lorraine.*

Parti : au 1 de gueules à la fasce d'argent chargée d'une étoile à six rais du champ, qui est de Scitivaux ; au 2 d'azur à la fasce d'argent, accompagnée en chef de deux étoiles d'or, soutenues de deux croissants du même, et en pointe d'une rose d'argent, qui est de Greische.

La famille de Greische est originaire du Luxembourg, et possédait en 1414 la seigneurie du village de Greische, près Arlon.

Elle vint s'établir en France en 1415.

La branche aînée acquit les seigneuries d'Agneville et Saulxures, dans les Vosges. Cette branche est éteinte.

La branche cadette, celle de Jallancourt, dans la Meurthe, près de Château-Salins, compte de très-belles alliances : Nicolas de Greische épousa, en 1650, Marie-Catherine du Châtelet, des grands chevaux de Lorraine, fille elle-même de Gabrielle de Lenoncourt.

Les petits-fils de M. de Greische et de Catherine du Châtelet sont le comte Charles de Greische et Dieudonné de Greische, chevalier de Malte ; ce dernier mort sans enfants.

Charles de Greische, officier de cavalerie, chevalier de Saint-Louis, mort à Jallancourt en 1816, n'a laissé qu'une fille, Charlotte de Greische, qui épousa Nicolas de Scitivaux.

Leur fils unique : Tancrède de Scitivaux, ancien officier d'état-major, aide de camp du maréchal duc de Reggio, décoré en 1815 à l'âge de 21 ans, pour action d'éclat, à la défense de Paris en 1814, a obtenu, comme fils unique de la dernière des de Greische, du roi Louis XVIII, l'autorisation de joindre à son nom le nom et les armes des de Greische.

Il a épousé, en 1823, M$^{lle}$ de Vannoz, d'une famille du Jura.

De ses deux fils, l'aîné, Anatole de Scitivaux de Greische, est marié à une des filles du marquis de Terrier Santans, de Besançon ; l'autre, Roger de Scitivaux de Greische, a épousé la fille du lieutenant général vicomte Duhesme.

Les Scitivaux de Greische possèdent toujours la terre de Jallancourt, mais ils habitent le château de Remicourt, près Nancy.

**SCORAILLE, D'ESCORAILLES** ou **DE SCORRAILLES.** *Auvergne, Bourgogne, Agenais.*

D'azur, à trois bandes d'or.

Cette famille a tiré son nom d'un château situé en Auvergne, *Castrum Scoralium*, dont Pépin le Bref s'empara en l'an 767 en y pénétrant par une brèche qu'on y remarque encore. Voir Dom Bouchet ; le P. Anselme ; Moreri ; la Chenaye-Desbois ; Sartiges, etc., etc.

Cette famille compte encore quelques représentants.

Le marquis de Scoraille, au château de Saugruère, est le chef du nom et des armes de la branche établie en Agenais en 1545.

**SCOURION DE BEAUFORT ET DE BOISMORAND.** *Picardie, Touraine.*

D'azur, à trois gerbes d'or.

Cette famille se divise en deux branches : l'aînée, de Scourion de Beaufort, a deux représentants à Tours ; la seconde, de Scourion de Boismorand, est représentée au château de son nom, par Saint-Savin, département de la Vienne.

**SÉBASTIANI.** *Corse.*

D'azur, au griffon d'or.

L'unique représentant du nom, comte de Sébastiani, est, ancien sous-préfet, à Mayenne, département de la Mayenne.

**SEBEVILLE** (Cadot de). *Normandie.*

De gueules, à trois roses d'or, accompagnées en chef d'une hure de sanglier de sable, allumée et défendue d'argent, couronnée d'or.

Le comte Cadot de Sebeville, unique représentant du nom, réside au château de Palteau, par Joigny, département de l'Yonne.

**SÉCILLON.** *Bretagne.*

D'azur, à trois fusées d'or posées 2 et 1.

De Sécillon, unique représentant du nom, réside au château de Kerfus, par Guérande, département de la Loire-Inférieure.

**SECONDAT.** *Berry.*

D'azur, à la fasce d'or, accompagnée en chef de deux coquilles de Saint-Michel du même, et en pointe d'un croissant d'argent.

Devise : *Virtutem fortuna secundat.*

Issue de la maison de Culout, cette famille, qui a donné deux régents du royaume de Navarre, a pour chef de nom et d'armes François-Louis-Prosper de Secondat, baron de Montesquieu et de la Brède, au Chalet des Pins, à la Brède, département de la Gironde, qui a cinq fils et une fille.

**SECQ DE CREPY** (LE). *Artois, Normandie.*

D'argent, au chevron de gueules, accompagné de trois annelets du même.

Cette famille a deux représentants : le Secq de Crépy, chevalier de la Légion d'honneur, conseiller général, notaire, à Boulay, département de la Moselle ; le Secq de Crépy, officier de la Légion d'honneur, colonel commandant le 3ᵉ régiment d'artillerie.

**SÉGANVILLE.** *Toulouse.*

De gueules, à un dextrochère d'or, tenant un sabre d'argent mouvant de sénestre ; coupé d'azur au chevron d'or, accompagné en chef de deux étoiles d'argent, et en pointe de trois besants du même, posés 2 et 1.

Le baron de Séganville, officier de la Légion d'honneur, unique représentant du nom, est intendant militaire à Toulouse, département de la Haute-Garonne.

**SEGONZAC** (DE BARDON DE). *Périgord.*

D'or, à l'aigle en profil de sable, becquée et membrée de gueules, empiétant un bar de sable, posé de fasce, loré et armé de gueules, à une croisette ancrée de gueules, posée au canton dextre en chef. Une rivière d'azur mouvante à la pointe de l'écu, supports 2 griffons, couronne de comte, cimier du casque ouvert et sans grillage, couronné d'une couronne de baron.

Devise : *Letum quam lutum.*

Illustre et ancienne famille établie depuis le XII° siècle en Périgord, où elle a toujours tenu un rang distingué par ses services et par ses alliances, et où elle possède encore la terre et le château de Segonzac.

### SÉGUIER. *Languedoc.*

D'azur, au chevron d'or, accompagné en chef de deux étoiles du même, et en pointe d'un agneau d'argent passant.

Féconde en grands magistrats et en hommes illustres, cette maison, qui a donné un chancelier de France, cinq présidents à mortier, treize conseillers, trois avocats généraux, sept maîtres des requêtes et un ambassadeur à Venise, a deux représentants : le marquis Séguier de Saint-Brisson, au château de Saint-Brisson, par Gien, département du Loiret; le baron Séguier, officier de la Légion d'honneur, membre de l'Institut, à Paris.

### SEGUIN. *Paris.*

De gueules, à deux chevrons d'argent, accompagnés de trois croix pattées du même et un chef d'or.

Le comte de Seguin, unique représentant du nom, vit éloigné de toute fonction publique, à Paris.

### SEGUIN DE JALLERANGE. *Franche-Comté.*

D'azur, au chevron d'or, accompagné de deux quintefeuilles d'argent en chef et d'un cygne essorant du même, en pointe.

Paul de Seguin de Jallerange, unique représentant du nom, réside à Besançon, département du Doubs.

### SEGUIN DE MONTGOLFIER. *Provence.*

D'azur, à deux cigognes affrontées d'argent, ayant leurs cols entrelacés en double sautoir, leurs têtes contournées sur une terrasse de sinople, accompagnées en chef de deux roses d'or.

L'unique représentant du nom, Seguin de Montgolfier, réside au château de Pellet, par Saint-Martin, département des Bouches-du-Rhône.

### SEGUIN DE REYNIÈS. *Languedoc.*

Écartelé : aux 1 et 4 de sinople au chevron d'or, accompagné de trois croissants d'argent qui est de Seguin; aux 2 et 3 d'or au laurier de sinople, au chef d'argent, chargé de trois mouchetures d'hermines, qui est de La Tour.

Le vicomte Xavier Seguin de Reyniès, unique représentant du nom, réside au château de Reyniès, département de Tarn-et-Garonne.

### SEGUINEAU DE LAGNAC. *La Rochelle.*

D'azur, à deux canettes d'argent sur une rivière du même.

L'unique représentant du nom, Seguineau de Lagnac, vit éloigné de toute fonction publique, à Castres, département de la Gironde.

### SEGUINS. *Comté Venaissin et Nivernais.*

D'azur, à la colombe huppée essorante d'argent, accompagnée de sept étoiles d'or, quatre en chef et trois en pointe. Couronne de marquis.

Devises : *Deo et regi; Sola salus servire Deo; Tendit ad sidera virtus.*

Cette famille, habitant encore la Provence au XIV$^e$ siècle, a produit neuf branches ou rameaux qui se sont répandus dans le Comté Venaissin, le Dauphiné, la Touraine et le Nivernais. Elle a possédé de nombreux fiefs, produit un grand nombre de chevaliers de Malte et de Saint-Louis, a sa mention dans toutes les histoires des croisades, des ordres de Malte et du Temple. Elle a fait ses preuves pour les carrosses du roi (Cabinet Chérin).

La quatrième branche, aujourd'hui l'aînée, a pour chef Auguste-Edmond, comte de Seguins-Cohorn, marquis de Vassieux, à Carpentras (Vaucluse). Il a deux fils et deux filles.

La cinquième branche a pour chef Xavier-Edmond, marquis de Seguins-Pazzis d'Aubignan, à Ougny (Nièvre). Deux fils et deux filles.

La septième branche, des marquis de Seguins-Cabassole, n'est plus représentée que par des filles, toutes mariées.

**SÉGUR.** *Guyenne, Limousin, Périgord, Ile-de-France, Champagne, Lorraine.*

Écartelé : aux 1 et 4 de gueules au lion d'or ; aux 2 et 3 d'argent plein.

La maison de Ségur a neuf représentants : Monseigneur de Ségur, à Paris ; le marquis de Ségur, officier de la Légion d'honneur, conseiller d'État, qui a son domicile à Paris ; le comte Philippe de Ségur, grand cordon de la Légion d'honneur, général de division, à Paris ; le comte Paul de Ségur, à Paris ; le comte Louis de Ségur, conseiller général, au château de Larrez-le-Bocage, département de Seine-et-Marne ; le comte de Ségur d'Aguesseau, commandeur de la Légion d'honneur, ancien sénateur, à Paris ; le comte de Ségur-Lamoignon, chevalier de la Légion d'honneur, à Paris ; le comte

Ségur de Saint-Dupeyron, officier de la Légion d'honneur, consul général de France, à Anvers, Belgique; de Ségur, receveur des contributions indirectes, à Souvira-Cazaux, département des Basses-Pyrénées.

**SEGURET.** *Montpellier, Montauban.*

Écartelé : aux 1 et 4 de gueules à une tour d'argent et un chef d'azur chargé de trois étoiles d'or ; aux 2 et 3 de gueules au lion d'or, accompagné en chef de deux molettes du même.

Cette famille a deux représentants à Rodez, département de l'Aveyron : de Seguret, chanoine ; de Seguret, juge d'instruction.

**SEGUY DE BEAUMONT.** *Languedoc.*

De gueules, au chien courant d'argent ; au chef cousu d'azur chargé d'une étoile d'or.

De Seguy de Beaumont, unique représentant du nom, est avocat à Guéret, département de la Creuse.

**SEIGLIÈRE.** *France.*

D'azur, à trois épis de seigle d'or, posés 2 et 1.

De Seiglière, unique représentant du nom, réside au château de la Maison-Rouge, par la Souterraine, département de la Creuse.

**SEIGNAN.** *Toulouse, Montauban.*

D'azur, à un pairle d'argent, accompagné de trois cygnes d'argent, un en chef et deux en pointe.

L'unique représentant du nom de Seignan, sans fonctions et sans titre, réside à Toulouse.

**SEIGNEUR DE PARACOLS.** *Bourgogne.*

D'argent, à une branche de roses coupée de sinople,

feuillée du même et fleurie de gueules, fourchue et passée en sautoir.

Seigneur de Paracols, unique représentant du nom, réside au château de Paracols, par Molitq, département des Pyrénées-Orientales.

**SEIGNEURET.** *Languedoc.*

D'or, à la fasce d'azur, accompagnée de trois merlettes de sable.

Cette famille a pour unique représentant de Seigneuret, notaire à Aix, département des Bouches-du-Rhône.

**SEILHAC** (Rodorel de). *Montpellier, Montauban.*

D'azur, à un roquet d'or.

Cette famille a deux représentants : le marquis Rodorel de Seilhac, au château de Seilhac, département de la Corrèze ; le comte Rodorel de Seilhac, chevalier de la Légion d'honneur, conseiller général, au château de Seilhac.

**SÉJOURNÉ.** *Picardie, Bretagne.*

D'argent, au lion de sable, couronné du même, tenant de ses deux pattes un bâton écoté aussi de sable.

Éteinte dans les mâles, cette famille n'est plus représentée que par la baronne de Séjourné, à Paris.

**SELLE.** *Provence, Ile-de-France.*

D'argent, à trois bandes de gueules ; au chef d'azur chargé de trois étoiles d'or.

Cette famille a cinq représentants : César, comte de Selle, chevalier de la Légion d'honneur, au château de Taradeau, par Lorgues, département du Var. Il a trois fils : Joseph, vicomte de Selle, à Aix, département des

Bouches-du-Rhône ; Frédéric de Selle, religieux ; Gabriel, baron de Selle, officier de cavalerie ; Marie-Albert, vicomte de Selle, est neveu du chef de la famille.

**SELLE** (DE LA). *Orléanais.*

De sable, au croissant d'or, accompagné de trois quintefeuilles du même.

Cette famille a deux représentants : de la Selle, à Angers, son chef de nom et d'armes ; de la Selle, au château de Tremblaye, par Doué, département de Maine-et-Loire.

**SELLIER DE CHEZELLES.** *Picardie.*

D'or, à l'aigle d'azur becquée et membrée du même.

Le vicomte Sellier de Chezelles, chef de nom et d'armes, réside à son château de Wassignies, département des Ardennes ; le vicomte Sellier de Chezelles, autre représentant du nom, réside à Chauny, département de l'Aisne.

**SELVE.** *Limousin, Marche, Ile-de-France.*

D'azur, à deux fasces ondées d'argent.

Cette famille a trois représentants : le marquis de Selve, conseiller général, au château de Villers, par la Ferté-Allais, département de Seine-et-Oise ; le comte de Selve, officier de la Légion d'honneur, ancien officier supérieur de cavalerie, à Abbeville, département de la Somme ; de Selve, à Lyon, département du Rhône.

**SELVES.** *Guyenne, Gascogne.*

Parti : au 1 d'azur à la tour d'argent maçonnée de sable ; au 2 de gueules à deux fasces d'or.

Cette famille a trois représentants : de Selves, au château de Castelnaud, par Bretenoux, département du Lot ; de Selves, au château de Lespinasse, par Ussel, département de la Corrèze ; de Selves, contrôleur à la direction des tabacs, à Damazan, département de Lot-et-Garonne.

**SEMALLÉ.** *Normandie, Perche, Maine.*

D'argent, à la bande de gueules sur laquelle est perché un épervier de sable, armé d'or.

La branche aînée, la seule qui ait aujourd'hui des représentants mâles, brise d'un canton d'azur, chargé d'un drapeau d'argent, à la hampe d'or, surmonté d'une fleur de lis du même.

Cette famille, qui tire son nom d'une paroisse de la banlieue d'Alençon, a deux représentants, pères de famille : le comte Marie-Louis-Roger, né à Alençon le 5 novembre 1815, marié à Ypres en Belgique le 8 octobre 1845 à Valérie-Marie-Thérèse-Joséphine Malou, fille du sénateur Édouard-Pierre-Joseph, et de Marie-Angélique Vergauwen, de Gand, cousine germaine de feu l'évêque Malou de Bruges et de Jules Malou, ministre des finances du roi Léopold II, chef du cabinet belge. De ce mariage sont nés deux fils et une fille :

Le vicomte Marie-Alexandre-René de Semallé, né, le 11 juillet 1822, au château de la Gastine, commune de Louzes, canton de la Fresnaye, arrondissement de Mamers (Sarthe), marié en secondes noces à M$^{lle}$ de Vichy, demeurant à Versailles et au château de Grange, à Saint-Jean-d'Heurs, département du Puy-de-Dôme. De ce mariage sont nés un fils et trois filles.

**SÉMERVILLE** (MAUDUIT DE). *Normandie.*

De gueules, au chevron de sable, accompagné de trois

roues d'or posées 2 et 1 ; au franc-quartier de gueules, bordé d'une filière d'argent en bande et chargé d'une branche de chêne d'argent.

Mauduit de Sémerville, unique représentant du nom, réside à Miserey, par Évreux, département de l'Eure.

**SÉNAC.** *Toulouse, Montauban.*

D'or, à un sabre d'azur posé en bande.

L'unique représentant du nom, Sénac, sans fonctions et sans titre, réside à Versailles.

**SENARPONT** (Monchy de). *Picardie.*

De gueules, à trois maillets d'or.

Le marquis Mouchy de Senarpont, unique représentant du nom, réside au château de Dampierre, par Envermeu, département de l'Eure.

**SÉNÉCAL DE SCIEN.** *Rouen.*

De gueules à un griffon d'argent.

Cette famille a pour unique représentant de Sénécal de Scien, sans fonctions et sans titre, à Paris.

**SÉNÉCHAL DE KERCADO** (le). *Bretagne, Bordeaux.*

D'azur, à neuf macles d'or posées 3, 3 et 3.

Distinguée par son ancienneté, ses alliances, ses services militaires, cette maison est placée au rang des plus grands seigneurs de la Bretagne, par ses premiers auteurs, sénéchaux féodés et héréditaires de la vicomté de Rohan, dès le XII$^e$ siècle, dont le premier fut Daniel le Sénéchal connu l'an 1184, par la charte de fondation qu'Alain de Rohan, III$^e$ du nom, et Constance de Bretagne, sa première femme, firent de l'abbaye de Bonrepos, au diocèse de Quimper. L'un des sénéchaux de

Kercado sauva la vie du roi François Ier, à la bataille de Pavie, en se précipitant au travers d'une arquebusade tirée sur le roi. Un tableau du musée de Versailles représente le fait et Jean de Kercado tombant blessé à mort entre les bras du roi de France.

Elle a deux représentants : le comte le Sénéchal de Kercado, au château de Lestonac, par Pessac, département de la Gironde, et le comte Alfred le Sénéchal de Kercado-Kerguisé, son fils, à Bordeaux, et également au château de Lestonac. Il est petit-fils de la fille du duc de Saulx-Tavanne et fils de la fille du marquis de Lévis-Mirepoix.

### SÉNÉGRA. *Picardie.*

D'or, à un arbre de sinople.

L'unique représentant du nom, de Sénégra, réside au château de Sart, à Anguilcourt-Notre-Dame, par Laon, département de l'Aisne.

### SENES (Gautier de). *Provence.*

D'azur, au chevron d'or, accompagné en chef de deux étoiles du même, et en pointe d'une colombe d'argent.

Cette famille n'a qu'un représentant, Gautier de Senes, sans fonctions et sans titre, à Aix, département des Bouches-du-Rhône.

### SENNEVILLE (Denis de). *Ile-de-France.*

D'argent, à la bande d'azur, accompagnée en chef à sénestre d'une molette d'éperon du même et à quatre emmanchées de gueules, mouvantes du haut de l'écu.

Cette famille a trois représentants : Albert Denis de Senneville, chevalier de la Légion d'honneur, chef de bureau au département des finances, à Paris ; Gaston

Denis de Senneville, officier de la Légion d'honneur, conseiller référendaire à la cour des comptes, à Paris ; Denis de Senneville, au Mans, département de la Sarthe.

**SENNEROY.** *Bourgogne.*

De gueules, à la bande d'or; au chef d'argent.

Le marquis de Senneroy, unique représentant du nom, vit éloigné des affaires publiques, à Paris.

**SENOT DE LA LANDE.** *Normandie.*

De sable, à trois cygnes d'argent posés 2 et 1.

Cette famille a pour seul représentant : Senot de la Lande, à Angers, département de Maine-et-Loire.

**SERAN.** *Normandie.*

D'azur, à trois croissants d'or posés 2 et 1.

Cette famille a deux représentants : le comte de Seran, au château de Chéret, par Laon, département de l'Aisne ; de Seran, au château de Latour, par Caen, département du Calvados.

**SÉRÉ.** *Comté de Foix.*

D'azur, au chevron d'or, accompagné en chef d'un croissant d'argent, accosté de deux étoiles du même et accompagné en pointe d'une gerbe d'or.

Cette famille a sept représentants : De Séré, chevalier de la Légion d'honneur, inspecteur des lignes télégraphiques, en retraite, à Foix; de Séré, receveur de l'enregistrement en retraite et maire à Foix; de Séré, juge d'instruction à Foix; de Séré, médecin à Paris ; de Séré, inspecteur des contributions directes à Melun (Seine-et-Marne); de Séré, chevalier de la Légion d'honneur, chef de bataillon au 144ᵉ de ligne; de Séré, chevalier de la Légion d'honneur, aumônier supérieur de la marine.

**SERIZAY.** *Bretagne.*

Ecartelé : aux 1 et 4 d'azur, à la fleur de lis d'argent en cœur, accompagnée de trois roses d'or posées 2 et 1 ; aux 2 et 3 d'argent à trois guidons de gueules, les lances hautes, posées en pal.

Cette famille a deux représentants: de Serizay, au château de Grillemont, par Dinan, département des Côtes-du-Nord ; Pierre de Serizay, à Carcoval, près Pleurtuit, département d'Ille-et-Vilaine.

**SERLAY** (Gosse de). *Artois.*

D'azur, au chevron d'or, accompagné en chef de deux papillons du même et en pointe d'un lion aussi du même.

Gosse de Serlay, officier de la Légion d'honneur, unique représentant du nom, réside à Bar-le-Duc, département de la Meuse.

**SERMET.** *Provence.*

De gueules, au cerf élancé d'argent.

Cette famille n'a qu'un représentant : de Sermet, officier de la Légion d'honneur, inspecteur général des ponts et chaussées, à Paris.

**SERMIZELLE** (Guillaume de). *Bourgogne et Nivernais.*

D'azur, à la croix pattée, alaisée d'or, embrassée de deux palmes du même liées en pointe. Devise: *Spes et fides.* Supports : deux lions.

Cette maison, maintenue par jugement de 1669, et

admise aux États de Bourgogne, a d'abord porté les armes, puis elle était entrée dans la robe et enfin depuis deux siècles elle avait repris les armes. Elle a donné plusieurs chevaliers de saint Louis et un cordon rouge, M. le chevalier de Sermizelles, décédé en 1824, grand-père et bisaïeul des seules personnes du nom qui existent aujourd'hui.

Plusieurs de ses membres ont été tués dans les guerres de Louis XIV, de Louis XV, et du premier empire.

Parmi les fiefs qu'elle a possédés, ceux dont la branche actuellement subsistante a porté le nom, sont : Quémigny, Lautreville, Orbigny, Pressigny, Moissy, Sermizelles.

(Une branche éteinte aujourd'hui portait les armes de gueules au lieu d'azur, en raison de la province dont elle était originaire ; il est probable qu'elle était dans la vérité.)

Documents à consulter indépendamment des titres originaux : La Chesnaye des Bois, Chevillard. — Jetons des maires de Dijon : Amanton, Courtépée, Moréri. — Catalogue et armoiries des gentilshommes qui ont eu entrée aux états de Bourgogne, avec les suppléments. Titre de 1410 (archives de la Côte-d'Or, B 457).

Comte de Soultrait : *Armorial du Nivernais.*

Née de La Rochelle : *Mémoire sur le Nivernais.*

Abbé Baudiau : *Le Morvan.*

Grandmaison : *Dictionnaire héraldique.*

*Généalogie de Clugny.*

D'Hozier : *Indicateur nobiliaire*, etc., etc.

**SEROUX.** *Paris.*

Ecartelé : au 1 d'azur, à deux étoiles d'or en chef et

une rose d'argent en pointe ; ou 2 des barons militaires; au 3 parti : *A* d'or, à la fasce de gueules; *B* d'or, à l'arbre arraché du sinople, surmonté d'un comble d'argent, chargé de quatre larmes d'azur; au 4 contre-écartelé : aux 1 et 4 de gueules, au rencontre de bœuf d'argent; aux 2 et 3 d'azur, à six besants d'or posés 3, 2 et 1.

Cette famille a deux représentants : le baron de Seroux, au château de Vernette, par Compiègne, département de l'Oise ; de Seroux de Beinville, à Paris.

**SERRE DE SAINT-ROMAN.** *Ile-de-France.*

D'or, à une montagne de six coupeaux de sinople ; au chef d'azur, chargé de trois roses de gueules.

Cette famille a deux représentants : le comte Serre de Saint-Roman, au château de Saint-Roman, par Sumène, département du Gard ; le comte Serre de Saint-Roman, au château de Mereville, département de Seine-et-Oise.

**SERRE (DE LA).** *Limousin.*

De gueules, au cerf d'argent; au chef cousu d'azur, chargé de trois étoiles d'or.

De la Serre, en noblesse, a six représentants : le comte de la Serre, commandeur de la Légion d'honneur, général de brigade en retraite, à Paris ; de la Serre, lieutenant au 80° régiment d'infanterie de ligne ; de la Serre, au château de Viescamp, par la Roquebrou, département du Cantal ; Henri de la Serre, maire de la Chapelle-du-Bareil, par Montignac, département de la Dordogne ; Alexis de la Serre, vérificateur de 1$^{re}$ classe dans l'administration des tabacs, à Tarbes, département des Hautes-Pyrénées ; Adolphe de la Serre, à la Chapelle-Aubareil, département de la Dordogne.

**SERRE DE TELMON.** *Dauphiné, Provence.*

D'azur, au cerf passant d'or ; au chef d'argent chargé de trois roses de gueules.

De Serre de Telmon, unique représentant du nom, est juge à Louhans, département de Saône-et-Loire.

**SERRÉ.** *Bretagne.*

D'azur, à dix billettes d'argent, posés 2, 4 et 4 ; au franc-canton de gueules, chargé d'un croissant d'or.

Éteinte dans les mâles, cette famille n'est plus représentée que par Mme la douairière de Serré, à Rennes.

**SERRES.** *Languedoc.*

D'argent, au chevron d'azur, chargé de trois étoiles d'or, accompagné de trois trèfles de sinople, deux en chef et une en pointe. — Couronne : de marquis. — Supports : deux aigles.

Devise : *Sordida quæque fugit.*

Les branches de cette famille ont écartelé des armes de la maison de Sabran et de celles de Poitiers.

Les de Serres figurent dans l'histoire dès le XIe siècle, Amable et Hugon prirent part aux croisades. Cette famille se divisa en plusieurs branches.

1º Celle des seigneurs du Pradel à laquelle appartiennent le célèbre Olivier de Serres, le père de l'agriculture en France, et Jean de Serres, historiographe de France.

2º Celle des seigneurs et marquis de Gras, aujourd'hui éteinte.

3º Celle de Bollène et d'Avignon. — Celle de Bollène

est aujourd'hui représentée par le général Ernest de Serres. Celle d'Avignon qui fournit des évêques du Puy est aujourd'hui éteinte.

4º Celle des barons de Tourain et d'Andance, qui s'éteignit dans la personne de Jean-Antoine de Serres, et dont les biens passèrent dans la maison de Romanet de Lestranges.

5º Celle des de Serres de Mesplès, établie à Montpellier en 1576. Elle eut pour auteur Étienne de Serres, petit-fils d'Elzéar de Serres et d'Héraille de Sabran. Elle fournit trois présidents et des conseillers à la cour des comptes et des aides, des membres du parlement, un lieutenant des maréchaux de France et des savants distingués. Marcel de Serres, savant géologiste, appartient à cette branche aujourd'hui représentée par :

I. Amédée, marquis de Serres de Mesplès, qui épousa Marie-David Passerat de la Chapelle. D'où :

A. Joseph, marquis de Serres de Mesplès, marié à Valentine Galabert, d'où Jeanne.

B. Claire, mariée à Henri Pinel de la Taule, d'où :

1º Marie ; 2º Pierre.

C. Louise.

II. Olivier, comte de Serres de Mesplès, qui épousa Augusta de Belin de Laréal, des seigneurs du Pouzin, d'où :

A. Emmanuel, vicomte de Serres de Mesplès, marié à Louise du Broc de Segange, d'où :

1º Olivier ; 2º Jean ; 3º André ; 4º Marguerite.

B. Alfred de Serres de Mesplès, *marquis d'Alfonce*, (par adoption de Constance de Serres, sa tante, et de son mari le marquis Louis d'Alfonce, patrice romain, chevalier de Malte et de la Légion d'honneur), marié à Pauline de Saint-Phalle.

C. Paul, baron de Serres de Mesplès, marié à Marie de Prédelys, d'où : Joseph.

**SERS.** *Guyenne, Gascogne.*

Ecartelé : aux 1 et 4 d'azur, au lion d'argent, armé et lampassé de gueules ; aux 2 et 3 d'azur, à trois étoiles d'or.

Cette famille a deux représentants : le vicomte de Sers, à Condé, par Blois, département de Loir-et-Cher; de Sers, à Toulouse.

**SERS.** *France.*

D'azur, au navire d'or, les mâts de sable, les voiles d'argent sur une mer du même ; sur le pont du navire un tonneau, une caisse et un ballot de sable.

Le baron de Sers, unique représentant du nom, réside au château d'Urville, par Courcelle-Chaussy, département de la Moselle.

**SÉRURIER.** *Paris.*

De gueules, au lévrier assis d'argent, colleté du même.

Le maréchal et pair de France, comte Sérurier, grand-croix de Saint-Louis, de la Légion d'honneur et de la Couronne de fer, décédé en 1819.

Le comte Sérurier, ministre et pair de France, grand-officier de la Légion d'honneur, décédé en 1860.

Le comte Sérurier, ministre plénipotentiaire, commandeur de la Légion d'honneur, décédé en 1866.

Le comte Sérurier, ancien membre du conseil d'État, ancien préfet.

Le vicomte Sérurier, ancien officier.

**SERVAN DE BEZAURE-ASTHMON.** *Provence, Dauphiné.*

De gueules, au cerf courant d'argent ; au chef cousu d'azur, chargé de trois étoiles d'argent posées 2 et 1. Celle du milieu surmontée d'un croissant montant du même.

Cette famille, dont les membres se sont distingués dans l'Église, les conseils de la couronne, les armes et la magistrature, a pour chef de nom et d'armes Casimir de Servan de Bezaure-Asthmon, à Cavaillon, département de Vaucluse.

**SERVILLE.** *Normandie.*

D'azur, au chevron d'or accompagné de trois croix pattées de sable.

L'unique représentant du nom, de Serville, est juge au tribunal civil, à Fougères, département d'Ille-et-Vilaine.

**SERVINS D'HÉRICOURT.** *France.*

D'azur, au croissant d'or en abîme, accompagné de cinq étoiles d'argent posées 2, 1 et 2.

D'origine italienne, fixée d'abord en Espagne et ensuite en France, cette famille a plusieurs représentants ; le marquis François de Servins d'Héricourt, à Doullens, département du Pas-de-Calais ; le comte Jules de Servins d'Héricourt, percepteur, à Falaise, département du Calvados ; le comte Emile de Servins d'Héricourt, qui a deux filles ; le comte Achmet de Servins d'Héricourt, qui a un fils, le vicomte Charles de Servins d'Héricourt, attaché au ministère des affaires étrangères à Paris.

**SESMAISONS.** *Bretagne, Normandie.*

De gueules, à trois maisons ou châteaux d'or posés 2 et 1, ouverts, ajourés et maçonnés.

Cette famille a trois représentants : le marquis de Sesmaisons, chef de nom et d'armes, château de Saint-Romonville, près Cherbourg (Manche) ; le comte Rogatien de Sesmaisons, château de la Desnerie, près Nantes (Seine-Inférieure) ; M$^{me}$ la comtesse Robert de Sesmaisons, château de Coat-on-Nos, Belle-Isle-en-Terre (Côtes-du-Nord).

**SEUIL** (Chertimps de). *Maine, Champagne.*

D'azur, à une fasce d'or, accompagnée en chef de trois étoiles et en pointe d'un croissant du même.

Éteinte dans ses trois mâles, cette famille n'est plus représentée que par la comtesse Chertimps de Seuil, au château de Semur, par Vibray, département de la Sarthe.

**SEURRAT DE LA BOULAYE.** *Orléanais.*

D'azur, au lion d'or, soutenu d'un chien passant d'argent, en pointe, supportant de la patte dextre une tour carrée d'argent, bretessée de trois pièces, maçonnée de sable.

La noblesse de la famille Seurrat remonte au XIV$^e$ siècle. La seule branche qui subsiste encore a plusieurs représentants.

**SEVEDAVY.** *Flandre.*

D'argent, à la bande de gueules, accompagnée de deux cotices et de six roses feuillées du même.

Citée par Froissard, Dom Maurice, etc., cette famille

a pour chef Prosper de Savedavy; à la Roë, par Saint-Aignan, département de la Mayenne. Il a postérité.

**SÉVELINGES.** *Lyon.*

De gueules, à la montagne d'or, parcourue par deux lévriers contournés d'argent, couplés d'une laisse d'or soutenue par une main d'argent mouvante du franc-canton dextre de l'écu.

Cette famille a pour chef de nom et d'armes Oscar de Sévelinges, à Paris. Le général de division de Sévelinges, commandeur de la Légion d'honneur, à Paris, porte d'autres armes.

**SÉVERAC.** *Languedoc.*

Parti : A au 1 d'azur à trois étoiles d'argent rangées en barre ; au 2 coupé : A d'argent au monde d'azur, cintré et croisé d'or; B de gueules à trois fasces d'argent.

Cette famille a deux représentants : le baron de Séverac, au château de Ginelle, par la Bastide d'Anjou, département de l'Aude ; de Séverac, attaché à l'administration des lignes télégraphiques, à Béziers, département de l'Hérault.

**SEVIN.** *Toulouse, Languedoc.*

D'azur, à une gerbe d'or liée du même.

Cette famille a neuf représentants : de Sevin, chevalier de la Légion d'honneur, conseiller à la cour d'appel, à Agen, département de Lot-et-Garonne; de Sevin, au château des Bois, par Saint-Martin-de-Connée, département de la Mayenne ; de Sevin, au château de Laroque, par Gimont, département du Gers ; de Sevin, à Toulouse ; de Sevin, à Périgueux, département de la Dordogne ; de Sevin-Caron, à Cheronvilliers, par Rugles, département de l'Eure ; de Sevin de Pécile, au château de Pécile, par Port-Sainte-Marie ; de Sevin-Talive, agent-voyer en chef à Agen, département de Lot-et-Garonne.

**SÈVRE.** *Poitou.*

D'argent, à trois bandes d'azur, celle du milieu chargée d'une tour d'argent.

De Sèvre, unique représentant du nom, réside au château de Bove, à Corbery, près Laon, département de l'Aisne.

**SERMANDY DE SAINT-GERVAIS.** *Languedoc.*

D'argent, au bras de carnation paré de gueules, mouvant de sénestre, tenant une broche de sinople.

L'unique représentant du nom, baron Sermandy de Saint-Gervais, réside au château de Richebonne, par Lège, département de la Loire-Inférieure.

**SEYSSEL.** *France.*

Gironné d'azur et d'or.

Le comte de Seyssel, unique représentant du nom, réside au château de Lassignieux, à Belley, département de l'Ain.

**SÈZE.** *France.*

De gueules semé de France, au château du temple d'argent brochant sur le tout.

Devises concédées par le roi Louis XVIII : *Manibus date lilia plenis.* — *Le sang du roi martyr couvre mon écusson.*

Cette famille, qui s'honore d'avoir donné Raymond,

deuxième comte de Sèze, pair de France, ministre d'État, membre de l'Académie française, premier président à la cour de cassation, etc., défenseur de Louis XVI, se divise en deux branches et compte de nombreux représentants. Le comte de Sèze, chef de nom et d'armes, qui a sa résidence d'été à Brévannes, département de Seine-et-Oise, et sa résidence d'hiver à Paris. Il a un oncle, Paul-Emmanuel-Adolphe, baron de Sèze, ancien maître des requêtes au conseil d'État, gentilhomme de la chambre de Charles X, qui a quatre enfants : Adolphe-Louis, baron de Sèze, qui a quatre fils et deux filles ; Anatole-Hubert de Sèze, Claire et Marie, toutes deux mariées.

La seconde branche est représentée par Aurélien de Sèze, ancien avocat général à la cour royale de Bordeaux, qui a quatre enfants : Victor de Sèze, qui a deux fils et deux filles ; Romain de Sèze ; Antoine, dit l'abbé de Sèze ; Aurélien de Sèze.

**SÉZILLE-CANONGETTES.** *Noyon.*

D'azur, au chevron d'or, accompagné en chef de deux roses d'argent et, en pointe, d'une coquille du même. (*Armorial du Soissonais.*)

Charles-Antoine-Valentin Sézille-Canongettes, chevalier de la Légion d'honneur, ancien maire de Noyon, décédé, a laissé deux filles : 1° Antoinette-Ursule-Alexandrine, mariée à François-Marie-Raymond Meniolle de Cizancourt ; 2° Agathe, qui a épousé Charles-Louis-Eugène-Édouard d'Estienne de Chaussegros, marquis de Lioux, commandeur de la Légion d'honneur, général de brigade.

La famille Sézille a pour chef actuel Pierre-Hilaire-Alphonse Sézille des Essarts, à Noyon, neveu de Charles-

Antoine-Valentin, précité. Il a épousé Marie-Pauline Donné, dont : 1° Paul-Émile, marié à Constance-Auguste Delmotte ; 2° Charles-Albert, tué à la bataille de Solferino.

**SIBUET.** *France.*

Écartelé : aux 1 et 4 d'azur à trois boucles d'or ; au chef cousu de gueules, chargé d'une fleur de lis d'or, qui est de Sibuet, ancien ; aux 2 et 3 parti : A d'azur à une épée d'argent garnie d'or en barre, et un casque du même ; B d'or à deux baïonnettes de sable passées en sautoir ; à la champagne de gueules brochant sur le parti, qui est de Sibuet moderne.

Le baron de Sibuet, officier de la Légion d'honneur, député des Ardennes, unique représentant du nom, a sa résidence d'été au château des Vieux, département des Ardennes, et sa résidence d'hiver à Paris.

**SIEYÈS** (DE PLAN DE). *Provence.*

D'or, à la fasce d'azur, accompagnée de trois quintefeuilles de gueules.

Cette famille a trois représentants : le marquis de Plan de Sieyès, à Valence, département de la Drôme ; le comte Léo de Sieyès, ancien député, à Fontainebleau et à Paris ; le vicomte Amédée de Plan de Sieyès, au château d'Allex, département de la Drôme.

**SIEYÈS.** *Provence.*

D'argent, au pin de sinople, terrassé du même ; au quartier d'azur à sénestre, chargé en chef à sénestre d'une tête de Borée d'or, soufflant d'argent.

Cette famille, dont était l'abbé de Sieyès, le célèbre

conventionnel, est représentée par de Sieyès, au château de Chevreux, près Soissons, département de l'Aisne.

**SIFFAIT DE MONCOURT.** *Touraine.*

D'azur, au chevron de gueules, accompagné de trois étoiles à six rais d'argent.

Cette famille est représentée par Aimé-Marie-Jules Siffait de Moncourt, secrétaire général de la préfecture, à Tours.

**SIGAUD DE BRESC.** *Provence.*

D'azur, à une sirène d'argent, nageant sur une mer du même et tenant de la dextre une fleur de gueules.

Cette famille a pour représentant Louis de Sigaud de Bresc, propriétaire à Aups, département du Var.

**SIGNAC.** *Périgord.*

D'azur, au cygne d'or, posé sur un cor de chasse du même, dont le cordon est passé autour de son col.

L'unique représentant du nom, de Signac, sans fonctions et sans titre, réside à Toulouse, département de la Haute-Garonne.

**SIGNET.** *France.*

D'azur, à trois cygnes d'argent.

Cette famille dont était Guillaume Signet, qualifié gentilhomme, dans Moréri, sénéchal de Beaucaire, en 1416, fait chevalier par Sigismond, empereur d'Allemagne, roi de Hongrie, lors de son voyage à Paris, fait également rapporté dans l'*Histoire de France*, sous le règne de Charles VI, est représentée par de Signet, maire de Belfonds, par Séez, département de l'Orne.

### SIGNIER. *Provence.*

De gueules, à six têtes d'aigles arrachées d'argent, couronnées d'or, posées 3, 2, et Cimier : une aigle d'argent couronnée d'or.

Mentionnée par l'abbé Robert de Briançon, dans son *Histoire héroïque de la Provence*,

Cette famille, dont la généalogie est rapportée dans Lachenaye-Desbois, dont était Innocent III, élu pape le 9 janvier 1198, et dont la filiation, établie sur preuves, remonte à Fernand ou Ferdinand de Signier, qualifié écuyer, ainsi que son fils, Bertrand de Signier, dans le contrat de mariage de celui-ci, passé à Toulon, le 16 janvier 1441, est représentée par de Signier, au château de Chaillevais, par Chavignon, département de l'Aisne.

### SIMARD DE PITRAY (DE). *Bourgogne et Guyenne.*

D'azur, au chevron d'argent chargé de six billettes ou marcs de gueules, accompagné de trois têtes de lion d'or, couronnées de même. Couronne du comte.

Cette famille, originaire de Bourgogne, a quatre représentants, dont le chef est le vicomte de Simard de Pitray, au château de Pitray, près Castillon, département de la Gironde.

### SIMÉON. *Provence.*

Écartelé : au 1 d'or à la fasce d'azur chargée de trois merlettes d'argent, au soleil de gueules mouvant de l'angle dextre du chef ; au 2 de gueules, au cheval cabré d'argent ; au 3 d'azur, à la galère voguant sur une mer de pourpre ; au 4 échiqueté d'or et d'azur.

Famille de jurisconsultes de Provence parmi lesquels Ducange cite Jean Siméon, qui fut juge majeur à Aix, en 1347, et, plus tard, en 1358, premier président de la chambre rigoureuse pour avoir délivré le pays des bandes qui, sous le commandement d'Arnaud de Cervoules, pillaient la Provence depuis les bords du Var jusqu'à Aix (Abbé Tisserand, *Histoire de Vence*).

Gabriel Siméon, littérateur italien et français, qui fut envoyé par la république de Florence en mission auprès de François Ier, avec le célèbre Giannotti, était de cette famille. Il vécut près de Henri II, en 1547, et publia sur les arts, les devises et les antiquités plusieurs ouvrages remarquables qui furent imprimés à Paris et à Lyon, à Venise et à Florence, de 1550 à 1560.

Sextius Siméon, avocat, professeur de droit canon à l'université d'Aix, fut, en 1765, assesseur d'Aix et administrateur du pays de Provence. Il reçut une charge de secrétaire du roi, et il était syndic de robe de la noblesse de Provence. — Ses armes, telles qu'elles sont décrites au 1er quartier des armes actuelles de la famille, figurent au frontispice de l'*Histoire de la noblesse de Provence*, qui tint une assemblée générale à Aix le 3 juin 1754.

Jérôme Siméon, son fils, après avoir été avocat et assesseur d'Aix, en 1784, était président du conseil des Cinq-Cents au 18 fructidor. Il fut déporté, prit part, comme tribun, aux travaux du Code civil et du Concordat, organisa la Westphalie en 1807, fut fait comte et conseiller d'État par le roi Louis XVIII en 1816, devint ministre de l'intérieur en 1820, et pair de France en 1822.

Joseph Siméon, fils du précédent, fut ministre plénipotentiaire en Saxe, préfet, conseiller d'État et pair de France en 1835.

Le comte Henri Siméon, son fils, fut successivement

attaché d'ambassade, préfet, conseiller d'État, député, puis sénateur en 1852. Adonné aux lettres, il a publié entre autres, en 1873, une traduction en vers des œuvres complètes d'Horace. Il est mort à Paris le 21 avril 1874 au moment où il mettait la dernière main à ce long et consciencieux travail.

Cette famille a pour seul représentant actuel le comte Siméon, fils du précédent, premier secrétaire d'ambassade, marié en 1853 à Olympe de Palézieux-Falconnet; veuf en 1854.

**SIMIANE.** *Provence.*

Armes anciennes. D'azur, au bélier d'or.

Armes modernes. D'or, semé de tours d'argent et de fleurs de lis du même.

Cette ancienne famille n'est plus représentée que par le marquis de Simiane, qui vit dans ses terres, au château de Verger, par Desaignes, département de l'Ardèche.

**SIMON DE MOYVILLIERS.** *Tours.*

D'azur, au chevron d'argent accompagné de trois cygnes du même, becqués et membrés de gueules.

Simon de Moyvilliers, unique représentant du nom, réside au château de Grande-Métairie, par Valançay, département de l'Indre.

**SIMOND DE MOYDIER DES SISMONDI.** *Picardie.*

De gueules, à trois fasces d'argent ; parti aussi de gueules à six olives croisettées d'argent, posées 1, 2, 2 et 1.

Cette famille n'est plus représentée que par Jules Simond de Moydier des Sismondi, ancien garde du corps, à Vosges, département de l'Aisne.

**SIMONET.** *France.*

D'argent, au chevron d'azur, accompagné de trois grenades du même.

Cette famille est représentée par Simonet de Maisonneuve, commandeur de la Légion d'honneur, capitaine de frégate, à Paris.

**SIMONET.** *France.*

De gueules, à un heuron d'or accompagné de trois étoiles du même ; coupé d'argent à trois fauttes de sable.

Cette famille est représentée par de Simonet de Coulmiers, officier supérieur de cavalerie, à Châtillon-sur-Seine (Côte-d'Or).

**SIMONY.** *Lorraine.*

Écartelé : au 1 d'or plein ; au 2 de gueules à une étoile d'or ; au 3 d'azur plein ; au 4 d'argent et une croix de sinople brochant sur le tout.

Cette famille a deux représentants : de Simony, au château de Rivière-les-Fossés, par Praulhoy, département de la Marne ; de Simony, chevalier de la Légion d'honneur, chef d'escadrons au 8e de cuirassiers.

**SINETY.** *France.*

D'azur, au cygne d'argent le cou passé dans une couronne à l'antique de gueules.

Cette famille se divise en deux branches. La première a pour chef Joseph-Louis-Marie, comte de Sinety, à Paris. Il a deux frères : Arthur de Sinety, secrétaire du préfet du Var, à Draguignan ; Jules de Sinety, aspirant de marine. Il a aussi deux oncles : Jules, vicomte de Sinety, chevalier de la Légion d'honneur, lieutenant de vaisseau ; Henri de Sinety, prêtre de la congrégation des Sulpiciens, à Lyon.

La seconde branche est représentée par André-Woldmar-Albert, marquis de Sinety, chevalier de Saint-Louis, officier de la Légion d'honneur, colonel honoraire de cavalerie, à Paris. Il a un fils, Elzéar, comte de Sinety, lequel a deux fils et deux filles.

**SINGLY.** *France.*

Tranché d'argent et d'azur, l'argent chargé d'une croix potencée et alésée de gueules, l'azur chargé d'un senestrochère armé et ganté d'argent, tenant une épée d'or ; à la bande de gueules, chargée de deux serres d'aigles d'or brochant sur le tout.

Le comte de Singly, unique représentant du nom, réside à Paris.

**SIOC'HAN DE KERSABIEC.** *Bretagne.*

De gueules, à quatre pointes de dard ou d'ancre en sautoir passées dans un annelet en abîme, le tout d'or.

Cette famille a encore de nombreux représentants divisés en deux branches. La première a pour chef Yves-Jean-Dieudonné Sioc'han de Kersabiec, clerc tonsuré, au château de la Chauvellière, commune de Chanzeaux, par Saint-Lambert-de-Lattay (Maine-et-Loire) ; la seconde, plus nombreuse, a pour chef Édouard-Jean-Marie-Gabriel, vicomte Sioc'han de Kersabiec, conseiller de préfecture à Nantes (Loire-Inférieure), cousin issu de germain du précédent.

**SIRAUDIN.** *Mâconnais.*

Armes anciennes. — D'argent à un daim de sable,

accompagné de trois griottes de gueules, 2 en chef et 1 en pointe. (*Armorial général*, n° 165.)

ARMES ACTUELLES. — D'argent à la fasce de gueules accompagnées en chef de trois cerises au naturel, et en pointe d'un daim aussi au naturel soutenu de sinople. (Règlement d'armoiries du 9 août 1819.)

BRANCHE CADETTE. — Parti au premier de Siraudin et au deuxième de Blanot qui est : d'azur à trois épis liés d'or, mouvant d'un croissant d'argent. (Règlement d'armoiries du 5 octobre 1820.)

Fiefs : Saint-Léger en Mâconnais (1595), vendu à M. de Meaux (1er juin 1635), Chevagny en Charollais (1597).

Le 27 novembre 1478 Jehan Sirauldin est appelé comme notable (registres de la commune de Mâcon) à prêter serment à Louis XI lors de la réunion de la Bourgogne à la France.

Noble Jehan de Siraudin, seigneur de Saint-Léger en Mâconnais, capitaine et châtelain de Cusery, épouse le 22 janvier 1595 Lucresse de Sagie, assisté comme témoins de Valentin, son frère, noble Philibert de Meaux, son beau-frère, et beaucoup d'autres, en l'église paroissiale Saint-Pierre de Mâcon.

Un superbe missel manuscrit sur parchemin d'une grande valeur artistique, représentant les époux, était le livre de mariage. Il appartient en ce moment à M. Léon Siraudin, de Mâcon.

Jehan meurt en 1642; Nicolas de Siraudin, son fils, lui élève un tombeau qui se voit encore en l'église Saint-Vincent, de Châlon, près le premier pilier à droite en sortant. On y a relevé ce qui suit : « Cy dessoubs gist « noble Jehan de Siraudin, vivant seigneur de Saint-« Ligier en Masconnais, capitaine et châtelain de

« Cuisery, et damoiselle Lucresse de Sagie, sa
« femme.

« Et leur a été fait faire le présent tombeau, par noble
« Nicolas de Siraudin, conseiller du roy, substitut de
« mosieur le procureur général en la chambre des
« comptes à Dijon, capitaine et châtelain de Cuisery,
« leur fils.

« Priez Dieu pour eux. »

Le père et le fils, Jehan et Nicolas, capitaines et châtelains de Cuisery, sont les mêmes que dans ses notices si intéressantes sur les diverses localités de la Bourgogne, Courtépée, à l'article *Châtellenie de Cuisery* cite parmi les capitaines châtelains de cette châtellenie, sous les noms de Jehan et Nicolas Giraudin. Ce sont en effet même date, mêmes fonctions, mêmes prénoms, le nom seul, conservant sa forme, est modifié dans sa première lettre.

Valentin Siraudin, né à Mâcon en 1668, écuyer, contrôleur ordinaire des guerres, y meurt en 1748.

François Siraudin, son fils, conseiller du roi, lieutenant en l'élection de Mâcon (1761).

Jean-Baptiste-Valentin Siraudin, fils du précédent, né en 1745, procureur du roi au bailliage du Mâconnais, meurt dans les cachots de la Terreur en 1793.

Ses fils et petits-fils ont continué à habiter la Bourgogne, le Mâconnais plus spécialement.

Les biens de cette maison avaient été mis sous le séquestre pendant la Révolution. Les papiers établissant sa situation avaient été dispersés et la plupart détruits ; en 1819 et 1820 elle sollicita de nouvelles lettres patentes, constatant sa situation antérieure ; ces lettres lui furent délivrées mais sans tenir explicitement compte de ce qui avait précédé.

**SIREJEAN.** *Champagne.*

D'or, à une aigle de gueules.

L'unique représentant du nom, de Sirejean, officier de la Légion d'honneur, est chef d'escadrons au 4ᵉ régiment de chasseurs.

**SIRESMES DE LA FERRIÈRE.** *France.*

De sinople, à trois faulx d'argent emmanchées d'or, posées 2 et 1.

Cette famille a deux représentants : Charles-Auguste, comte de Siresmes de la Ferrière, au château de Lambarville, département de la Manche ; Léon-Jean-Guillaume, vicomte de Siresmes de la Ferrière, au château de Saussai, même département. Il a son domicile d'hiver à Nice.

**SIRIEZ DE LONGEVILLE.** *Auvergne.*

D'argent, à l'arbre déraciné de sinople, accompagné de trois étoiles de sable, une en chef, deux en flancs et soutenu d'un croissant de gueules en pointe.

Cette famille, qui a donné trois chevaliers de Saint-Louis, est représentée par Claude-Charles Siriez de Longeville, à Boulogne, département du Pas-de-Calais.

**SIVRY.** *France.*

D'azur, au lion contourné d'or, armé et lampassé de gueules ; au chef d'argent chargé d'un cœur du troisième.

Cette famille a deux représentants : de Sivry, au château de Villeneuve, par Mirebeau, département de la Côte-d'Or ; de Sivry, à Versailles.

**SOBIRATS.** *Provence.*

D'or, au coq de sable, crêté et barbé de gueules, posé sur un mont de six coupeaux du second.

Raymond-Gabriel-Malachie, comte de Sobirats, unique représentant du nom, réside au château de Jonquier, par Carpentras, département de Vaucluse. De son mariage avec Fanny d'Olivier de Giraud, il a un fils, Théophile.

**SOHIER DE VERMANDOIS.** *Cambrésis.*

De gueules, à l'étoile à cinq rais d'argent. — Cimier : une croix placée dans une ramure de cerf.

Devise : *Stella Xpi duce.*

S'appuyant sur l'autorité de Le Carpentier [et de l'abbé L. P. Colliette, et d'après des titres publiés par eux, lesquels ont été acceptés par l'empereur d'Allemagne en 1658, puis vérifiés et collationnés, lors de leur publication, par le Conseil des États de Hollande, en 1661], cette famille s'attribue une origine fort ancienne et fort illustre puisqu'elle descend des anciens comtes de Vermandois, au XIe siècle, comme on peut le voir par son arbre généalogique complet, tel qu'il se trouve au registre VII (complémentaire) de l'*Armorial général de France* de d'Hozier, édition de Firmin Didot.

Elle a envoyé plusieurs chevaliers aux croisades ; elle a donné des gouverneurs de l'Artois, de Cateau-Cambrésis, de Crèvecœur, etc. Deux ambassadeurs, un prévôt de Cambrai, des Baillis du Grand Chapitre de Cambrai, un conseiller de Philippe d'Autriche, etc. Elle est représentée en France par trois frères : Jean Sohier, pasteur à Nantes, qui a quatre fils et une fille ; Hébert Sohier, pasteur de l'Église réformée, Président du consistoire de Bolbec (Seine-Inférieure), qui a deux filles et un fils : Philémon Sohier, à Bolbec, qui a une fille et un fils.

**SOISSONS.** *Bordelais.*

D'or, au lion de gueules.

L'unique représentant du nom, l'abbé de Soissons, est curé de Saint-Seurin, à Bordeaux, département de la Gironde.

**SOLAGES.** *Rouergue, Guyenne, Gascogne.*

ROUERGUE. D'azur, au soleil d'or.

GUYENNE, GASCOGNE. Écartelé : aux 1 et 4 d'azur, au soleil d'or, qui est de Solages ; aux 2 et 3 d'azur, à trois rocs d'échiquier d'or, qui est de Nobal.

Solages, en Guyenne et Gascogne, remonte à Raymond de Solages, qui vivait avant l'an 1028. On compte quatre représentants du nom : le marquis de Solages, au château de la Verrerie, par Monestier, département du Tarn ; le comte de Solages, à Paris ; de Solages, au château de Montfa, par Roquecourbe, département du Tarn ; de Solages, au château de Sognes, par Villemur-sur-Tarn, département de la Haute-Garonne.

**SOLAN.** *France.*

De gueules, à la bande d'or.

Cette famille est représentée par deux frères, à Angers, département de Maine-et-Loire : Théobald de Solan, conseiller à la cour d'appel ; Aimé de Solan, qui n'exerce point de fonction publique.

**SOLIEZ** (DU). *Languedoc.*

D'azur, à la bande d'argent, chargée de trois roses

de gueules, accompagnées de deux étoiles d'or ; au chef d'argent.

Deux représentants : Camille du Solicz de Fezembat, à Toulouse ; Hippolyte du Solicz de Fezembat, receveur des postes, à Castelnau-Montmirail, par Gaillac (Tarn).

**SOLIGNAC.** *Languedoc.*

D'argent, au chef de gueules.

Cette famille est représentée par le baron de Solignac, chambellan honoraire, à Paris.

**SOLLIERS.** *Provence.*

Le chef de nom et d'armes de cette famille, de Solliers, est inspecteur des forêts, à Aix, département des Bouches-du-Rhône ; de Solliers, grand-officier de la Légion d'honneur, autre représentant du nom, est conseiller général, à la Courtine, département de la Creuse.

**SOMER.** *Picardie.*

D'argent, au chevron d'azur, accompagné de trois roses de gueules.

L'unique représentant du nom, de Somer, réside au château de Dourdeauville, par Samer, département du Pas-de-Calais.

**SOMMIÈRES** (Brémont de). *Dauphiné.*

D'or, au cœur de gueules.

Le marquis de Brémont de Sommières, unique représentant du nom, réside au château de Courcheval, par Saint-Bonnet-de-Joux, département de Saône-et-Loire.

**SOMMEYEVRE.** *Champagne, Bourgogne, Auvergne, Languedoc.*

D'azur, à deux massacres de cerf d'or, posés l'un au-dessous de l'autre.

Cette famille a huit représentants : Charles-François-Adrien, marquis de Sommeyèvre, à Versailles ; Joseph-Constant-Edmond, comte de Sommeyèvre, à Versailles ; Laurent-Valentin-Victor de Sommeyèvre, chevalier de la Légion d'honneur, capitaine en retraite ; le baron de Sommeyèvre ; Christian de Sommeyèvre ; le vicomte de Sommeyèvre ; Victor de Sommeyèvre ; Sosthène de Sommeyèvre, ancien capitaine adjudant-major au 3e de ligne.

**SONIS.** *Toulouse, Montauban.*

D'azur, au lion d'or et une fasce haussée d'argent, surmontée de trois étoiles du même.

Cette famille a deux représentants : Théobald et Louis de Sonis, tous deux officiers de spahis.

**SONNIER.** *Paris.*

D'azur, au chevron, accompagné en chef de trois étoiles et en pointe d'un soleil, le tout d'or ; à une rivière d'argent au-dessous du soleil.

L'unique représentant du nom, la douairière de Sonnier, réside à Blois, département de Loir-et-Cher.

**SORBIER DE LA TOURRASSE (DU).** *Touraine, Périgord, Agenais.*

Écartelé : aux 1 et 4 d'azur, à trois sorbes ou cordes d'or ; aux 2 et 3 d'azur, à la bande d'or, accompagnée de deux fleurs de lis du même.

Cette famille a deux représentants : du Sorbier de la Tourrasse, notaire, à Valence, département de Tarn-et-Garonne ; du Sorbier de la Tourrasse, à Agen, même département.

**SORBIERS.** *France.*

De gueules, au chef cousu d'argent, chargé d'un lion passant d'azur, armé, lampassé, couronné de gueules. Tenants : deux anges. — Cimier : un lion armé, lampassé et couronné de gueules, sommé d'une couronne de marquis.

Cette famille a trois représentants : Jules-Amédée de Sorbiers, chef de nom et d'armes, à Salon, département des Bouches-du-Rhône, qui a un fils, Jules-Marie-Charles-Gaston de Sorbiers ; Denis-Benjamin de Sorbiers, ancien colonel, commandeur de la Légion d'honneur, à Castelsarrazin, département de Tarn-et-Garonne.

**SOREL DE BONVALET.** *Ile-de-France.*

D'argent, au sureau de sable.

Sorel de Bonvalet, unique représentant du nom, est directeur des postes, à Sceaux, département de la Seine.

**SORET DE BOIS-BRUNET.** *Picardie, Ile-de-France.*

De gueules, au léopard d'or couronné du même, surmonté de trois molettes d'argent.

Soret de Bois-Brunet, représentant du nom, est substitut du procureur de la République, à Beauvais, département de l'Oise ; Soret de Bois-Brunet, autre représentant, est adjoint à l'intendance militaire, à Batna, Algérie.

**SORIN DE LÉPESSE.** *Normandie.*

D'argent, à trois perroquets de sable.

L'unique représentant du nom, Sorin de Lépesse, réside à son château de Vierville-sur-Mer, département du Calvados.

**SOUBEYRAN.** *Poitou.*

D'or, à la croix ancrée de gueules, cantonnée de quatre annelets de sable.

Cette famille a deux représentants : de Soubeyran, officier de la Légion d'honneur, ancien préfet du département de Loir-et-Cher, à Blois ; de Soubeyran, directeur du Crédit foncier de France, ancien député, à Paris.

**SOUCHARD DE LAVOREILLE.** *Poitou.*

De gueules, à un sautoir d'or.

L'unique représentant du nom, Souchard de Lavoreille, est médecin à Paris.

**SOUCY** (FICTE OU FITE). *Ile-de-France.*

Fascé, contre-fascé d'azur et de sable de huit pièces, celles d'azur chargées d'une branche d'olivier d'or, posée en fasce.

Ficte ou Fite de Soucy, unique représentant du nom, réside au château d'Arralette, par Lonjumeau, département de Seine-et-Oise.

**SOUICH** (DU) *Picardie.*

Écartelé : aux 1 et 4 d'argent, à trois alérions de gueules, posés 2 et 1 ; aux 2 et 3 d'or à deux bandes de gueules.

Cette famille est une des principales, des plus illustres de la Picardie. Paillot, dans son remarquable ouvrage *la vraie Science des armoiries*, p. 20, cite son blason comme modèle du genre et l'on sait que les citations qu'il donne sont toujours choisies dans la plus pure et la plus ancienne noblesse.

Floridas du Souich, chevalier, fut tué en 1415, à la bataille d'Azincourt. Il appartenait à l'une des neuf familles picardes qui eurent quatorze victimes du désastre d'Azincourt.

Pierre du Souich, seigneur de Fouencamps et de Saint-Mard-en-Chaussée, petit-fils de Floridas de Souich, ci-dessus, épousa une fille d'Antoine de Rubempré dont la famille fut alliée à la maison de Bourbon et c'est de ce mariage que sont issus les représentants actuels de la famille qui nous occupe.

Elle est représentée par Prosper Judas du Souich, à Amiens, et par Alban Judas du Souich, officier de la Légion d'honneur, inspecteur général des mines, à Paris.

**SOUIN DE LA SAVINIÈRE.** *Touraine, Poitou.*

D'argent, au chevron de gueules accompagné en pointe d'une cassette du même ; au chef d'azur chargé de trois trèfles d'or.

Louis-Claude-Benjamin-Édouard Souin de la Savinière, unique représentant du nom, réside à Tours, département d'Indre-et-Loire. Il a un fils, Aristide-Édouard.

**SOULAGES.** *Toulouse.*

D'azur, à trois flammes d'argent, posées 2 et 1 ; en chef une étoile d'or ; à la bordure de gueules, chargée de huit besants d'or mis en orle.

Cette famille a cinq représentants : de Soulages, au château de Nogaret, par Villasavary, département de l'Aude ; Gustave de Soulages de Lamée, à Toulouse ; de Soulages, à Toulouse ; autre de Soulages, à Toulouse ; de Soulages, percepteur à la Rochelle.

**SOULLIÉ DE BRU.** *Toulouse, Montauban.*

D'argent, à deux branches, l'une de laurier, l'autre de palmier de sinople, passées en sautoir, liées de gueules ; au chef d'azur chargé d'un soleil d'or, côtoyé de deux étoiles de même et l'écu timbré d'un casque de profil.

Soullié de Bru, unique représentant du nom, est contrôleur des contributions directes, à Bergerac, département de la Dordogne.

**SOULIER** (du). *Limousin, Touraine, Languedoc.*

De gueules, au lion d'or, armé et lampassé du même, tenant de la patte dextre une épée d'argent, la pointe en haut, la garde et la poignée d'or accosté de deux gantelets aussi d'or.

Ce nom s'écrit indifféremment du Solier ou du Soulier. Ancienne famille noble qui tire son nom d'un fief appelé le Solier, près de Magnac, dans la Marche. Des mémoires nous montrent cette famille établie dans le Vivarais, depuis la fin du xv$^e$ siècle. D'autres branches se fixèrent en Limousin, en Touraine, en Languedoc. L'histoire fait mention de Bertrand du Solier qui épousa en 1272 Anne de Roquelaure. Froissart parle de messire Regnault du Solier, qui, ayant suivi Bertrand du Guesclin en Espagne, s'attacha au service du roi de Castille. Le gouverneur de Roye, en Picardie, Blanchet du Solier, fut tué au siège de cette ville au commencement du xv$^e$ siècle. D'autres documents prouvent l'ancienneté de cette famille, qui, ayant perdu une grande partie de ses titres, par suite des guerres de religion, demanda et obtint en 1722, du roi Louis XV, des lettres patentes qui montrent que « cette famille jouissait alors de considération et d'une réputation d'ancienneté, qu'elle était alliée à plusieurs familles nobles des provinces du Poitou et du Limousin, et qu'elle avait occupé des charges de conseillers au Parlement de

Bordeaux, lieutenants généraux de la sénéchaussée de Limoges, trésoriers de France à Limoges, présidents en la sénéchaussée de Poitiers et élus aux élections de Poitiers et de Rochechouart. » Ces charges étaient souvent remplies par des nobles et quelques-unes même conféraient la noblesse.

Les plus anciens membres de ceux dont. on a la filiation prouvée, avaient leur établissement dans le bourg de Saint-Laurent-sur-Gorre, diocèse de Limoges.

Les sept frères mentionnés dans les lettres de 1722 sont : Simon du Solier, seigneur de Marcillac, l'un des chevau-légers de la garde du roi, chevalier de Saint-Louis ; Martial du Solier, seigneur de Lage, major du régiment d'infanterie de Bourbon, chevalier de Saint-Louis ; Martial Louis du Solier, seigneur de la Terrie, chevalier de Saint-Louis, capitaine au régiment de cavalerie de Villeroy ; Léonard du Solier, chevalier de Saint-Louis, capitaine au régiment d'infanterie d'Artois ; François du Solier, seigneur de la Borie, chevalier de Saint-Louis, capitaine au régiment de cavalerie de la Roche-Guyon ; Louis du Solier, seigneur de Verdurier, chevalier de Saint-Louis, capitaine au régiment d'infanterie du Lionnais ; Pierre du Solier, seigneur de la Motte, capitaine d'une compagnie de 100 hommes, entretenue pour le service du roi à la Martinique.

Léonard-Charles-François, nommé plus haut, seigneur de Laises, s'allia à Gabrielle du Solier, d'où Charles-François, allié à Élisabeth-Claudine Leporcq d'Imbretun, en 1759. De ce mariage naquirent plusieurs enfants, dont l'un, Martial du Solier, né en 1774, marié en 1808 à Agathe de Willecot de Rincquesen, se fixa dans le Boulonnais et eut deux fils.

L'aîné, Édouard-Louis-Martial du Soulier, allié en

1844 à demoiselle Clémence-Aronio de Romblay, eut deux enfants : 1° Fernand-Marie-Martial du Soulier, né le 10 mai 1845, marié en 1869 à demoiselle Mathilde-Marie-Hélène de Chinot de Fromessent, décédée le 28 janvier 1873, d'où Marguerite-Marie-Clémence, née le 19 janvier 1872.

René-Marie-Martial, né le 21 janvier 1873.

2° Amaury-Marie-Henri, né en novembre 1846, mort à Nice le 9 mars 1869.

Le second Henry, chevalier du Soulier, allié en 1837 à Louise de Willecot de Rincquesen, d'où Albert, mort le 7 mars 1868.

La branche établie en Touraine eut pour chef Louis du Soulier, écuyer, chevalier de Saint-Louis, capitaine de carabiniers, maréchal de camp en 1786, fils de Léonard-Charles-François, l'un des sept frères, et frère du chef de la branche dont nous venons de parler. Il eut deux enfants : une fille, mariée en 1796 à M. de Châteauvieux ; un fils, Martial-Pierre-Henri, vicomte du Soulier, lieutenant de cavalerie en retraite, chevalier de Saint-Louis, né en 1768, marié à Angers, le 11 mai 1803 (21 floréal an XI), à demoiselle Renée Bernard.

Ce dernier eut deux fils :

Paul du Soulier, né en 1811, mort à Nice en 1830.

Martial-Henri-Calixte, vicomte du Soulier, né à Angers, le 24 mai 1804, marié le 13 février 1832 à Mlle Claire-Rosalie de Herte de Merville, née à Angers, fille de Nicolas-Joseph-Victoric de Herte de Merville, chevalier, et de dame Rosalie-Catherine de Fayau, son épouse, décédée à Vaas, le 25 décembre 1821.

De cette union naquirent :

1° Geneviève du Soulier, née en 1843, décédée le 28 février 1849 ;

2° Pierre-Martial-Raymond, baron du Soulier, né à la Flèche, le 28 janvier 1833, décédé en 1870, marié le 17 décembre 1865 à M{{lle}} Henriette-Alexandrine-Marie Arthaud de la Ferrière, morte en 1869, fille de Léon-Henri-Gilbert Arthaud, comte de la Ferrière, et de Jeanne Lucy, sa veuve, propriétaire au château de Bierre-les-Semur (Côte-d'Or);

D'où deux enfants :

Martial-Jean-Henri-Raymond-Hubert, né le 1{{er}} novembre 1867, à Bierre-les-Semur (Côte-d'Or);

Renée-Marie-Claire-Henriette-Françoise, née à Audenat (Rhône), le 15 décembre 1868.

### SOULT DE DALMATIE. *Languedoc.*

D'or, à l'écusson de gueules chargé de trois têtes de léopard d'or, posées 2 et 1; au chef de gueules semé d'étoiles d'argent.

Cette famille, qui doit son lustre au maréchal Soult, créé duc d'empire par l'empereur Napoléon I{{er}}, est représentée par le duc Soult de Dalmatie, au château du Canal, à Beaucaire, département du Gard.

### SOUMARD DE VILLENEUVE. *La Rochelle.*

De gueules, à deux chevrons d'or, accompagnés de trois croissants d'argent, deux en chef et un en pointe, celui-ci soutenu d'une croisette pattée d'or.

Cette famille a pour unique représentant Soumard de Villeneuve, à Bourges, département du Cher.

### SOURDEAU DE BEAUREGARD. *France.*

D'azur, au chevron d'or, accompagné de trois croissants du même.

Sourdeau de Beauregard, unique représentant du

nom, réside à son château, à Autry, département du Loiret.

**SOURDON** (HUËT DE). *Bretagne.*

D'or, à la fasce d'azur chargée d'un croissant d'argent, accompagnée de trois roses de gueules, deux en chef et une en pointe.

Cette famille remonte à *Gauthier Huët*, chevalier et compagnon d'armes de Chandos et de Knolles dans les guerres de Bretagne, sous Charles V, roi de France (Histoires de Bretagne par d'Argentré; de France par Marchangy; Chroniques de Froissart). A la bataille d'Auray (1364), il commandait un des trois corps de l'armée anglaise. Son fils Guillaume suivit Duguesclin en Espagne. Ses descendants se fixèrent dans l'Aunis et la Saintonge, et y formèrent plusieurs branches : Huët de Vandanne, Huët du Bellay, seigneurs de Nantilly (1380-1570), Huët de Noaillé, seigneurs de Sourdon. A partir de 1570, la généalogie se retrouve sans interruption. — Titres de comte et ordonnances royales du 15 juin 1698.

La famille est représentée aujourd'hui par Frédéric et Alexandre Huët de Sourdon, fils de François Huët, chevalier de Sourdon, de la branche cadette, émigré, lieutenant-colonel et commissaire général à l'armée royale du Maine.

Alliances : Rougier, Franchard, Laverne, Mascaron, Boufflers, Chassiron, Aussem en Nassau, etc., etc.

**SOUSSAY.** *Anjou.*

De gueules, à trois coquilles d'or.

Cette famille, originaire d'Anjou, fixée en Bretagne depuis l'an 1355, a quatre représentants : le vicomte de Soussay, alternativement à Paris et au château de Keravéan, par Auray, département du Morbihan ; Arthur de Soussay, son fils, à Paris; de Soussay, à Rennes ; Léon de Soussay, à Nantes.

**SOYE.** *Brabant.*
D'argent, à deux barbeaux adossés d'azur.
Issue de Nicolas-Louis de Soye, seigneur d'Astenoy, écuyer, vivant en 1696, cette famille est représentée par trois frères et leurs enfants : Joseph-Alcide-Alexandre de Soye, officier de la Légion d'honneur, commissaire de la marine en retraite, qui a une fille, à sa campagne de Bagatelle, près Toulon, département du Var; Alexandre de Soye, commandeur de la Légion d'honneur, ancien intendant militaire, au château de Graille, par Mormoiron, département de Vaucluse, qui a un fils et une fille ; Jules-Marie-Joseph de Soye, chevalier de la Légion d'honneur, commissaire de la marine en retraite, qui a un fils et deux filles.

**SPARRE.** *France.*
D'azur, au chevron d'or; au franc-quartier cousu de gueules, chargé d'une épée d'argent.
Cette famille a deux représentants : le comte de Sparre, au château de Brunette, par Orange, département de Vaucluse ; le comte de Sparre, chevalier de la Légion d'honneur, à Thierry, par Château-Thierry, département de l'Aisne.

**STAËL.** *France.*
D'argent, à huit tourteaux de gueules posés en orle.
Ce nom, célèbre dans les lettres, n'est plus représenté que par la baronne de Staël, à Paris.

**SUAREZ D'ALMEYDA.** *Toulouse.*

Écartelé : aux 1 et 4 coupé : en chef parti : écartelé au premier et au quatrième de gueules, à la tour d'argent maçonnée de sable ; au deuxième et troisième d'argent, au lion rampant de gueules ; parti de gueules, à trois pals d'or ; en pointe à l'arbre de sinople, terrassé du même, affronté à sénestre d'un lion de gueules rampant contre le fût de l'arbre ; au 2 et 3 parti : au premier coupé en chef de gueules, à trois fleurs de lis d'argent rangées en fasce, en pointe de gueules, à quatre bandes d'argent ; au second de gueules, au chevron renversé d'argent, sommé de trois épis de blé empoignés d'argent ; au chef d'argent, chargé de trois losanges de gueules.

Cette famille a deux représentants : Suarez d'Almeyda, à Toulouse ; Suarez d'Almeyda, à son château, par Rieumes, département de la Haute-Garonne.

**SUAU DE L'ESCALETTE.** *Toulouse.*

D'azur, au goëland essorant d'argent, sur une mer de sinople ondée d'argent ; au chef cousu de gueules, chargé d'un croissant d'argent, accosté de deux étoiles d'or.

Suau de l'Escalette, unique représentant du nom, réside à Toulouse.

**SUBRA DE SAINT-MARTIN.** *Toulouse.*

D'or, au chêne de sinople, le tronc entortillé d'un serpent d'azur.

Cette famille n'est plus représentée que par de Subra de Saint-Martin, juge à Pamiers, département de l'Ariége.

**SUCY D'AUTEUIL.** *Alsace.*

D'azur, à trois barres voûtées d'or, accompagnées de huit besants du même.

Originaire de Picardie, établie en Dauphiné, cette famille remonte par titres à Jean-François de Sucy, seigneur de la Maurie, vivant à la fin du XIIe siècle, lieutenant de la compagnie d'ordonnance de Grammont. Elle est représentée par de Sucy d'Auteuil, chanoine honoraire, à Saint-Dié, département des Vosges.

**SUEUR** (LE). *Paris, Normandie.*

PARIS. D'azur, à trois tulipes d'or.

NORMANDIE. De sable, à trois fasces d'argent. — D'azur, à la fasce d'or, accompagnée de trois rosettes du même rangées en chef.

Le Sueur, en Normandie, est d'ancienne origine. Le premier de cette famille dont il soit fait mention par titres, est Jacques le Sueur, qui obtint de Jean le Bon, roi de France, des lettres de noblesse, le 12 mai 1360.

Sans le nom générique de le Sueur, on compte trois représentants : le Sueur de Gosmenil, à Paris ; le Sueur de la Bretonerie, à Morée, département de Loir-et-Cher ; Auguste le Sueur de Peres, conseiller à la cour d'appel d'Agen, département de Lot-et-Garonne.

**SUFFREN.** *Provence.*

D'azur, au sautoir d'argent, cantonné de quatre têtes de léopard d'or.

Originaire de Lucques, cette famille remonte en France à Hugues de Suffren, établi en Provence dans le XIVe siècle. Sa postérité, d'abord divisée en trois branches, possède, depuis plus de quatre cent cinquante ans, la terre d'Aube, depuis nommée Richebel. Elle est représentée par André, marquis de Suffren, au château de Preissan, par Narbonne, département de l'Aude. Il a deux frères, quatre sœurs, un oncle et une tante.

**SUREMAIN.** *Bourgogne.*

D'azur, à la main ouverte d'argent, posée en pal, surmontée d'un chevron d'or.

Devise : *Certa manus, certa fides.*

Cette famille, originaire de Bourgogne, a plusieurs représentants : de Suremain de Missery, chef de nom et d'armes, au château de Pont-de-Pany, département de la Côte-d'Or ; de Suremain de Saiserey, au château de Missery (Côte-d'Or) ; de Suremain de Saiserey, au château de Nan-sous-Thil (Côte-d'Or) ; de Suremain de Saiserey, trappiste, à Mortagne ; Charles de Suremain, au château de Flamerans (Côte-d'Or) ; Gabriel de Suremain, au château de Saugeaux (Saône-et-Loire).

**SURIAN DE BRAS.** *Provence.*

Coupé d'argent et de sable, à la croix ancrée de l'un en l'autre.

Trois représentants : Thomas-Joachim-Marie-Alfred de Surian de Bras, à Marseille ; Joachim-Gustave-Alphonse de Surian de Bras, à Marseille ; Louis-Alphonse-Émilien de Surian de Bras, à Marseille.

**SURMONT.** *Flandre.*

D'or, à un chevron de gueules, accompagné en chef de deux roses du même et en pointe d'une montagne de sinople (d'Hozier).

Jacques de Surmont, seigneur du Hennocq, époux de Agnès de La Chapelle (testament aux archives de Tournai).

L'unique représentant du nom, Adolphe-Eugène de Surmont, habite Lille, département du Nord.

Jugement rectificatif du nom patronymique rendu par le tribunal de Lille, le 31 décembre 1860.

**SUSSAIS.** *Bretagne.*

De gueules, à trois croisettes d'or, posées 2 et 1.

De Sussais, unique représentant du nom, réside au château de Bas-Mats, par Savenay, département de la Loire-Inférieure.

**SUZANNE.** *France.*

De sable, à trois annelets d'argent ou d'or.

L'unique représentant du nom, de Suzanne, est conservateur des forêts à Rouen, département de la Seine-Inférieure.

**SUZANNET.** *Poitou.*

D'azur, à trois canettes d'argent.

Le comte de Suzannet, unique représentant du nom, réside au château d'Autroche, par Meung-sur-Beuvron, département de Loir-et-Cher.

**SYLVESTRE.** *Bretagne.*

D'argent, à l'écusson en abîme de gueules, chargé d'un croissant du champ et accompagné de six croix recroisettées d'azur rangées en orle.

Cette famille a neuf représentants : le baron de Sylvestre, au château de Corbier, département de Seine-et-Marne, qui a sa résidence d'hiver à Paris ; Franz de Sylvestre, attaché à la légation de France, à la Haye ; de Sylvestre, notaire, à Bollène, département de Vaucluse ; de Sylvestre de Sacy, officier de la Légion d'honneur, ancien sénateur, membre de l'Institut, à Paris ; de Sylvestre de Sacy, conseiller référendaire à la cour des comptes, à Paris ; de Sylvestre de Chanteloup, chevalier de la Légion d'honneur, conseiller à la Cour de cassation ; de Sylvestre de Molières, à Montauban, département de Tarn-et-Garonne ; de Sylvestre, chevalier de la Légion d'honneur, ingénieur de la marine ; de Sylvestre, propriétaire à Malemort, département de Vaucluse.

# T

**TAFFART DE SAINT-GERMAIN.** *France.*

D'azur, au chevron d'or, sommé d'une étoile d'argent, accompagné en chef de deux roses tigées et feuillées d'or, et en pointe d'un croissant aussi d'argent.

Cette famille a pour chef de nom et d'armes Victor de Taffart de Saint-Germain, commandeur de la Légion d'honneur et du Nichan-Iftikar, capitaine de vaisseau en retraite, à Rennes. Il a un fils, Georges de Taffart de Saint-Germain, capitaine d'état-major, qui a épousé Charlotte-Agathe-Marie d'Estienne de Chaussegros de Lioux; il a aussi une fille, Marie.

Cette famille est aussi représentée par Gustave de Taffart de Saint-Germain, chevalier de la Légion d'honneur, au château de Tinteillac, département de la Dordogne, et par Ferdinand de Taffart de Saint-Germain, au château de Fombrange, département de la Gironde.

**TAFFIN D'HEURSEL.** *Artois.*

De gueules, au pairle d'hermines.

Cette famille est représentée par Louis Taffin d'Heursel, au château de Gœzlin, par Douai, département du Nord. Elle a un second représentant mâle, Anatole Taffin d'Heursel, à Paris.

**TAFFIN DE TILQUES.** *Artois.*

D'argent, à trois têtes de mores de sable, tortillées d'argent.

Devise : *Pense à ta fin.*

De noblesse d'épée, cette famille très-ancienne tire son origine des États de Venise. Par sentence de l'élection d'Arras, rendue le 7 septembre 1658, en faveur de Nicolas Taffin, écuyer, seigneur du Hocquet, elle fut reconnue noble de race et d'extraction, ses titres ayant été détruits par trois incendies, en 1552, 1581 et 1582.

Cette famille obtint aussi des lettres royales de Philippe II, datées de Madrid le 16 juin 1579, en témoignage des services rendus à la couronne par Pierre Taffin, écuyer, seigneur du Hocquet, pendant les troubles des Pays-Bas. Elle a donné Françoise de Taffin, fondatrice de l'ordre dit des Capucines, morte en odeur de sainteté à Saint-Omer, le 29 décembre 1642.

Elle se divise en deux branches : la première est représentée par Agénor et René de Taffin d'Écou, par Saint-Omer, et par Alfred de Taffin de Tilques, leur oncle, au château de Tilques, par Saint-Omer.

La seconde branche est représentée par de Taffin, chanoine à Arras; de Taffin, son frère, au château d'Éperlecques, par Arras ; de Taffin, à la Boissière, par Champagne-Mouton, département de la Charente.

**TAILLANDIER.** *Paris, Auvergne.*

PARIS. D'argent, au chevron d'azur, accompagné de trois étoiles d'or.

AUVERGNE. D'or, à deux épées passées en sautoir de gueules.

Cette famille a deux représentants : Taillandier de Gabory, avocat, à Paris ; Taillandier du Plaix, à Saint-Thorette, département du Cher.

**TAILLASSON.** *France.*

Taillé d'argent et de gueules de dix pièces ; au chef d'azur, chargé d'un croissant d'argent, accosté de deux étoiles d'or.

L'unique représentant du nom, de Taillasson, est inspecteur de la Commission forestière.

**TAILLE** (DE LA). *Beauce.*

De sable, au lion armé et lampassé de gueules, couronné d'or.

Couronne de marquis. Tenants : deux sauvages.

Devise : *Non inferiora secutus.*

La couronne du lion fut accordée par Charles VII, vers 1430, à Martinet de la Taille, pour sa conduite patriotique contre les Anglais.

Cette famille, de noblesse d'épée, est originaire de la Beauce et du Gâtinais, et date de l'an 1200. Elle a fourni des grands-maîtres des eaux et forêts, des maréchaux de camp, un auteur dramatique, Jean de la Taille (sous Henri IV). Elle est alliée aux Bourbon, Courtenay, de Rieux, de Dreux, de Rochechouart, Rouhaut, l'Hopital Vitri, de l'Étendard, de Chartres, de Nesles, de Lisle, Ganay Maillé, Mailly, Aubusson, Boufflers, Brichanteau

Nangis, Chatillon, la Châtre, de la Croix, d'Épinay-Saint-Luc, Beauffremont d'Étampes, Valançai, etc.

Elle est divisée en trois branches, des Essars, de l'Olinville et de Tretinville. La branche aînée est représentée par le comte de la Taille des Essarts, à Paris et à Versailles, ancien garde du corps sous Louis XVIII et Charles X. Il a deux fils et deux filles.

Les autres branches ont de nombreux représentants tant à Paris qu'à Orléans et à Tours.

**TAILLEFER.** *Périgord.*

De gueules, au dextrochère de carnation paré d'argent, mouvant du canton dextre du chef, tenant une épée du même, en bande, garnie d'or, taillant une barre de fer de sable posée en barre, accompagnée de deux molettes d'or, une en chef et une en pointe.

De Taillefer, unique représentant du nom, réside au château de Laborie-Saunier, par Champagnac de Bélair, département de la Gironde.

**TAILLEPIED DE BONDY.** *France.*

D'azur, à trois croissants d'or, posés 2 et 1 ; au chef chargé de trois molettes de gueules. Couronne : de marquis.

Cette famille, qui a donné un chevalier, Thomas Taillepied, à la croisade de 1248, a pour chef de nom et d'armes François-Marie de Taillepied, comte de Bondy, officier de la Légion d'honneur, ancien pair de France, conseiller d'État honoraire, à Paris. Elle est aussi représentée par Amédée-Louis-Thérèse, vicomte Taillepied de la Garenne.

**TAILLEVIS.** *France.*

D'azur, au lion rampant d'or, tenant de sa patte dextre une grappe de raisin du même.

Cette famille a deux représentants : de Taillevis de Jupeaux, chevalier de la Légion d'honneur, trésorier-payeur, à Oran (Algérie) ; Gonzalve de Taillevis de Périgny, receveur des finances, à Versailles.

**TAILLIS (DU).** *Alençon.*

De sable, à trois pals d'or.

Cette famille a trois représentants : le comte du Taillis, chevalier de la Légion d'honneur, à Paris ; le comte du Taillis, à Paris ; le comte du Taillis, au château de la Grange, par Yerres, département de Seine-et-Oise.

**TAISNE.** *Flandre.*

D'azur, à trois croissants d'argent posés 2 et 1 ; écartelé d'or, à trois angemmes de gueules posées 2 et 1.

L'unique représentant du nom, de Taisne, réside aux Riceys, département de l'Aube.

**TALHOUËT.** *France.*

Écartelé : aux 1 et 4 d'argent, à trois pommes de pin au naturel ; au 2 des barons militaires ; au 3 d'argent, à trois têtes de loup arrachées d'argent.

Cette famille a deux représentants : le marquis de Talhouët-Roy, chevalier de la Légion d'honneur, conseiller général, député de la Sarthe, qui a sa résidence d'été au château de Lude et sa résidence d'hiver à Paris ; le comte de Talhouët, chevalier de la Légion d'honneur, trésorier-payeur général, à Angoulême, département de la Charente.

**TALLERAND.** *Normandie.*

Palé d'hermines et de gueules.

Le comte de Tallerand, unique représentant du nom, réside à Breuilpont, par Brueil, département de l'Eure.

**TALLEVAST.** *Normandie.*

De sable, au sautoir d'or, accompagné à dextre d'une épée d'argent, et à sénestre d'une flèche du même.

L'unique représentant du nom, de Tallevast, est juge de paix à Ryès, département du Calvados.

**TALLEYRAND-PÉRIGORD.** *France.*

De gueules, à trois lions d'or, armés, lampassés, couronnés d'azur.

Issue des comtes de Périgord, du nom de Talleyrand, cette maison, dont la séparation avec celle des comtes de Périgord date de l'an 1156, a treize représentants : le prince Augustin-Marie-Élie-Charles de Talleyrand, duc de Périgord, grand d'Espagne de première classe, chef de nom et d'armes ; le prince Élie-Louis-Roger de Talleyrand-Périgord, prince de Chalais, à Paris, fils aîné du chef; le prince Paul-Adalbert-René de Talleyrand-Périgord, son fils cadet.

La seconde branche est représentée par Napoléon-Louis de Talleyrand-Périgord, duc de Sagan, en Prusse, de Valençay, en France, grand officier de la Légion d'honneur, qui a sa résidence d'été au château de Valençay, département de l'Indre, et sa résidence d'hiver à Paris. Il a deux fils : Charles-Guillaume-Frédéric Bozon, prince de Sagan, à Paris, qui a un fils, Marie-Pierre-Camille-Louis-Hély de Talleyrand-Périgord. Son second fils est Nicolas-Raoul-Adalbert de Talleyrand-Périgord, duc de Montmorency, en qualité de neveu du dernier duc de Montmorency et par décret de l'empereur Napoléon III. Cette seconde branche est également représentée par Alexandre-Edmond de Talleyrand-Périgord, duc de Dino, qui a deux fils : Charles-Maurice-Camille de Talleyrand-Périgord et Archambault-Anatole-Paul de Talleyrand-Périgord. La troisième branche a trois représentants : le comte Louis-Marie de Talleyrand-Périgord, à Paris ; Charles-Angélique, baron de Talleyrand-Périgord, grand officier de la Légion d'honneur, ancien ambassadeur de France à Saint-Pétersbourg ; Louis-Alexis-Adalbert de Talleyrand-Périgord, chevalier de la Légion d'honneur, ancien chef d'escadrons au 4e régiment de hussards.

**TALON.** *Irlande, Paris.*

D'azur, au chevron accompagné de trois épis, soutenus chacun d'un croissant, le tout d'or.

Illustre dans la robe, originaire d'Irlande, où elle a possédé des terres et des charges considérables, cette famille, qui remonte à Hugues Talon, cofondateur, en 1314, d'un couvent de l'ordre de Saint-Augustin, à Tulli-Felim-Alselagh, sur la rivière de Slane, est représentée par le marquis Talon, à Paris.

**TAMISIER.** *Bresse, Provence.*

Coupé : au 1 d'or, à la rose de gueules ; au 2 de gueules, au crible d'or ; à la fasce d'azur chargée de trois étoiles d'argent brochant sur le coupé.

Cette famille a deux représentants : le marquis de Tamisier, à Paris ; de Tamisier de Montignac, à Paris.

**TANDEAU DE MARSAC.** *Limousin.*

D'argent, à deux barres de sable,

Cette famille a trois représentants : Tandeau de Marsac, au château de Brignor, par Saint-Léonard, département de la Haute-Vienne; Tandeau de Marsac, à Royères, par Saint-Léonard; Tandeau de Marsac, à Paris.

**TANOUARN.** *Bretagne.*

D'azur, à trois molettes d'or.

Cette famille a deux représentants : de Tanouarn, au château de Châtel, par Lohéac, département d'Ille-et-Vilaine; de Tanouarn, au château de Habda, par Bain, même département.

**TANLAY.** *France.*

D'or, à trois tourteaux de gueules.

Le marquis de Tanlay, chevalier de la Légion d'honneur, chef de nom et d'armes, conseiller général, à Tanlay, département de l'Yonne, réside à Paris; le comte de Tanlay, officier de la Légion d'honneur, autre représentant du nom, est colonel d'état-major.

**TANQUEREL.** *Scandinavie, Normandie, Maine.*

D'argent, à trois arbres arrachés de sinople; au chef de gueules, chargé d'un croissant d'argent, accosté de deux étoiles d'or. Couronne de comte.

Robert de Tanquerel fut à la conquête de l'Angleterre (1066) un des compagnons de Guillaume de Normandie.

Cette famille est alliée : en Normandie, aux maisons de Courcy, de Recusson, de Cintray-Watteville, de Clinchamps, etc. (Généalogie. Cotignon de Chauvry); au Maine : aux familles de Villeprouvé, Levavasseur de Pontigny, de Hercé, du Boisberanger, du Mans, etc. (Cauvin, *Armorial du Maine.*)

François-Robert, escuyer, seigneur de la Panissais, au Maine (1743).

Jean de Tanquerel, député à l'assemblée de la noblesse de Normandie, et Louis-René de Tanquerel, député à l'assemblée de la noblesse du Maine en 1789. (*Catalogue de de la Roque et Barthélemy.*)

Elle est représentée par Gustave de Tanquerel de la Panissais, chef de nom et d'armes, au Mans, département de la Sarthe ; la deuxième branche cadette a pour représentants : Joseph de Tanquerel, au château de Rieux (Cantal) ; Jean de Tanquerel, capitaine de cavalerie en retraite, à Blanchelande (Mayenne) ; Victor de Tanquerel des Planches, juge, à Pithiviers (Loiret) ; Charles de Tanquerel des Planches, à Fougères (Ille-et-Vilaine).

**TAPIE** (DE LA). *France.*

D'or, au porc de sinople.

Cette famille a trois représentants : le baron de la Tapie, chef de nom et d'armes, au château de Vauroux, par Coudray, département de l'Oise ; de la Tapie de Gerval, à Montargis, département du Loiret ; de la Tapie de Ligonie, conseiller général, au château de Cagny, par Amiens.

**TARADE.** *France.*

D'azur, à deux fasces d'argent maçonnées de sable.

Cette famille a quatre représentants : de Tarade, au château de Belleroche, par Amboise ; Augustin-Nicolas-Alfred de Tarade, qui a un fils, Arthur-Sixte-Nicolas de Tarade ; le comte de Tarade, au château de Corbeilles, par la Dore, département du Loiret.

**TARBÉ.** *France.*

D'azur, au chevron d'or, chargé de cinq tourteaux de gueules et accompagné de trois molettes du second.

Cette famille a quatre représentants : Tarbé des Sablons, chevalier de la Légion d'honneur, ancien préfet à Auxerre (Yonne) ; Tarbé des Sablons, chevalier de la Légion d'honneur, ancien auditeur au conseil d'État, à Paris ; Tarbé de Saint-Hardouin, chevalier de la Légion d'honneur, ingénieur en chef des ponts et chaussées, à Rouen, département de la Seine-Inférieure ; Tarbé de Vauxclairs, au château de Nailly, par Sens, département de l'Yonne.

**TARDIEU.** *Normandie.*

Écartelé : au 1 d'azur, à deux pointes renversées d'or, qui est de Martin de Maleissye ; au 2 d'azur, à trois lions passants l'un sur l'autre, qui est de Caumont ; au 3 bouclé d'argent et d'azur, de quatre pièces, qui est d'Alamani ; au 4 fascé d'or et de gueules, qui est de Briqueville.

Cette famille, qui remonte à Pierre de Tardieu, seigneur du Moulin, dont le fils Richard Tardieu, seigneur de la Potterie et de Mouchy, vivait encore en 1576, a cinq représentants : de Tardieu, marquis de Maleissye, à Paris ; de Tardieu, comte de Maleissye, au château de la Nerthe, par Orange, département de Vaucluse ; le vicomte Tardieu de Maleissye, à son château, près Château-Renard, département du Loiret ; le baron Tardieu de Saint-Aubanet, ancien lieutenant de vaisseau, qui a sa résidence d'été au château de Coullemel, par Mesnil, département de la Somme, et sa résidence d'hiver à Amiens.

**TARDIF D'HAMONVILLE.** *Normandie, Touraine, Paris, Lorraine.*

Ecartelé : au 1 et 4 d'or, à trois palmes de sinople posées 2 et 1 ; aux 2 et 3 d'azur, au lion d'or; à la fasce d'argent brochante sur le tout. Heaume : taré de profil. Couronne : de marquis. Supports : deux levrettes.

Devise : *Tardif haste-toi.*

Connue en Touraine dès les premières années du xv$^e$ siècle, passée de là dans la généralité de Paris et enfin en Lorraine où elle s'est fixée, cette famille a pour chef de nom et d'armes Jean-Charles-Louis, chevalier Tardif d'Hamonville, aux châteaux de Manonville et de Boucq, département de la Meurthe.

**TARDIF DE MOIDREY.** *Normandie.*

D'azur, à la croix d'or cantonnée en chef de deux roses et en pointe de deux coquilles d'argent, les coquilles mouvantes vers le centre de l'écu. Couronne : de marquis.

Devise : *Tardif haste-toi.*

Cette famille a sept représentants : Victor-Marie Tardif de Moidrey, au château de Moidrey, département de la Manche ; Henry-Marie Tardif de Moidrey ; Georges-Marie Tardif de Moidrey ; René-Paul-Yves-Marie Tardif de Moidrey ; Jacques-Marie-Paul, baron Tardif de Moidrey, chef d'escadron d'artillerie, au château de Hannoncelles, département de la Meuse ; Louis-Marie-René Tardif de Moidrey, chanoine honoraire de la cathédrale de Metz ; Jean-Marie-Léon Tardif de Moidrey, avocat général, à Caen.

**TARDIF DE PETIVILLE.** *Normandie.*

Écartelé : aux 1 et 4 d'azur, à la croix d'or cantonnée

de deux roses en chef et de deux coquilles en pointe, le tout d'argent ; aux 2 et 3 d'argent, au lion de gueules, accompagné de trois roses du même, deux en chef et une en pointe.

Devise : *Tardif haste-toi.*

De même souche que les deux précédentes, cette famille a plusieurs représentants : Stephen-Charles Tardif de Petiville, qui a sa résidence d'été au château d'Estry, par Vassy, département du Calvados, et sa résidence d'hiver à Paris; Guillaume-Charles-Sosthènes Tardif de Petiville, membre du conseil général, maire de Saint-Sever, au château de Saint-Sever, département du Calvados, qui a deux fils ; Alexandre-Louis Tardif de Petiville, au château de Fontenernemont, par Saint-Sever, même département.

**TARDY DE MONTRAVEL.** *Vivarais, Languedoc, Lorraine.*

Écartelé : aux 1 et 4 contre-écartelé d'or et d'azur, qui est de Montravel ; aux 2 et 3 d'argent, à trois cyprès arrachés de sinople, rangés en pal ; au chef de gueules, chargé de trois besants d'or, qui est Tardy.

Cette famille a cinq représentants : Tardy de Montravel, au château de Bobigneux, par Bourg-Argental, département de la Loire ; Tardy de Montravel, à Lyon ; Tardy de Montravel, aspirant de marine ; Tardy de Montravel, juge de paix à Varson, département de Vaucluse ; Tardy de Montravel, à Bourg-Saint-Andéol, département de l'Ardèche.

**TARRAGON.** *Orléanais, Pays Chartrain, Dunois.*

De gueules, au chevron d'argent, accompagné de trois croissants du même, posés 2 et 1, celui de la pointe surmonté d'une étoile d'or.

Cette famille a dix-huit représentants : Arthur, marquis de Tarragon, et Armand, comte de Tarragon, sont les chefs des deux branches qui subsistent.

**TARTAS-MELIGNAN.** *Guyenne.*

D'argent, au chevron de gueules, accompagné en chef de deux croix au pied fiché du même et en pointe d'un serpent de sinople, tortillé en cercle, mordant sa queue.

L'unique représentant du nom, de Tartas-Melignan, réside au château de Treignan, par Mezin, département de Lot-et-Garonne.

**TARTERON.** *France.*

D'or, au crabe de sable ; au chef d'azur, chargé de trois étoiles d'argent.

Cette famille a pour unique représentant de Tarteron, conseiller général, à Sumène, département du Gard.

**TASCHER DE LA PAGERIE.** *Paris.*

Parti : au 1 d'azur, à trois bandes d'or, chargées chacune de trois tourteaux de gueules, qui est de Tascher, branche aînée ; au 2 d'argent, à deux fasces alaisées d'azur, chargées chacune de trois flanchis d'argent, et accompagnées en chef de deux soleils de gueules, qui est de Tascher, branche cadette ; au chef de l'écu de gueules, semé d'étoiles d'argent.

Cette famille, dont était l'impératrice Joséphine, première femme de Napoléon Ier, a trois représentants : le duc Tascher de la Pagerie, officier de la Légion d'honneur, ancien premier chambellan de l'impératrice, à Paris ; le comte Tascher de la Pagerie, ancien député de la Sarthe, à Paris ; le baron Émile Tascher de la Pagerie, ancien chef de bataillon et ancien maréchal des logis du Palais, à Paris.

**TASSIGNY.** *France.*

D'or, à trois corbeaux de sable, becqués et membrés de gueules.

L'unique représentant du nom, de Tassigny, réside au château de Réméan, par Douzy, département des Ardennes.

**TASSIN DE NONNEVILLE.** *Touraine.*

D'argent, au chevron de gueules, surmonté d'un croissant du même, accompagné en chef de deux étoiles d'azur et en pointe d'un lis de jardin de sable.

Cette famille est représentée par Louis-Alfred-Prosper, vicomte Tassin de Nonneville, à Chambray, département d'Indre-et-Loire, qui a un fils Louis-Henri-Prosper, baron Tassin de Nonneville, sans alliance, et une fille mariée.

**TASSIN DE BEAUMONT.** *Orléanais, Nivernais.*

D'argent, au chevron d'azur, accompagné en chef de deux étoiles de sable, au point du chef d'un croissant du même, et en pointe, d'une aigle essorante de profil au naturel et la tête contournée.

Cette famille a trois représentants : Tassin de Beaumont à Orléans ; Marcel Tassin de Beaumont, à Orléans ; Tassin de Sainte-Péreuse, adjoint au maire de Sainte-Péreuse, par Château-Chinon, département de la Nièvre.

**TASSIN.** *Champagne.*

De gueules, au soleil d'or accompagné en chef de quatre grains de froment d'argent rangés en fasce et en pointe d'un croissant du même.

Tassin de Montaigu réside à Paris ; Tassin de Villers réside également à Paris.

**TAULIGNAN.** *Comtat-Venaisin.*

Écartelé : aux 1 et 4 de sable, à la croix engrêlée d'or, cantonnée de dix-huit billettes du même, cinq dans chaque canton du chef et quatre dans chaque canton de la pointe, qui est de Taulignan; aux 2 et 3 d'argent à deux fasces de gueules, qui est de Banes.

Le marquis de Taulignan, unique représentant du nom, réside au château de Saint-Marcellin, par Vaison, département de Vaucluse.

**TAUPINART DE TILIÈRE.** *Orléanais.*

Écartelé : aux 1 et 4 de gueules, au chevron d'argent, chargé d'un autre chevron de sable et accompagné de trois coquilles d'argent, qui est de Tilière; aux 2 et 3 d'azur, au demi-vol d'or, qui est de Loys.

Cette famille a cinq représentants : Claude Taupinart, marquis de Tilière, chef de nom et d'armes, à Paris; Albert Taupinart, comte de Tilière, à Paris; Louis Taupinart, comte de Tilière, à Laval, département de la Mayenne; Auguste Taupinart, vicomte de Tilière; Alfred Taupinart, vicomte de Tilière, à Versailles.

**TAUZIA.** *Guyenne.*

D'azur, au taureau passant d'or, cantonné de quatre étoiles d'argent.

Cette famille a deux représentants : de Tauzia, au château de Péreau, par Mezin, département de Lot-et-Garonne; de Tauzia, au château de Villefranque, par Castelnau-Rivière, département des Hautes-Pyrénées.

**TAVEAU DE MONTHEMER.** *Poitou.*

Coupé : au 1 de gueules, à deux pals de vair; au 2 d'or plein.

Hilaire-Abel Taveau, baron de Monthemer, et Jean-Edmond de Taveau, baron de Monthemer, représentent aujourd'hui cette famille.

**TAVERNIER.** *France.*

D'or, au cep de vigne de sinople, fruité de pourpre, soutenu d'un échalas d'argent ; au chef d'azur chargé d'un soleil d'or.

De Tavernier, unique représentant du nom, réside au château de Pouliac, par Garlin, département des Basses-Pyrénées.

**TAYLOR.** *France.*

Les armes de cette famille sont :

Écartelé aux 1 et 4 de sable, à la fasce d'argent accompagnée de trois têtes de lion arrachées du même ; aux 2 et 3 d'azur, à la fasce d'or accompagnée en chef de deux colombes d'argent becquées et membrées de gueules et en pointe d'un chevron d'or accompagné de trois serpents du même.

Franc-quartier à sénestre de gueules avec l'épée debout, lame et poignée d'argent, qui est des barons sortis de l'armée ; — couronne de baron. — Supports : un lion à dents, un léopard à sénestre. — Devise : *Fortis ut leones, mitis ut columbæ.*

Le baron Taylor (Isidore-Justin-Séverin), ancien sénateur, membre de l'Institut national de France ; commandeur de la Légion d'honneur ; commandeur de l'ordre de Danebrog du Danemarck ; commandeur de l'ordre d'Isabelle-la-Catholique d'Espagne ; décoré de la croix en brillants de Wasa de Suède ; commandeur de l'ordre de Saint-Sylvestre de Rome ; chevalier de l'ordre de Léopold de Belgique ; décoré de l'ordre du Nichan-Iftikar de 1re classe de Turquie.

Voici la note qui peut précéder ou suivre la description de ces armes :

Le baron Taylor est le descendant d'une famille irlandaise, dont l'origine date de 1297, et qui, étant venue s'établir dans les Flandres belges et françaises, comptait parmi ses membres des seigneurs de la ville d'Ypres et de Valenciennes. On trouve dans les archives de la ville d'Ypres : que d'illustres personnages, du nom de Walwein, furent massacrés par le peuple en 1303 ; plus tard Jean Walwein, avec d'autres gentilshommes ses confrères, renouvelèrent la magistrature d'Ypres, et après en avoir choisi les membres, ils les installèrent solennellement dans l'année 1326.

Son grand-père Walwein a été gouverneur du cercle de Bruges.

Cette famille est alliée aux du Chatelet; aux Meulnaere; aux Bouchelet de Bayrlemont; aux de Hault de Lassus; au député Florisone ; au baron de Vos, ancien maire de Bruxelles ; au comte Herwin, ancien pair de France, et au baron Maezeman, sénateur belge ; aux Mesdach de Terkièle.

**TEIL (DU).** *Auvergne, Provence, Picardie, Dauphiné, Lorraine, Poitou.*

D'or, au chevron de gueules, accompagné en pointe d'un tilleul de sinople ; au chef de gueules, chargé d'une fleur de lis d'argent, accostée de deux étoiles du même.

Cette famille a deux représentants : du Teil, au château de Chalais, par Montluçon, département de l'Allier ; du Teil, secrétaire de la sous-préfecture à Médéah (Algérie).

**TEISSIER DE MARGUERITES.** *Languedoc.*

D'or, au porc-épic de sable, passant sur une terrasse du même; au chef de gueules, chargé d'un croissant d'argent, accosté de deux étoiles du même. Supports: deux levrettes au naturel. Couronne : de marquis.

Originaire de Nice, où Honoré Teissier vivait vers la fin du xvᵉ siècle, cette famille est représentée par le baron Édouard-Louis de Teissier de Marguerites, qui a un fils, Henri-Marie-Eugène-Amédée de Teissier de Marguerites.

**TELHARD D'EYRI.** *Auvergne.*

D'or, au tilleul arraché de sinople, semé de flammes de gueules; l'écu terrassé du même; au chef d'azur, chargé de trois étoiles d'or.

De Telhard d'Eyri, unique représentant du nom, réside au château d'Eyri, par Saint-Germain-Lambron, département du Puy-de-Dôme.

**TELLIER DE TRICQUEVILLE (LE).** *Normandie.*

D'azur, à une tour d'argent maçonnée de sable.

L'unique représentant du nom, le Tellier de Tricqueville, réside au château de Cagny, par Vimont, département du Calvados.

**TELLIER (LE).** *Normandie.*

D'azur, à la fasce d'or, accompagnée de trois étoiles du même. — D'azur, au chevron d'argent accompagné de trois roses du même. — D'azur, au sautoir d'argent cantonné aux 1 et 4 d'une fleur de lis et d'une étoile d'or; aux 2 et 3 d'une coquille du même.

Sous le nom générique de le Tellier on trouve quatre représentants : le Tellier d'Aufresne, à Cherchell, Algérie ; le Tellier de Grecourt, au château de Bernières-Bocage, à Juaye-Mondaye, département du Calvados ; le Tellier de Vauville, à Pau, département des Basses-Pyrénées ; le Tellier, au château de Claville, par Cailly, département de la Seine-Inférieure.

**TEMPLE DE ROUGEMONT** (du). *Beauce.*

Écartelé : aux 1 et 4 d'azur, au chevron d'or, accompagné de trois étoiles du même ; aux 2 et 3 d'hermines plein.

Cette famille a deux représentants : le comte du Temple de Rougemont, au château de Vrainville, par Bonneval, département d'Eure-et-Loir ; du Temple de Rougemont, au château de Cintray, par Breteuil, département de l'Eure.

**TENAILLE DE SALIGNE.** *Orléanais.*

De gueules, à quatre fasces d'argent.

L'unique représentant du nom, Tenaille de Saligne, est avocat à Paris.

**TENANT DE LA TOUR.** *Orléanais.*

D'argent, au lion de gueules, accompagné en chef de deux merlettes de sable.

L'unique représentant du nom, de Tenant de la Tour, est procureur de la République à Saint-Yrieix, département de la Haute-Vienne.

**TERRADE** (de la). *Bigorre, Gascogne, Bretagne.*

D'azur, à deux fasces ondées d'or.

Léon de la Terrade, unique représentant du nom, réside au château de Lasserade, par Plaisance, département du Gers.

**TERRAS.** *Provence.*

D'argent, au lion de sable lampassé de gueules, passant sur une terrasse de sinople; au chef d'azur chargé de trois molettes d'or.

Cette famille a deux représentants : Ferdinand de Terras, au château de Souchès, par Chauvigny, département de Loir-et-Cher; Amédée de Terras, au château de Grand-Bouchet, par Chauvigny, également.

**TERRASSON.** *Limousin.*

D'azur, à un monde d'or, accompagné en pointe de deux étoiles du même.

Noble et ancienne, cette famille qui croit tirer son nom de la ville de Terrasson, en Limousin, a deux représentants : le marquis de Terrasson d'Ardennes, au château de Villemort, par Saint-Savin, département de la Vienne; Terrasson de Montleau, aux Andreaux, à Saint-Estèphe, par Roulet, département de la Charente.

**TERRAY.** *France.*

D'azur, à la fasce d'argent, chargée de cinq mouchetures d'hermines de sable; la fasce accompagnée de trois croix tréflées d'or; au chef du même chargé d'un lion issant d'or.

Le comte Emmanuel de Terray, chef de nom et d'armes de cette famille, réside à Paris. — Il a un fils, Pierre, vicomte de Terray.

**TERRIEN DE LA HAYE.** *Bretagne.*

De gueules, à la fasce d'argent, chargée d'une merlette de sable, et accompagnée de trois croissants d'argent.

L'unique représentant du nom, de Terrien de la Haye, réside au château de Bois-Gervais, par la Roche-Bernard, département du Morbihan.

**TERRIER DE SANTANS.** *Bourgogne.*

De gueules, à trois gerbes de blé d'or.

Cette famille a trois représentants : le marquis Terrier de Santans, à Besançon, département du Doubs ; le comte Terrier de Santans, à son château, à Boisemont, département de Seine-et-Oise ; le comte Terrier de Santans, au château de Rochelle, par Vitry, département de la Haute-Savoie.

**TERRIER.** *France.*

D'or, au lion de gueules.

De Terrier, unique représentant du nom, réside au château de Montcley, par Audeux, département du Doubs.

**TERVES.** *Anjou, Poitou.*

D'argent, à la croix de gueules, cantonnée de quatre mouchetures de sable.

De Terves, unique représentant du nom, réside au château de Frapinière, par Chemillé, département de Maine-et-Loire.

**TESSIER DE RAUSCHENBERG.** *Bourbonnais.*

Tiercé en pal de gueules, d'or et d'azur ; l'or au cor de chasse de sinople, traversé d'un sabre en pal, la pointe haute, de gueules ; l'azur, à la molette d'argent.

Le chevalier Ernest Tessier de Rauschenberg, unique

représentant du nom, est docteur en droit, avocat, à Moulins, département de l'Allier.

**TESSIER DE LAUNAY** (LE). *Normandie.*

D'argent, à deux merlettes de sable en chef et une rose de gueules en pointe.

Cette famille a pour unique représentant Le Tessier de Launay, chevalier de la Légion d'honneur, ingénieur civil à Brest, département du Finistère.

**TESSIÈRES.** *Limousin, Périgord.*

Losangé d'argent et de gueules.

Cette famille a deux représentants : de Tessières, au château de Roquette, par Saint-Pierre-de-Chignac, département de la Dordogne; de Tessières, chevalier de la Légion d'honneur, ancien capitaine d'artillerie.

**TESSON.** *Normandie.*

Fascé d'azur et d'argent, les fasces d'azur diaprées chacune de trois médaillons d'or, celui du milieu chargé d'un lionceau, les deux autres d'une aiglette; les fasces d'argent chargées de douze mouchetures d'hermines de sable, posées 5, 4 et 3.

Cette famille a deux représentants : de Tesson, au château de Bois-Adam, par Brecey, département de la Manche; Tesson de la Mancellière, au château de la Mancellière, par Issigny, même département.

**TESTANIÈRE DE MIRAVAIL.** *Provence.*

D'azur, au lion d'or; au chef du même, chargé d'une aigle de sable.

Cette famille a trois représentants : Théophile Testanière de Miravail, ancien capitaine de cavalerie, à Saint-

Marcellin, département de l'Isère ; Amédée Testanière de Miravail, au Revest-du-Bion, par Banon, département des Basses-Alpes; Adolphe Testanière de Miravail, conseiller à la cour d'appel, à Montpellier, qui a un fils, Camille.

### TESTART DE LA NEUVILLE DU VALIVON DE CAMPAGNE. *Artois.*

Écartelé d'hermines et de vair. Couronne : de comte. Supports : deux lions rugissants d'or.

Devise : *A Dieu mon âme, au Roi mon sang.*

De noblesse de cour et d'épée, fort ancienne, admise aux États d'Artois dès l'an 1412, cette famille est représentée par le vicomte Adolphe de Testart de La Neuville du Valivon de Campagne, membre de la Société des antiquaires de Picardie, à Montreuil-sur-Mer, département du Pas-de-Calais.

(Voy. *Héraut d'armes*, t. II, p. 57 ; *Certificats de noblesse*, délivrés par Chérin, généalogiste et historiographe des ordres du roi, p. 32, par de la Roque et de Barthélemy ; *Catalogue des gentilshommes d'Artois*, p. 10, par les mêmes ; *Histoire de Saint-Omer*, par Derheims, p. 240 ; *Archives de la famille*, etc.)

### TESTARD DU COSQUER. *Bretagne.*

D'argent, au lion de gueules.

Testard du Cosquer, chevalier de la Légion d'honneur, chef de nom et d'armes, réside à Quimper, département du Finistère ; Eugène Testard du Cosquer, chevalier de la Légion d'honneur, est lieutenant de vaisseau.

### TESTARD DE SANCY. *Ile-de-France.*

D'or, au chevron de gueules, accompagné de trois molettes de sable, deux en chef et une en pointe.

Cette famille est représentée par de Testard de Sancy, au château des Abymes, par la Ferté-sous-Jouarre, département de Seine-et-Marne.

**TESTAS DE FOLMONT.** *Guyenne.*

De gueules, au rencontre de bœuf d'or, sommé entre les deux cornes d'une étoile d'argent.

L'unique représentant du nom, de Testas de Folmont, est avoué à Agen, département de Lot-et-Garonne.

**TESTU DE BALINCOURT.** *Ile-de-France, Touraine, Anjou.*

D'or, à trois léopards de sable l'un sur l'autre, celui du milieu contourné.

Le marquis Testu de Balincourt réside au château de Carringues, par Bollène, département de Vaucluse.

**TEXIER D'ARNOULT.** *Maine, Poitou, Orléanais.*

De gueules, au lévrier passant d'argent, colleté du champ, cloué et bouclé d'or, accompagné en chef d'un croissant aussi d'or.

D'ancienne noblesse militaire, cette famille qui remonte par titres à Durand Texier, écuyer, qui fit une vente au mois de novembre 1251, et scella de son sceau l'acte de cette transaction, est représentée par de Texier d'Arnoult, à Poitiers, département de la Vienne.

**TEXTOR DE RAVISI.** *Forez.*

D'argent, à l'épée d'or (d'autres disent de gueules), la pointe en haut, accompagnée de trois étoiles de sable.

Devise : *Quod tibi fieri non vis, alteri ne feceris.*

Cette famille est citée dans Guy Coquille, le R. P. Menestrier, Samuel Guichenon, Moreri, Borel d'Hauterive, les Archives de Lainé, les Archives de la Bibliothèque nationale, etc.

Reconnue d'ancienne noblesse dès le xv$^e$ siècle, elle a donné Jean Textor, seigneur de Ravisi, grand-maître de l'Université de France, né en 1470; Benoît Textor, seigneur de Patin, médecin de François I$^{er}$, né en 1485. Le célèbre réformateur Théodore de Bèze; le R. P. Menestrier, de la Compagnie de Jésus, le père de la science héraldique; le baron Wolfgang de Goëthe, le Voltaire de l'Allemagne, étaient, par leurs mères, de la famille Textor.

Anatole-Arthur, baron Textor de Ravisi, officier de la Légion d'honneur, percepteur des finances de la division sud-est de Saint-Étienne, est chef de nom et d'armes de sa famille. Son père, Étienne-Louis-Ignace, eut une carrière militaire aussi courte que brillante. A vingt-trois ans, il était officier supérieur à l'état-major de l'empereur Napoléon I$^{er}$, sous les ordres de son oncle, le comte Pannetier de la Villedotte, major général. Il avait épousé Marie-Anne-Marie-Anne Guenot de Rougegoutte, et mourut en 1826, laissant un fils et une fille : Thècle-Virginie-Henriette-Abdona Textor de Ravisi, née le 10 mars 1826, mariée le 31 mai 1847 à Louis-Victor-Adrien Boïeldieu, compositeur, chevalier de la Légion d'honneur, fils du célèbre compositeur.

Ancien officier supérieur d'état-major d'infanterie de marine et ancien commandant de colonie (Karikal, Indes-Orientales), le baron de Ravisi est entré dans les finances en 1864. Il est chevalier de la Légion d'honneur de 1844 et officier de 1860.

Membre de plusieurs sociétés académiques et orientalistes françaises et étrangères, ses travaux publiés sont, entre autres : *Découverte d'antiques idoles bouddhistes à Négapatam* (Hindoustan); *Découverte de l'idole de la Vierge du temple de Shoë-Dagon-Prah, à Rangoun (Indo-*

*Chine); Interprétations des idoles bouddhistes découvertes à Négapatam et à Rangoun; Premier aperçu sur le culte de Krichna; deuxième Aperçu sur le culte de Krichna, etc.*

Ses travaux inédits et prêts à l'impression sont: *Album de l'Architecture dans l'Hindoustan, ou Méthode de classement des monuments hindous; Inscription murale de l'ancienne église Marie-Réparatrice, actuellement la pagode d'Oodeypore,* sur la Nerbudda, dans le Malva (*Hindoustan*), sur les traductions données par le brahme Kamala-Kauta, pundit de la Société archéologique de Calcutta, et par le R. P. Burthey, missionnaire apostolique, de la Compagnie de Jésus, etc.

Anatole-Arthur, baron Textor de Ravisi, a épousé, le 7 novembre 1848, Marie-Léontine Hamelin, dont l'aïeule fut l'amie fidèle de la famille Bonaparte et proscrite en 1815. Il a, de ce mariage, six enfants : Marie-Fortuné-Édouard, né le 6 avril 1860, professeur au Conservatoire national (succursale de Nantes); Clara-Marie-Léontine, née le 16 novembre 1852, dame de la Légion d'honneur (maison de Saint-Denis); Abdona-Marie-Caroline, née le 14 avril 1855; Élisabeth-Marie-Léontine, née le 19 avril 1859; Marie-Alexandre-Henri, né le 17 février 1864; Fortunée-Clara-Marie, née le 15 mai 1865.

**TEYSSIER DES FARGES.** *France.*

D'argent, à deux jumelles de gueules posées en bande.

L'unique représentant du nom, Teyssier des Farges, réside au château de Beaulieu, par Nangis, département de Seine-et-Marne.

**THARON** (Michel de). *Bretagne.*

D'argent, au sautoir vairé, contre-vairé d'argent et

d'azur, chargé en cœur d'un annelet de gueules, cantonné de quatre étoiles du même.

Cette famille n'est plus représentée que par la vicomtesse Michel de Tharon, à Paris.

**THAUMAS DES COLOMBIERS.** *France.*

D'azur, semé de molettes d'or, à un lion du même, armé et lampassé de gueules, et un chef cousu de gueules, chargé d'un croissant d'argent.

L'unique représentant du nom, Thaumas des Colombiers, réside à Bourges, département du Cher.

**THÉIS.** *Dauphiné, Picardie.*

De gueules, à deux fasces engrêlées d'argent.

Le baron de Théis, unique représentant du nom, réside au château d'Aventure, par Chauny, département de l'Aisne.

**THÉLUSSON.** *France.*

Écartelé ondé : aux 1 et 4 d'or, à deux demi-vols de sable; aux 2 et 3 d'or, à l'arbre de sinople, chargé d'une losange d'argent.

La comtesse de Thélusson, unique représentant du nom, réside à Paris.

**THÉMINES.** *Quercy.*

De gueules, à deux chevrons d'argent l'un sur l'autre.

Cette famille a pour unique représentant M<sup>me</sup> la douairière de Thémines, au château d'Anglars, par Neuvic, département de la Corrèze.

**THÉPAULT DE BREIGNOU.** *Bretagne.*

De gueules, à la croix alisée d'or, adextrée d'une macle du même.

Cette famille n'est plus représentée que par une dame, la comtesse de Thépault de Breignou, à Dinan, département des Côtes-du-Nord, et par Henri Thépault, comte de Breignou.

### THERMES DE ROSSANNE. *Limousin, Quercy.*

D'or, à trois fasces de gueules ondées, et un chef d'azur, chargé de trois étoiles d'argent.

L'unique représentant du nom, de Thermes de Rossanne, réside au château de Bequey, par Marmande, département du Gers.

### THÉRON. *Languedoc, Quercy, Martinique.*

D'or, au chevron d'azur, accompagné de trois lis de gueules, tigés et feuillés du même, deux en chef et un en pointe.

Cette famille a deux représentants : de Théron, à Toulouse ; de Théron de Montaugé, à Toulouse.

### THÉRY DE GRICOURT. *France.*

De gueules, à la fasce d'argent, accompagnée de trois merlettes du même, deux en chef et une en pointe.

Charles, marquis de Théry de Gricourt, officier de la Légion d'honneur, ancien chambellan de l'empereur, est chef de cette famille. Il a deux filles et un neveu, le comte Théry de Gricourt.

### THÉSUT. *Bourgogne.*

D'or, à la bande de gueules, chargée de trois flanchis du champ.

Cette famille a pour unique représentant, de Thésut, au château de Morazet, par Buxy, département de Saône-et-Loire.

**THÉVENARD.** *Bretagne.*

D'argent, à l'ancre d'azur, surmontée d'un compas ouvert, du même.

On compte encore trois représentants du nom : de Thévenard, notaire à Auray, département du Morbihan ; de Thévenard, capitaine d'infanterie de marine ; de Thévenard, substitut du procureur de la République, à Paris.

**THÉVENIN DE GOUVILLERS.** *Ile-de-France, Bourgogne.*

De gueules, au chevron d'argent, accompagné de trois lionceaux d'or.

Cette famille est représentée par Thévenin de Gouvillers, au château de Sommevaire, département de la Haute-Marne.

**THÉZAN DE GAUSSAN.** *Languedoc, Bretagne, Paris.*

Écartelé d'or et de gueules.

Originaire du Languedoc, remontant par titres à l'an 950, cette famille est représentée par le comte (marquis) de Thézan, à Auray, département du Morbihan, qui a deux fils, et par le comte Denis de Thezan, à Paris.

**THEZAN.** *Gascogne.*

D'azur, à l'aigle éployée d'argent.

De Thézan, chef de nom et d'armes, réside au château de Loscout, par Jegun, département du Gers ; de Thézan réside au château de Biran, par Jegun.

**THÉZE.** *Provence, Languedoc.*

D'azur, à quatre colonnes rangées d'or ; au chef de gueules, chargé de deux étoiles d'or.

Cette famille a trois représentants : de Thèze, au château de Belleperche, par Castel-Sarrazin, département de Tarn-et-Garonne ; de Thèze, à Toulouse ; de Thèze, receveur particulier des finances, à Aubert, département du Puy-de-Dôme.

**THIBALLIER.** *Lorraine.*

De sable, à une barre d'argent, chargée d'un croissant du champ.

L'unique représentant du nom, de Thiballier, réside à Favières, par Colombey, département de la Meurthe.

**THIBAUD DE NOBLET DE LA ROCHETHULON.** *Poitou.*

D'argent, au chevron d'azur et au chef du même. Devise : *Nobilitat virtus.*

Cette famille est représentée par Emmanuel-Philippe Thibaud de Noblet, marquis de la Rochethulon, ancien officier supérieur aux gardes du corps, et gentilhomme honoraire de la chambre du roi Charles X. Il demeure au château de Beaudimant, département de la Vienne, et de son mariage avec Olivie-Régine-Marie de Durfort-Civrac de Lorges, a trois fils.

Emmanuel-Marie-Stanislas, comte de la Rochethulon, chevalier de la Légion d'honneur et député de la Vienne, marié avec Marie-Joséphine de Pechpeyrou de Comminges-Guitaut et demeurant à Beaudimant et à Paris.

Fernand de la Rochethulon, chevalier de la Légion d'honneur et de Saint-Grégoire, capitaine au 7e chasseurs, a épousé Marie de Ladoucette.

Henri de la Rochethulon, ancien guide de Lamoricière, a épousé Yolande de Goulaine, et demeure au château de la Rochechevreux, département de l'Indre.

Principales alliances :

Lavardin de Beaumanoir, — de Courtarvel, — de

Martel, — de Sainte-Péruze, — Ysoré de Ploumartin, — de Saulx-Tavannes, — Beaupoil de Sainte-Aulaire, — de Tudert, — Couraud de la Rochechevreux, — de Durfort de Civrac de Lorge, — de Goulaine, — de Comminges-Guitaut.

### THIBAULT DE LA CARTE. *Touraine, Poitou.*

Écartelé : aux 1 et 4 d'azur, à la tour crénelée d'argent, qui est de Thibault de la Carte ; aux 2 et 3 d'azur, à cinq fusées d'argent, posées en fasce, qui est de la Ferté-Senectère.

Augustin-Marie-Faustin Thibault de la Carte, marquis de la Ferté-Senectère, chef de nom et d'armes, a sa résidence d'été au château d'Allet, département d'Indre-et-Loire, et sa résidence d'hiver à Tours. Il a six enfants : Henri Thibault de la Carte, comte de la Ferté-Senectère, officiers aux hussards ; Henri-Maxime-Antoine-Paul de Thibault de la Carte ; Henri de Thibault de la Carte ; Maxime-Maurice-Antoine-Paul Thibault de la Carte ; Antoine Thibault de la Carte, officier d'état-major ; Georges Thibault de la Carte, à la Banque de France ; Marie et Madeleine.

### THIBOUT. *Normandie.*

D'argent, à deux quintefeuilles de gueules en chef et une fleur de lis du même en pointe.

L'unique représentant du nom, de Thibout, réside au château de Grais, par Biouze, département de l'Orne.

### THIEBAULT. *Lorraine.*

D'azur, au chevron d'or, accompagné en chef de deux coquilles d'argent, et en pointe d'une épée d'argent garnie d'or, mise en pal. — D'azur à une fasce ondée d'argent, chargée d'une tête de mort au naturel.

Cette famille a trois représentants : le baron Thiébault, à Versailles ; le général de Thiébault, commandeur de la Légion d'honneur, à Paris ; Thiébault de la Crouée, directeur d'assurances, à Caen, département du Calvados.

**THIEFFRIES DE LAYENS.** *Flandre, Ile-de-France.*

D'argent, à quatre jumelles de gueules en bande, accompagnées de neuf merlettes de sable.

L'unique représentant du nom, Louis Thieffries de Layens, réside au château de Boucly, par Roisel, département de la Somme. Il a trois filles et un fils.

**THIERRY.** *France.*

D'azur, au chevron d'argent, accompagné en chef de deux étoiles d'or, et en pointe d'un mufle de léopard du même.

Cette famille a quatre représentants : Charles-Philippe-Hippolyte, baron de Thierry, à la Nouvelle-Zélande ; James de Thierry, attaché à l'administration des lignes télégraphiques, à Paris ; Amédée de Thierry ; Frédéric-Louis de Thierry.

**THIERRY DE LANQUE.** *Ile-de-France.*

D'azur, à trois rameaux d'olivier d'or, accompagnés en pointe d'un croissant d'argent.

Thierry de Lanque, unique représentant du nom, réside à Paris.

**THIERS.** *Auvergne.*

D'or, au lion de gueules.

On compte en France un représentant du nom, de Thiers, au château d'Hardrecourt, par Meulan, département de Seine-et-Oise.

**THIONVILLE.** *Lorraine.*

D'azur, à trois tours d'or. — D'azur, à trois pals aiguisés de gueules.

L'unique représentant du nom, Paul de Thionville, réside au château de Rasnes, par Vavincourt, département de la Meuse.

**THIROUX DE GERVILLERS.** *France.*

D'argent, à la fasce d'azur chargée de trois bandes d'or, accompagnées en chef d'une croix ancrée de gueules, et en pointe de trois têtes de lion du même posées 2 et 1.

Éteinte dans les mâles, cette famille n'est plus représentée que par M^lle de Thiroux de Gervillers, au château de Frazé, par Brou, département d'Eure-et-Loir.

**THOLOSANI DE LA SESQUIÈRE.** *Gascogne.*

D'azur, à une sirène de carnation se peignant et se mirant dans une psyché d'argent, sur une mer d'argent ondée de sinople.

De Tholosani de la Sesquière, unique représentant du nom, réside à Laroque, département du Tarn, et à Montpezat, département de Tarn-et-Garonne.

**THOLOSE.** *Dauphiné.*

Écartelé : aux 1 et 4 de gueules, à la croix de Toulouse d'argent ; aux 2 et 3 de gueules, au lion d'argent.

Cette famille a pour unique représentant, de Tholose, conseiller général à Bordeaux.

**THOMAS DE PANGE.** *Lorraine.*

D'argent, au chevron d'azur, chargé de deux épées d'argent garnies d'or, et accompagné de deux étoiles de gueules. Couronne : de marquis; supports : deux lions d'or, armés et lampassés de gueules.

Distinguée dans la magistrature, dans l'église et dans l'armée, depuis le xiiie siècle, cette famille est représentée par le marquis Thomas de Pange, à Paris.

**THOMAS.** *Bourgogne, France, Bretagne, Provence.*

BOURGOGNE. D'azur, à la fasce d'or, chargée d'une étoiles de gueules, accompagnée en chef de deux quintefeuilles d'or et en pointe d'un croissant d'argent.

FRANCE. D'azur, au chevron d'or, surmonté de trois étoiles mal ordonnées, et accompagné en pointe d'une coquille, le tout d'or. — D'or, à la bande aussi d'or, bordée et dentelée de gueules.

BRETAGNE. Vairé de gueules et d'argent; au francquartier d'or, chargé d'une croix de gueules.

PROVENCE. Écartelé de gueules et d'azur; à la croix tréflée, au pied fiché d'or, brochante sur les écartelures.

Sous le nom générique de Thomas, on rencontre en France cinq représentants : Thomas de Belisy, prêtre à Carpentras, département de Vaucluse ; Thomas, attaché à l'administration des lignes télégraphiques, à Lorient, département du Morbihan; Thomas de Cabanous, chevalier de la Légion d'honneur, chef de bureau au ministère de l'Agriculture, à Paris; Thomas-Joly de Cabanous, chevalier de la Légion d'honneur, juge suppléant au tribunal civil de Saint-Affrique, département de l'Aveyron; Thomas de la Pinthière, conservateur des hypothèques, à Parthenay, département des Deux-Sèvres.

**THOMAS DE BOISMELET.** *Normandie.*

D'azur, à trois bandes d'argent.

Cette famille a deux représentants : Thomas de Boismelet, au château du Fossé, par Forges, département de la Seine-Inférieure ; Thomas de Boismelet, au château de Boismelet, par Auffay, même département.

**THOMAS DE KERCADO.** *Bretagne*

D'azur, à la tour d'or. — De sable, à la tour d'argent.

Cette famille a deux représentants : Thomas de Kercado, chevalier de la Légion d'honneur, au château du Plessis, près la Roche-Bernard, ancien député du Morbihan, à Paris ; Alexis Thomas de Kercado, conseiller de préfecture, à Angoulême, département de la Charente.

**THOMAS DE LA PLESSE.** *Bretagne.*

D'or, à la bande de gueules chargée d'une quintefeuille du champ.

Thomas de la Plesse, chevalier de la Légion d'honneur, unique représentant du nom, réside au château de Bois-le-Beau, par Vitré, département d'Ille-et-Vilaine.

**THOMASSIN.** *France.*

D'argent, au pin de sinople, fruité de six pommes de pin d'or, surmonté d'une merlette de sable.

L'unique représentant du nom, de Thomassin, sans fonctions et sans titre, réside à Paris.

**THOMASSIN DE BIENVILLE.** *Franche-Comté.*

D'azur, à la croix écotée d'or.

Éteinte dans les mâles, cette famille est représentée par M$^{me}$ la douairière Thomassin de Bienville, au château de Romain-sur-Meuse, par Bourmont, département de la Haute-Marne.

### THOMÉ DE GAMOND. *Dauphiné.*

D'azur, à une tête de cerf coupée d'or.

L'unique représentant du nom, Thomé de Gamond, est ingénieur civil, à Paris.

### THOMÉ DE KÉRIDEC. *Bretagne.*

De gueules, au héron d'argent sur un rocher du même.

Famille d'origine irlandaise, alliée en Bretagne aux maisons de Clisson, de Quélen, de Kérouzéré, de Trogoff, de Talhouet, de Langle, de Montbourcher, etc., etc., représentée par Thomé de Kéridec, au château de la Chèze, par Plélon-le-Grand, département du Morbihan.

### THOREAU DE LA MARTINIÈRE. *Beauce.*

De gueules, au taureau rampant d'or, la queue relevée en pal.

Thoreau de la Martinière, unique représentant du nom, est avocat à Saumur, département de Maine-et-Loire.

### THORIGNY. *Lyonnais.*

Parti d'or et d'azur, à la bande engrêlée de gueules brochant sur le tout.

Cette famille a trois représentants : de Thorigny, au château de Rouillère, par Chazelles-sur-Lyon, département de la Loire ; de Thorigny, au château de Couverte-Fontaine, par Cuisery, département de Saône-et-Loire ; de Thorigny-Subrin, à Lyon.

### THORON. *Provence.*

D'azur, au chien barbet d'argent, surmonté de trois besants du même en chef.

Le comte de Thoron, unique représentant du nom, vit éloigné de toute fonction publique, à Paris.

**THOU.** *Bourgogne.*

D'argent, au chevron de sable accompagné de trois taons du même.

L'unique représentant du nom, de Thou, vit dans ses terres, à Bléneau, département de l'Yonne.

**THOUMINI DE LA HAULLE.** *France.*

D'argent, à la croix de sable cantonnée de quatre merlettes d'azur.

Cette famille se divise en deux branches ; elle a quatre représentants.

Branche aînée : Thoumini de la Haulle, officier de la Légion d'honneur, chef de nom et d'armes, colonel du 44º régiment d'infanterie, à Lons-le-Saulnier, département du Jura ; Thoumini de la Haulle, chef de bureau des lignes télégraphiques, à Paris.

Branche cadette : Thoumini de la Haulle, officier en retraite, à Toulon (Var) ; Thoumini de la Haulle, receveur de l'enregistrement, à Toulon (Var).

**THOURY.** *Bourbonnais, Nivernais.*

D'azur, au rencontre de cerf d'argent, accompagné en chef de quatre bâtons fleurdelisés d'or, posés en escarboucle, et en pointe, de deux fleurs de lis du même.

Cette famille très-ancienne est représentée par de Thoury, au château de Saint-Pierre-la-Chapelle, par Saint-Saulge, département de la Nièvre.

**THUISY** (Goujon de). *Champagne.*

Écartelé : aux 1 et 4 d'azur, au chevron d'or, accompagné de trois losanges du même, qui est de Goujon ; aux

2 et 3 de gueules, au sautoir engrêlé d'or, cantonné de quatre fleurs de lis d'argent, qui est Thuisy.

Le marquis Goujon de Thuisy, unique représentant du nom, réside à Paris.

**THY.** *France.*

D'or, à trois lions de gueules.

L'unique représentant du nom, vicomte de Thy, réside au château de Promenois, par Arnay-le-Duc, département de la Côte-d'Or.

**TIENGOU** (anciennement Quingou). *Bretagne.*

De sinople, fretté d'argent. *Alias :* de sable, à trois roses d'argent, 2 et 1.

Cette famille, qui a possédé les seigneuries du Boschet, de Tréfériou, des Royeries, est citée par Dom Lobineau, Dom Morice, Pitre-Chevalier, etc.

Elle s'est alliée aux Blanchet de Sormont ; Georgon d'Archambault ; Éon de Beaumont, dont la chevalière d'Éon ; de Gourlay, etc.

**TIERSONNIER.** *Picardie, Nivernais.*

D'azur, au cœur d'or, surmonté d'un soleil d'or et soutenu d'un croissant d'argent.

Cette famille a pour chef de nom et d'armes Éloy Tiersonnier, officier de la Légion d'honneur, lieutenant-colonel d'état-major. Il a trois frères : Paul, Auguste et Arthur ; un cousin germain, Ludovic ; deux cousins issus de germain, Alphonse et Charles.

**TILLARD DE TIGNY.** *France.*

D'argent, à la croix pattée et alésée, écartelée de gueules et de sable.

Claude-Henri-Jules Tillard de Tigny, unique représentant du nom, avocat à Charlieu, département de la Loire, a deux filles.

**TILLETTE.** *Picardie.*

D'azur, au chevron d'or; au chef du même, chargé d'un lion léopardé de sable, armé et lampassé de gueules.

Tillette de Mautors, chef de nom et d'armes, réside à Abbeville, département de la Somme; Tillette de Clermont-Tonnerre, autre représentant du nom, a sa résidence au château de Cambron, par Abbeville.

**TILLY.** *France.*

De sable, au lion d'argent, armé et lampassé de gueules; au chef d'or chargé de trois roses de gueules.

L'unique représentant du nom, de Tilly, sans fonctions et sans titre, réside au Mans, département de la Sarthe.

**TILLY DE PREMAREST.** *Normandie.*

D'or, à la fleur de lis de gueules.

L'unique représentant du nom, Clément-Henri, marquis de Tilly de Premarest, réside à Nantes.

**TINGUY.** *Poitou.*

D'azur, à quatre fleurs de lis d'or cantonnées.

Le marquis de Tilly, chef de nom et d'armes, réside à Nesmy, par Napoléon-Vendée, département de la Vendée.

Sept autres représentants : de Tinguy, au château de Beaupuy, par Napoléon-Vendée; Charles de Tinguy, à Fontenay-le-Comte, département de la Vendée; Léon de

Tinguy; Henri de Tinguy; Paul de Tinguy, comte de Bessay, au château de la Renautonnière, par les Sables (Vendée); Xavier de Tinguy, vicomte de Bessay, au château de Bessay, par Mareuil (Vendée); l'abbé de Tinguy, à Luçon (Vendée).

**TINSEAU.** *Franche-Comté.*

De gueules, au dextrochère d'or, tenant de la main un rameau à trois branches du même. Supports : deux lions. Couronne : de comte.

Devise : *Humilia tene.*

Le chef de nom et d'armes de cette famille, Valéry-Antoine-Marie-Nicolas de Tinseau, réside à Metz. Il a des collatéraux.

**TIRCLY DE CORCELLES.** *France.*

D'azur, à la face d'or.

L'unique représentant du nom, de Tircly de Corcelles, réside au château de Beaufossé, par Essay, département de l'Orne, et au château de Corcelles, par Belleville-sur-Saône, département du Rhône.

**TIRLET.** *France.*

Écartelé : au 1 d'or, au château flanqué de deux tours en ruine de sable, surmonté de deux tourtereaux d'azur essorés et affrontés, tenant au bec un ruban noué du même ; au 2, des barons militaires ; au 3, de gueules, à deux tubes de canon d'or, en sautoir, surmonté de deux étoiles d'argent ; au 4, d'azur, à la pyramide d'argent, maçonnée de sable, soutenue de sinople.

Cette famille a pour unique représentant le vicomte de Tirlet, au château de Fontaine-en-Dormois, par Ville-sur-Tourbe, département de la Marne.

**TISON DE LA HAUTIÈRE.** *Bretagne.*

D'argent, à deux lions passants de gueules l'un sur l'autre; au lambel de gueules en chef.

Tison de la Hautière, unique représentant du nom, a sa résidence à Rennes, département d'Ille-et-Vilaine.

**TISSEUIL.** *Limousin.*

D'azur, à trois hures de sanglier d'or.

Cette famille est représentée par de Tisseuil, au château de Furigny, par Neuville, département de la Vienne.

**TISSOT DE MERONA.** *Toulouse, Montauban.*

De gueules, à un chevron d'or, accompagné en pointe d'une plante de joubarbe du même et au chef d'azur.

Cette famille a deux représentants: Tissot de Merona, à Paris; Tissot de Merona, receveur particulier, à Girons, département de l'Ariége.

**TISSOT.** *Franche-Comté.*

D'azur, au sautoir engrêlé d'argent, chargé d'une quintefeuille de gueules.

Cette famille a pour représentant unique de Tissot, ancien vérificateur des douanes, à Bischwiller (Alsace).

**TITAIRE DE GLATIGNY.** *France.*

D'or, au chevron d'azur, chargé de cinq anneaux d'or, accompagné de trois molettes de sable, deux en chef et une en pointe.

Édouard Titaire de Glatigny, unique représentant du nom, réside au château de Bellamy, par Bavent, département du Calvados. Il a postérité.

**TITELOUZE DE GOURNAY.** *France.*

D'argent, à une aigle éployée de sable, tenant un croissant dans ses serres.

Cette famille a deux représentants : Charles Titelouze de Gournay, au château de Clarques, département du Pas-de-Calais ; Amédée Titelouze de Gournay, au château de Vendosme, même département.

**TIXIER DE BROLAC.** *Auvergne.*

D'azur, au chevron d'or, accompagné de trois roses du même posées 2 et 1.

Cette famille, connue en Auvergne dès le XIIIe siècle, est actuellement représentée par : 1° Amable Tixier de Brolac, écuyer, marié à Louise de Matharel, dont une fille, Marie, mariée au marquis d'Heilly, capitaine d'état-major, à Vic-le-Comte (Puy-de-Dôme) ; 2° son frère, Augustin Tixier de Brolac, marié à Marie de Matharel, sœur de la précédente, dont : Henri, sous-préfet de Mauriac ; Madeleine, religieuse du Sacré-Cœur ; Louise, à Plauzat (Puy-de-Dôme).

**TOCQUENAYE** (BOUGRENET DE LA). *Bretagne.*

D'or, au lion de gueules chargé de macles d'or.

Cette famille a deux représentants : Bougrenet, marquis de Tocquenaye, au château de la Châtaigneraye, par Haute-Goulaine, département de la Loire-Inférieure ; Adolphe Bougrenet de la Tocquenaye, au château de Robillard, par Haute-Goulaine.

**TOISY.** *Bourgogne.*

D'azur, à trois glands d'or.

Cette ancienne famille, qui a occupé des charges à la cour des ducs de Bourgogne, a deux représentants :

Louis-Adrien-Roger, vicomte de Toisy, au château de Gizia, département du Jura ; Georges, baron de Toisy, au château de Joudes, par Saint-Amour, département de Saône-et-Loire.

**TONNAC.** *Languedoc.*
D'or, à deux fasces de gueules ; au chef d'azur chargé de trois étoiles du champ.

Cette famille a deux représentants : de Tonnac, au château de Mayragues, par Castelnau, département du Tarn ; de Tonnac, chevalier de la Légion d'honneur, à Alger.

**TONNELIER DE BRETEUIL** (LE). *Beauvoisis.*
D'azur, à l'épervier d'or, le vol étendu, langué et grilleté, aussi d'or.

L'unique représentant du nom, le Tonnelier de Breteuil, réside au château de Brevilliers, par Chevreuse, département de Seine-et-Oise.

**TORCY.** *Normandie.*
Écartelé : aux 1 et 4 de gueules ; au 2 et 3 losangé d'or et de gueules, à la bande d'or brochant sur l'écartelé.

On compte trois représentants du nom : de Torcy, au château de Boisclesreau, par Bullon, département de la Sarthe ; de Torcy, au château de Rumois, par Bourgtheroulde, département de l'Eure ; de Torcy, inspecteur des contributions indirectes, à Coutances, département de la Manche.

**TORSIAC.** *Auvergne.*
D'or, au taureau de gueules, accorné d'argent, issant de l'angle dextre de la pointe.

L'unique représentant du nom, de Torsiac, est receveur particulier à Mauriac, département du Cantal.

**TORTERUE.** *Touraine.*

De gueules, à quatre tours d'or posées 2 et 1, et un château pavillonné du même en cœur.

Cette famille a deux représentants : Louis Torterue de la Cour, au château du Verger, département d'Indre-et-Loire ; Henri Torterue de la Cour, conservateur des hypothèques, à Montfort, département d'Ille-et-Vilaine.

**TORTERUE DE SAZILLY.** *Touraine.*

De gueules, à la tortue rampante d'argent, chargée de trois chevrons renversés de gueules et accompagnée de trois étoiles d'argent, posées 2 et 1.

Cette famille a six représentants : François-Charles Torterue de Sazilly, receveur de l'enregistrement, à l'Isle-Bouchard, département d'Indre-et-Loire ; Paul Torterue de Sazilly, à Bayonne ; Joseph-Henri Torterue de Sazilly ; Maurice-Eugène Torterue de Sazilly ; Jules Torterue de Sazilly, au château de Beauregard, par Azay-le-Rideau, département d'Indre-et-Loire ; Charles Torterue de Sazilly, au château de Thorigny, par Montbazon, département d'Indre-et-Loire, qui a un fils, Georges-Albert Torterue de Sazilly.

**TOUCHE DE LA LIMOUZINIÈRE** (DE LA). *Bretagne.*

D'or, à trois tourteaux de gueules.

L'unique représentant du nom, de la Touche de la Limouzinière, sans fonctions et sans titre, réside à Rennes.

**TOUCHE** (DE LA). *Bretagne.*

D'azur, à la bande d'argent, accompagnée de trois mains dextres d'or.

De la Touche, unique représentant du nom, vit éloigné de toute fonction publique, à Rennes.

**TOUCHE** (DE LA). *Normandie.*
D'argent, à la bande de sable.
De la Touche, chevalier de la Légion d'honneur, unique représentant du nom, est maire, à Mayenne, département de la Mayenne.

**TOUCHE** (DE LA). *Alsace.*
D'argent, à un chevron ployé de sable, accompagné en chef de deux grappes de raisin au naturel, et en pointe d'une pièce de brassard de gueules et un chef d'azur, chargé d'une étoile à six rais d'or.
Cette famille a pour unique représentant de la Touche, chevalier de la Légion d'honneur, ancien conseiller général, à Saverne (Alsace).

**TOUCHET.** *Normandie.*
D'azur, à trois mains sénestres du même.
Le marquis de Touchet, chevalier de la Légion d'honneur, ancien capitaine de gendarmerie, réside au château de Baron, par Évrecy, département du Calvados.

**TOULGOAT** (GOGAL LE). *Bretagne.*
D'azur, au croissant d'or, accompagné de trois coquilles du même.
Le Gogal de Toulgoat, unique représentant du nom, réside au château de Kranzieu, par Quimper, département du Finistère.

**TOULGOET-TREANNA.** *Bretagne.*
Écartelé : Aux 1 et 4 d'argent, à un macle d'azur ; aux

2 et 3 d'azur à un chevron d'or accompagné en chef de deux étoiles et en pointe d'un dauphin couronné du même ; sur le tout d'argent, à une croix pattée de sinople, cantonnée de quatre molettes de sable ; au chef de Jérusalem.

Originaire d'Écosse, établie en Bretagne au xvᵉ siècle, cette famille est représentée par Émile-Marie le Goazre Toulgoet-Tréanna, comte romain, au château de Villers-Chassy, département du Cher.

**TOULONGEON.** *Bourgogne.*

De gueules, à trois fasces ondées d'or ; écartelé aux 2 et 3 de gueules, à trois jumelles d'argent.

Une des plus anciennes de Bourgogne et dans laquelle les plus hautes charges de la province semblaient héréditaires, cette famille a trois représentants : Edmond, marquis de Toulongeon, général d'état-major, ancien aide de camp de Napoléon III, ancien grand veneur, à Paris ; Lionel, comte de Toulongeon, ancien député du Jura, à Paris ; Gaston, vicomte de Toulongeon, capitaine au 84ᵉ régiment d'infanterie de ligne.

**TOULOUSE-LAUTREC.** *Languedoc.*

Écartelé : aux 1 et 4 de gueules, à la croix de Toulouse d'or ; aux 2 et 3 d'argent, au lion rampant de sable, lampassé, armé et couronné de gueules.

Cette famille a quatre représentants : le comte de Toulouse-Lautrec, au château de Bosc, par Nancelle, département de l'Aveyron ; le comte de Toulouse-Lautrec, à Toulouse ; Raymond de Toulouse-Lautrec, à Toulouse ; le vicomte de Toulouse-Lautrec, au château de Briord, par Port Saint-Père, département de la Loire-Inférieure.

**TOUPET DES VIGNES.** *Paris.*

D'azur, à un croissant d'argent chargé d'une flamme de gueules et surmontée de trois étoiles d'or rangées en fasce.

L'unique représentant du nom, Toupet des Vignes, est conseiller général, à Givet, département des Ardennes,

**TOUX (du).** *Bourbonnais.*

De gueules, au griffon d'or.

Cette famille a deux représentants : le marquis du Toux de Salvert de Bellenave, au château de Salvert, par Evaux, département de la Creuze ; le comte du Toux, consul à Moscou, Russie.

**TOUR (de la).** *Guyenne, Rouergue, Quercy, Auvergne, Languedoc, Bretagne.*

Guyenne. D'azur, à trois fasces d'or.

Rouergue, Quercy, Auvergne. De gueules, à la tour crénelée de trois pièces.

Languedoc. D'azur, à la tour d'argent.

Bretagne. D'argent, à trois tours couvertes d'azur.

De la Tour, proprement dit, a huit représentants : le comte de la Tour, au château de Mansempuy, par Mauvezin, département du Gers ; de la Tour, à Toulouse ; de la Tour, au château de Roch, par Sarlat, département de la Dordogne ; de la Tour, receveur entreposeur à Gaillac, département du Tarn ; de la Tour, aumônier à l'hôpital d'Albi, département du Tarn ; de la Tour, chevalier de la Légion d'honneur, ancien sous-préfet, à Neufchâtel, département de la Seine-Inférieure ; de la Tour, au château de Lagriffoul, par Saint-Mamet, département du Cantal ; de la Tour, bibliothécaire, à Alger.

**TOUR D'AUVERGNE (DE LA).** *Lauraguais.*

Écartelé : aux 1 et 4 d'azur, à la tour d'argent, semé de France, qui est de *la Tour;* aux 2 et 3 de gueules, à la croix d'or, clochée, évidée et pommetée, qui est de *Toulouse,* sur le tout, d'or au gonfanon de gueules frangé de sinople, qui est d'*Auvergne.*

La maison de la Tour d'Auvergne-Lauraguais, considérable et illustre, remonte par titres à Bernard de la Tour, fait chevalier, en 1244, avec Guillaume de la Tour, son frère, par Raymond VII, comte de Toulouse. Ce même Bernard de la Tour, fait chevalier en 1244 par Raymond VII, comte de Toulouse, est rattaché par Justel et Baluze aux anciens comtes d'Auvergne, ducs d'Aquitaine.

Elle a quatre représentants : Henri-Godefroy-Bernard-Alphonse, prince de la Tour d'Auvergne-Lauraguais, né le 23 octobre 1823, grand-croix de la Légion d'honneur, sénateur, ancien ambassadeur de France à Rome et à Londres, ancien ministre des affaires étrangères, etc. Il a pour fils, Charles-Laurent-Godefroy, prince de la Tour d'Auvergne-Lauraguais, né le 20 juin 1852 ; Charles-Amable, prince de la Tour d'Auvergne, né le 6 décembre 1826, archevêque de Bourges; Édouard-Louis-Joseph Melchior, prince de la Tour d'Auvergne, né le 3 août 1828, lieutenant-colonel au 50º de ligne.

**TOUR DE SAINT-LUPICIN (DE LA).** *Franche-Comté.*

D'azur, à la tour d'or. Cimier : un vol d'aigle. Supports : deux lions.

Devise : *Armis et Togá.*

Noble de nom et d'armes, d'ancienne origine, en possession depuis des temps reculés des fiefs des Villarslez-la-Rixouse, de la Tour de Saint-Lupicin et de la prévôté héréditaire de Saint-Lupicin, qui lui avait été inféodée par l'abbé de Saint-Claude, cette famille, distinguée dans l'armée et dans la magistrature, a, pour la branche aînée, cinq représentants : Joseph-Albert-Léon, chevalier de la Tour de Saint-Lupicin, chef de nom et d'armes, à Lorris, département du Loiret ; Antoine-Joseph de la Tour de Saint-Lupicin, oncle du chef, au Mans, département de la Sarthe ; Paul-Alfred de la Tour de Saint-Lupicin, fils d'Antoine-Joseph, à Senlis, département de l'Oise, qui a un fils, Raoul de la Tour de Saint-Lupicin ; Eugène de la Tour de Saint-Lupicin, frère cadet de Paul-Alfred, à Courville, département d'Eure-et-Loir.

Cette famille a formé plusieurs autres branches qui ont des représentants dans différents départements de la France et à l'étranger.

**TOUR DE LA GEAY** (DE LA). *Saintonge, Pays d'Aunis.*

D'argent, à l'aigle éployée de gueules, au vol abaissé, becquée et membrée d'or ; à la bordure d'azur chargée de six besants d'or.

Le comte de la Tour de la Geay, unique représentant du nom, réside au château de Geay, par Saint-Porchaire, département de la Charente-Inférieure.

**TOUR-LANDORTHE** (DE LA). *Toulouse.*

D'azur à la tour d'argent.

L'unique représentant du nom, comte de la Tour-Landorthe, réside à Toulouse, département de la Haute-Garonne.

**TOUR DU PIN** (DE LA). *Dauphiné.*

ARMES ANCIENNES. De gueules, à la tour d'argent maçonnée de sable, crénelée de trois pièces avec un avant-mur maçonné du même.

Armes modernes. Écartelé : aux 1 et 4 comme ci-dessus ; au chef cousu de gueules chargé de trois casques d'or tarés de profil ; aux 2 et 3 d'or au dauphin d'azur.

Une des plus anciennes du Dauphiné, cette maison, dont la généalogie a été donnée dans l'*Histoire des grands officiers de la couronne*, t. II, p. 13 et suiv., et qui remonte à Berlion ou Belion de la Tour, vivant en 1107, a quatorze représentants :

Membres existants de la famille de la Tour du Pin :

Humbert-Madeline-Marie, marquis de la Tour du Pin-Gouvernet, à Fontainebleau ; Aymard, comte de la Tour du Pin-Gouvernet, à Fontainebleau ; René-Henry-Gabriel-Humbert, marquis de la Tour du Pin la Charce, au château d'Arrancy (Aisne) ; Charles-Humbert-René, comte de la Tour du Pin-Chambly, au château d'Arrancy (Aisne) ; Marie-Joseph-Jean-Aymard, vicomte de la Tour du Pin-Chambly, au château d'Arrancy (Aisne) ; Armand-Fernand, comte de la Tour du Pin-Chambly, au château de Bosmont (Aisne); Charles-Gabriel-René-Berlion, baron de la Tour du Pin-Chambly, à Nantes ; Henri-Berlion, comte de la Tour du Pin la Charce, au château de Bezonville (Loiret) ; Augustin-Humbert-Louis Berlion, vicomte de la Tour du Pin la Charce, au château de Bezonville (Loiret) ; Scipion-Charles Berlion, baron de la Tour du Pin la Charce, au château de Bezonville (Loiret) ; René, marquis de la Tour du Pin-Montauban, à Paris ; Charles-Ludovic, comte de la Tour du Pin-Verclause des Taillades, à Paris ; Alexandre-Nicolas-René, comte de la Tour du Pin-Verclause-Verfeuil, au château de Rosières (Aisne).

**TOUR-DU-PIN DE CHAMBLY** (DE LA). *Dauphiné.*

Écartelé : aux 1 et 4 de la Tour-du-Pin ; aux 2 et 3 d'argent à une croix dentelée d'azur, chargée de cinq fleurs de lis d'or, qui est de Changy.

Cette branche de la Tour-du-Pin est représentée par le vicomte de la Tour-du-Pin de Chambly, à Paris.

**TOUR DE SAINT-VIDAL** (DE LA). *Languedoc.*

D'or, à la tour de gueules, maçonnée de sable.

Cette famille est représentée par de la Tour de Saint-Vidal, à Bordeaux.

**TOURNEBU.** *Normandie.*

D'argent, à la bande d'azur.

Cette famille a trois représentants dans le département du Calvados : Anatole de Tournebu, au château de Langrune, par Luc-sur-Mer ; de Tournebu, au château de Verdun, par Évrecy ; de Tournebu, au château de Terrel-Breteville, par Tilly-sur-Saule.

**TOURNELLE** (DE LA). *Touraine, Nivernais, Bourgogne.*

De gueules, à trois tours d'or posées 2 et 1.

Éteinte dans les mâles, cette famille n'est plus représentée que par M$^{lle}$ de la Tournelle, à Angers, département de Maine-et-Loire.

**TOURNELLES.** *Lyonnais.*

D'azur, à la bande componée d'or et de gueules, accompagnée d'une étoile d'or en chef et d'un croissant d'argent en pointe.

Le baron de Tournelles, unique représentant du nom, réside à Lyon.

**TOURNEMINE.** *Bretagne, Versailles.*

Écartelé d'or et d'azur.

Cette famille a deux représentants : l'un avocat, l'autre artiste peintre, à Paris.

**TOURNEUR-HUGON (le).** *Normandie.*

De gueules, à trois têtes de léopard d'or, arrachées et lampassées d'azur.

Le baron Désiré le Tourneur-Hugon, officier de la Légion d'honneur, est capitaine de frégate.

**TOURNIER DE VAILLAC.** *Toulouse, Montauban.*

De sable, à huit billettes d'argent posées en pal.

L'unique représentant du nom, Tournier de Vaillac, réside à Toulouse.

**TOURNOIS DE BONNEVALLET.** *Beauce, Dauphiné.*

D'azur, au chevron d'or, accompagné en pointe d'une tour du même ; au chef d'argent chargé de trois noix de sable tigées de sinople.

Famille ancienne, originaire de Beauce, transplantée en Dauphiné, puis en Artois.

Représentants actuels : Jules de Tournois de Bonnevallet, au château de Berles, par Aubigny, et Henri de Tournois de Bonnevalet, au château de Villers-au-Flos, par Bapaume, département du Pas-de-Calais.

**TOURNON.** *France.*

Parti : au 1 d'azur, semé de France ; aux 2 de gueules, au lion d'or.

Cette famille a deux représentants : le marquis de Tournon, au château de Montmelas, par Villefranche, département du Rhône ; le comte Hippolyte de Tournon, au château du Verger, par Tournon, département de l'Ardèche, qui a son domicile d'hiver à Lyon.

**TOURNYER DE LA LANDE.** *Touraine.*

De gueules, à trois colonnes torses d'argent posées 2 et 1.

Cette famille a trois représentants : Paul Tournyer de la Lande, au château de Bourée, par Montrichard, département de Loir-et-Cher ; Henri Tournyer de la Lande, procureur de la République, à Tours ; Prosper Tournyer de la Lande, ancien contrôleur des contributions indirectes, à Chinon, département d'Indre-et-Loire.

**TOURREAU.** *Comtat-Venaissin.*

D'azur, au château d'argent, donjonné de trois tourelles du même, maçonné de sable, portillé de gueules et surmonté d'une étoile d'or.

L'unique représentant du nom, de Tourreau, réside au château de Châteauneuf-Redortier, par Beaume-de-Venise, département de Vaucluse.

**TOURRETTE** (DE LA RIVOIRE DE). *Vivarais.*

Écartelé : aux 1 et 4 de gueules au lion d'argent, armé et lampassé de gueules, qui est de Rivoire ; aux 2 et 3 d'or au lion de gueules, qui est de Ginestous-la-Tourrette.

Cette famille, qui emprunte son nom à la terre et seigneurie en Vivarais, avec titre de baronnie, remonte par titres à noble Martin de la Rivoire, qui fit acquisition, en 1276, d'une maison et d'un jardin près du château de la Rivoire. Son origine est plus ancienne encore. Elle descend de la branche aînée des seigneurs de Rivoire et de Roumagnieu, en Dauphiné, et elle est représentée par Félix, marquis de la Rivoire de la Tourrette, chevalier de la Légion d'honneur, ancien député, au château de Corsas, par Saint-Félicien, département de l'Ardèche.

**TOURTEAU D'ORVILLIERS.** *France.*

D'azur, à la tour d'argent, surmontées de deux colombes affrontées du même.

Tourteau d'Orvilliers, unique représentant du nom, réside au château de Malleville, par Évreux, département de l'Eure.

**TOURTIER.** *Soissons.*

De gueules, à une tour d'or maçonnée de sable.

Cette famille a deux représentants : de Tourtier, au château de Moyencourt, par Poix, département de la Somme; de Tourtier, juge au tribunal civil, à Péronne, même département.

**TOURTOULON.** *Auvergne, Languedoc.*

D'azur, à la tour d'argent maçonnée de sable, surmontée d'un étendard d'argent, à la hampe d'or, accompagné de trois colombes d'argent, l'une contournée en chef à dextre, les deux autres affrontées au pied de la tour; en pointe une molette d'éperon d'or.

Cette famille remonte à Rigal de Tourtoulon qu'on trouve au nombre des seigneurs qui souscrivirent comme témoins, à une sentence arbitrale rendue après la fête Saint-Jean-Porte-Latine de l'an 1384, entre Henri, comte de Rodez et vicomte de Carlat, et Astorg d'Aurillac, seigneur de Conros et de la Bastide. Elle a trois représentants : Charles-Adolphe de Tourtoulon, baron de la Salle, à Montpellier, qui a son domicile d'été au château de Prades, près la Salle, département du Gard; Antoine-Pierre-Marie, baron de Tourtoulon, qui a un fils, Charles-Jean-Maurice, baron de Tourtoulon.

**TOUSCHE** (DE LA). *Touraine.*

D'or, au lion de sable, armé, lampassé et couronné de gueules.

Devise : *Deo juvante.*

Cette famille dont l'origine est antérieure à l'an 1088 est représentée : 1° par Donation de la Tousche, au château de la Guittière, par Angles-sur-l'Anglin (Vienne); 2° par Olivier et Roger de la Tousche, fils du frère puîné du précédent, au château de la Vallée, par Angles-sur-l'Anglin (Vienne); 3° par Georges de la Tousche, représentant la branche cadette, dite de la Massardière, parent des précédents, à Bonneuil-Matours (Vienne).

Cette famille a eu des alliances avec les familles Talleyrand de Chalais, de Châtillon, de Richelieu, d'Aiguillon, de Cossé, de Maillé de Mauléon, de Moussy, de Goulard, de Baignac, de Montalembert, de Salignac-Fénelon, de Sainte-Maure, etc.

**TOUSSAINT.** *Bourgogne.*

D'azur, à l'olivier d'argent.

Le baron Toussaint, unique représentant du nom, vit éloigné de toute fonction publique, à Paris.

**TOUSTAIN DE RICHEBOURG.** *Normandie.*

D'or, à la bande échiquetée de deux traits d'or et d'azur.

D'origine danoise, remontant par titres au $x^e$ siècle, cette famille a trois représentants : le vicomte Toustain de Richebourg, chevalier de la Légion d'honneur, ancien receveur général, au château de Vaux-sur-Aure, par Bayeux, département du Calvados ; le vicomte Henri Toustain de Richebourg, à Paris, qui a un fils, Christian Toustain de Richebourg, officier de cavalerie, et deux filles ; le vicomte Jules Toustain de Richebourg, à Paris.

**TOUSTAIN DU MANOIR.** *Normandie.*

De gueules, à trois colonnes d'argent, celle de la pointe supportant un épervier s'essorant du même.

Raphaël Toustain, vivant en 1439, grand-père de Martin, confirmé dans sa noblesse en 1489, est la souche de cette famille qui a cinq représentants : le comte de Toustain du Manoir, à Paris ; le vicomte Robert de Toustain du Manoir, au château de Farceaux, par Étrepagny, département de l'Eure ; de Toustain du Manoir, au château de Juage, par Balleroy, département du Calvados ; de Toustain du Manoir, chevalier de la Légion d'honneur, ancien préfet de Constantine, Algérie ; de Toustain du Manoir, commissaire civil, à Alger.

**TOUZET DE VIGIER.** *Toulouse, Montauban.*

De gueules, à une oie d'argent sur une mare ondée du même, portant en son bec un épi de blé d'or ; au chef d'azur, chargé de trois étoiles d'or.

Le chef de nom et d'armes, Toùzet de Vigier, officier de la Légion d'honneur, ancien colonel au 11ᵉ régiment de dragons, a un fils sous-lieutenant au 17ᵉ dragons.

**TOYTOT.** *Franche-Comté.*

De gueules, au chevron d'or accompagné de trois croissants du même.

Le chef de nom et d'armes, Armand de Toytot, président du tribunal civil de Nevers, département de la Nièvre, a un fils, Ernest de Toytot, père de quatre enfants. Il a aussi deux filles.

**TRACY** (Estutt de). *Écosse, Nivernais, Ile-de-France.*

Écartelé : aux 1 et 4 palé d'or et de sable; aux 2 et 3 d'or, au cœur de gueules.

Cette famille a pris le nom de Tracy par le mariage d'un Estutt qui épousa l'héritière de la maison de Bar, possédant la seigneurie de Tracy. Victor de Tracy, n'ayant qu'une fille, donna son nom au fils unique qu'elle eut de son mariage avec M. Flavier de Magnoncourt, ancien pair de France. Ce fils unique, seul représentant du nom de Tracy, a sa résidence d'été au château de Paray-le-Frésil, par Chevagnes, département de l'Allier, et sa résidence d'hiver à Paris.

**TRAMECOURT.** *Artois.*

D'argent à croix ancrée de sable. Supports : deux lions. — Cimier : un lion issant.

Devise : *Virtus et antiquitas.*

D'origine chevaleresque, cette famille tire son nom de la terre de Tramecourt. Renaud de Tramecourt était au siége de Saint-Jean d'Acre à la 2ᵉ croisade en 1191. Par acte de 1190, il faisait un don à l'Abbaye-du-Verger, à Arras. Par acte de 1204, Hugues de Tramecourt et Guillebert de Tramecourt, son fils, donnaient la dîme de Noyelles à l'abbaye d'Auchy-les-Moines. En août 1242, Jean de Tramecourt fait donation à l'abbaye de Cercamp de divers immeubles.

A la bataille d'Azincourt, trois frères combattirent, un seul survécut pour devenir l'historien de cette fatale journée.

Les représentants actuels de cette maison sont : 1° Victor-Marie-Léonard, marquis de Tramecourt, au château de Tramecourt, marié à Aline-Marie-Cécile de Tramecourt, sa cousine ; 2° Gustave-Adrien-Marie-Alexandre, comte de Tramecourt, marié à Marie de Clermont-Tonnerre, dont il a un fils, Renaud-Marie de Tramecourt et deux filles ; 3° Hippolyte-Marie-Léonard, comte de Tramecourt, non marié. Alliances : Clermont-Tonnerre, Destutt d'Assay, Roisin, Rougé, de Brandt, de Nédonchel, de Béthune, Assignies, Mailly, Woght, Wetz de Guinés, Saint-Venant, Crespieul, de Halloy.

**TRAMIER DE LA BOISSIÈRE.** *Provence.*

De gueules, au lion d'or, armé et lampassé de sable.

Cette famille a deux représentants : Tramier de la Boissière, au château de Vaubonne, par Mormoiron, département de Vaucluse ; Gaspard Tramier de la Boissière, au château de Foulquette, à Velleron, par Pernes, même département.

**TRAVERSIER.** *Toulouse.*

D'azur, à un ours rampant d'argent ; au chef d'argent, chargé d'un chêne de sinople ; à la bordure de gueules, chargée de huit flanchis d'argent.

L'unique représentant du nom, de Traversier, réside à Toulouse.

**TRAVOT.** *France.*

Écartelé : au 1 d'argent, à la terrasse de sinople, chargée d'une charrette renversée d'or ; au 2 de gueules, à l'épée d'argent ; au 3 d'or, à la branche d'olivier de sinople ; au 4 d'azur, à la tour d'argent.

Cette famille a deux représentants : le baron Travot,

officier de la Légion d'honneur, ancien député de la Gironde, à Paris; le baron Travot, au château de Chantore, par Sartilly, département de la Manche.

**TRÉBONS.** *Paris.*

D'azur, à trois traits ou flèches d'or, posés en pairle et appointés en cœur.

Le comte de Trébons, chef de nom et d'armes, est maire à Bérengeville-la-Campagne, par la Commanderie, département de l'Eure; Léon de Trébons, autre représentant du nom, réside au château de Grand-Trébons, à Grainville-Ymauville, département de la Seine-Inférieure.

**TREDERN.** *Bretagne.*

Échiqueté d'or et de gueules; au franc-quartier fascé d'argent et de gueules.

Le comte de Tredern, chef de nom et d'armes, réside au château de Lizière, par Saint-Martin-du-Bois, département de Maine-et-Loire; Félix de Tredern, autre représentant du nom, réside à Rennes; Louis de Tredern, réside également à Rennes.

**TRÉGAIN.** *Bretagne.*

D'or, à trois pommes de pin de gueules, les pointes en haut.

L'unique représentant du nom, de Trégain, réside au château d'Épinay, par Janzé, département d'Ille-et-Vilaine.

**TRÉGOMAIN** (AUBERT DE). *Bretagne.*

D'azur, à une houssette d'argent, chargée d'un croissant de gueules.

Cette famille a deux représentants : Aubert de Trégomain, à Rennes; autre Aubert de Trégomain, à Rennes.

**TREILLARD.** *Limousin.*

D'azur, au sautoir d'or, chargé d'une tête de lion de sable, allumée et lampassée de gueules.

Cette famille a trois représentants : le comte Treillard, officier de la Légion d'honneur, ancien conseiller d'État, directeur de la presse au ministère d'État, à Paris; le vicomte Treillard, premier secrétaire de la légation de France, à Florence (Italie); Treillard du Basty, avoué, à Nérac, département de Lot-et-Garonne.

**TRELLO.** *Touraine.*

D'argent, à l'écusson de sable en abîme, chargé d'une étoile d'or et accompagné de trois coquilles de gueules rangées en chef.

L'unique représentant du nom, de Trello, colonel en retraite, réside à Tours.

**TREMAUDAN.** *Bretagne.*

De gueules, au lévrier passant d'argent, colleté du même, accompagné d'une molette du second.

L'unique représentant du nom, de Tremaudan, réside au château de Val, par Lohéac, département d'Ille-et-Vilaine.

**TRÉMAULT.** *Touraine, Orléanais.*

De gueules, à deux haches d'armes d'argent mises en pal; au chef cousu d'azur chargé de trois étoiles d'or rangées en fasce.

Cette famille a trois représentants : Just-Marie-Joseph-

Élisabeth de Trémault, au château de Morillon, à Azé, département de Loir-et-Cher, chef de la branche aînée ; Charles-Auguste de Trémault, attaché au département des finances, à Paris ; François-César-Gédéon de Trémault, ancien garde de la porte du Roi, à Vendôme. Ces deux derniers forment la branche cadette.

**TREMBLAY (DU).** *Bretagne.*

De gueules, à la bande d'or, accompagné de six molettes du même rangées en orle.

Le baron du Tremblay, chef de nom et d'armes, réside à Paris ; du Tremblay, autre représentant du nom, est receveur de l'enregistrement à Rennes.

**TRÉMEREUC.** *Bretagne.*

Échiqueté d'argent et de gueules. — Écartelé : aux 1 et 4 échiqueté d'or et de sable ; au 2 et 3 de Tournemine.

Cette famille a deux représentants : de Trémereuc, au château de Fontenailles, par Erneé, département de la Mayenne ; de Trémereuc, au château de Léhen, par Plurien, département des Côtes-du-Nord.

**TRÉMEUGE DE LA ROUSSIÈRE.** *Auvergne.*

De gueules, à trois gerbes d'or, posées 2 et 1.

L'unique représentant du nom, Trémeuge de la Roussière, réside au château de la Roussière, par Saint-Flour, département du Cantal.

**TRÉMOILLE (DE LA).** *Poitou.*

D'or, au chevron de gueules, accompagné de trois aiglettes d'azur, becquées et membrées de gueules.

Issue de Guy de la Trémoille, chevalier croisé en

1096, successivement titrée de vicomtes de Thouars et princes de Talmont par héritage en 1469, ducs de Thouars, pairs de France, princes de Tarente et héritiers des droits de Charlotte d'Aragon au trône de Naples, cette maison a donné Georges, sire de la Trémoille, premier ministre de Charles VII ; Louis, général de l'armée française de Louis XII en Milanais. Elle est représentée par Charles-Louis, duc de La Trémoille et de Thouars, prince de Tarente et de Talmont, à Paris, qui a un fils et une fille.

**TRÉMOLET DE LACHEYSSERIE.** *France.*

D'azur, à trois trèfles d'or; au chef cousu de gueules chargé de trois étoiles d'argent.

Cette famille a trois représentants : Charles Trémolet de Lacheysserie, chevalier de la Légion d'honneur, membre du conseil général, ancien député, à Valence, département de la Drôme; Trémolet de Lacheysserie, juge, à Dié, même département; Henri Trémolet de Lacheysserie, procureur de la République, à Orange, département de Vaucluse.

**TRENQUALYE.** *Languedoc.*

Parti : au 1 d'argent, au lion de gueules rampant contre une branche d'olivier de sinople ; au 2 d'azur, au chevron d'or, accompagné en chef de deux quintefeuilles d'argent, et en pointe d'un croissant du même; au franc-quartier sénestré de gueules, à l'épée d'argent garnie d'or.

Cette famille a deux représentants : de Trenqualye, consul de France à Canton (Chine); de Trenqualye, notaire à Castel-Sarrazin, département de Tarn-et-Garonne.

**TRÉOURRET DE KESTRAT.** *Bretagne.*

D'argent, au sanglier passant de sable.

Cette famille est représentée par Louis Tréourret de Kestrat, qui, de son mariage avec Louise de Cathelineau, a six enfants, deux fils et quatre filles.

**TRÉSOR (LE).** *Normandie.*

D'azur, au dextrochère et au sénestrochère affrontés d'or, tenant chacun une épée d'argent et mouvants des flancs de l'écu; au besant d'or en chef.

Cette famille a trois représentants : le comte le Trésor, au château de Brissette, par Valognes, département de la Manche; le Trésor, au Mans; le Trésor de la Roque, à Paris.

**TRESSAY (DU).** *Bretagne.*

D'argent, à la fasce nouée de gueules, chargée de trois besants d'or.

L'unique représentant du nom, entré dans les ordres, l'abbé du Tressay, est curé à Chantonnay, département de la Vendée.

**TRESSEMANES DE SIMIANE.** *Provence.*

D'argent, à la fasce d'azur chargée de trois étoiles d'or et accompagnée de trois roses de gueules.

Jean-Pierre de Tressemanes-Brunet, marquis de Simiane, chef de nom et d'armes, a sa résidence d'été au château de Verger, par Desaignes, département de l'Ardèche, et sa résidence d'hiver à Aix; autre marquis de Tressemanes-Simiane, au château d'Albertas, par Guéménos, département des Bouches-du-Rhône.

**TRETAIGNE (MICHEL DE).** *Bretagne.*

D'or, à deux chevrons de gueules, accompagnés en

chef de deux étoiles d'azur et chargés d'une épée d'argent posée en pal, entourée d'un serpent de sinople.

Le baron Michel de Tretaigne, commandeur de la Légion d'honneur, unique représentant du nom, réside à Paris.

### TRETON DE VAUJUAS DE LANGAN. *Maine.*

Écartelé : au 1 et 4 d'or, à la rose de gueules, cantonnée de quatre étoiles d'azur, qui est de Treton ; au 2 et 3 de sable, au léopard d'argent, couronné, lampassé et armé de gueules, qui est de Langan.

Cette famille a plusieurs représentants au château de Fresnay (paroisse du Bourgneuf); et au château des Courgés (paroisse de Chailland), département de la Mayenne.

### TREUIL DE RENUSSON. *France.*

D'argent, au pin arraché de sinople, accosté de deux lions affrontés rampants contre le fût de l'arbre, soutenu en pointe d'un croissant de gueules.

Georges Treuil de Renusson, unique représentant du nom, est maire à Saint-Agil, département de Loir-et-Cher.

### TREVELEC. *Bretagne.*

D'azur, à la fleur de lis d'or, accompagnée de trois croissants du même.

L'unique représentant du nom, de Trevelec, réside au château de Saint-Malo de Beignon, par Guer, département du Morbihan.

### TREVERRET. *Bretagne.*

D'or, à une fasce vivrée de gueules.

Cette famille a cinq représentants : de Treverret, à Bordeaux, département de la Gironde ; de Treverret, au château des Onglées, par Rennes ; Charles de Treverret, officier de dragons ; Alain et Yves de Treverret.

**TREVET.** *Rouen.*

D'argent, à une croix dentelée de gueules, chargée d'une aigle éployée d'or et cantonnée de quatre couronnes de laurier de sinople.

De Trevet, unique représentant du nom, réside au château de Maillée, par Goderville, département de la Seine-Inférieure.

**TREVEY.** *Bretagne, Guyenne.*

D'or, au sautoir tréflé d'azur.

L'unique représentant du nom, baron de Trevey, vit, éloigné de toute fonction publique, à Paris.

**TRÉVILLE.** *France.*

D'or, à une truelle d'azur.

L'unique représentant du nom, de Tréville, a sa résidence au château de Caudeval, par Chalabre, département de l'Aude.

**TRÉVISE** (MORTIER DE). *France.*

Écartelé : au 1 d'or, à la tête de cheval contournée de sable ; au 2 d'azur, au dextrochère d'or, armé d'une épée d'argent, mouvant de sénestre ; au 3 d'azur, au dextrochère d'or armé d'une épée d'argent, mouvant de dextre ; au 4 d'or, à la tête de cheval de sable.

Cette famille, qui tire sa gloire et sa noblesse du maréchal Mortier, duc de Trévise, tué par la machine infernale de Fieschi, le 28 juillet 1835, a pour chef de nom et d'armes, Napoléon Mortier, duc de Trévise, commandeur de la Légion d'honneur, ancien pair de France, ancien sénateur. Il a trois fils : Hippolyte-Charles-Napoléon Mortier, marquis de Trévise, ancien chambellan de Napoléon III ; Jean-François-Hippolyte Mortier, comte de Trévise, officier d'état-major ; Édouard Mortier de Trévise.

### TREYVE DE SAINT-SAUVEUR (DU). *Lyonnais.*

D'azur, au chevron, accompagné en chef de deux étoiles et en pointe d'un lion, le tout d'or.

Cette famille n'a qu'un représentant : du Treyve de Saint-Sauveur, à Bourg, département de l'Ain.

### TRIBOUILLE (DE LA). *Bretagne.*

D'azur, à trois roquets d'argent.

L'unique représentant du nom, Jules de la Tribouille, est fonctionnaire au département de la marine.

### TRICAUD DE LA GOUTTE. *France.*

D'azur, au chevron d'or, sénestré en chef d'une étoile du même.

Cette famille est représentée par le comte Tricaud de la Goutte, au château de la Goutte, par Amplepuis, département du Rhône.

### TRICAUD. *Lyonnais.*

D'azur, au chevron d'argent, accompagné de deux étoiles et d'un croissant du même ; au chef d'or, chargé de trois bandes d'azur.

Cette famille a trois représentants : de Tricaud, au château des Allymes, par Ambérieux, département de l'Ain ; de Tricaud, au château de Saint-Maurice, par Ambérieux ; de Tricaud, à Lyon.

**TRICORNOT.** *Franche-Comté.*

D'azur, à trois cors de chasse d'or, virolés d'argent.

Cette famille a pour chef de nom et d'armes Adrien, baron de Tricornot, ancien officier de cavalerie, au château de Dammartin, département de la Haute-Marne, qui a deux fils, Charles de Tricornot, au château de Colombey, près Metz, Lorraine allemande; Emmanuel de Tricornot, officier de cavalerie. Il a aussi trois filles et un frère, de Tricornot, au château de Saulles, département de la Haute-Marne.

**TRIMONT.** *Provence, Languedoc.*

D'azur, à la cloche d'argent, surmontée d'une croix de fleurs de lis d'or.

Le vicomte de Trimont, unique représentant du nom, sans fonctions et sans titre, réside à Orléans.

**TRINQUELAGUE-DIONS.** *Languedoc.*

D'or, à trois fasces ondées d'azur ; au chef d'hermines.

Cette famille a pour unique représentant le baron de Trinquelague-Dions, chevalier de la Légion d'honneur, conseiller général, à Saint-Chaptes, département du Gard.

**TRIONVILLE** (Danzel de). *Picardie.*

De gueules, au lion d'or.

L'unique représentant du nom, marquis Danzel de Trionville, réside au château de Hocquelus, département de la Somme.

**TRISTAN.** *Beauvoisis, Orléanais, Berry.*

De gueules, à la bande d'or.

Cette famille a deux représentants : le marquis de Tristan de Tascher, ancien officier de cavalerie, au château de l'Émerillon, par Cléry (Loiret) ; le comte de Tristan de Villebresme, chevalier de la Légion d'honneur, ancien capitaine d'artillerie, au château de Cormes, par Olivet, même département.

### TROBRIAND (Denis de). *Bretagne.*

D'argent, au sautoir de gueules. — De sable, au sautoir d'or.

L'unique représentant du nom, Denis de Trobriand, grand officier de la Légion d'honneur, est général de brigade, à Paris.

### TROCHE (de la). *Bourgogne.*

D'azur, au vol d'or, surmonté d'une étoile d'argent, et soutenu d'un croissant du même.

Cette famille est représentée par Auguste de la Troche, à Dijon.

### TROCHEREAU. *Bourbonnais.*

D'azur, au chevron d'or, accompagné en chef de deux étoiles d'argent et en pointe d'une croix ancrée du même.

Cette famille a quatre représentants : Jean-Jacques de Trochereau, à Moulins. Ses fils : Gilbert-Anatole de Trochereau, au château de Vaux, par Verneuil, département de l'Allier; Louis-Emmanuel de Trochereau et son fils, Marie-Joseph-Frédéric de Trochereau, au château de Panloup, par Moulins.

### TROCHET (du). *Poitou, Touraine, Mans.*

D'azur, à cinq pals d'or.

L'unique représentant du nom, du Trochet, réside au château de Noroy-sur-Ourcq, à Villers-Cotterets, département de l'Aisne.

**TROCHON DE LA THÉARDIÈRE.** *Anjou.*

D'argent, à trois merlettes de sable, posées 2 et 1.

L'unique représentant du nom, Louis-Laurent Trochon de la Théardière, réside au château de la Touchasse-de-Gennes, par Château-Gontier, département de la Mayenne.

**TROLLIÈRE** (Mulatier de la). *Bourbonnais.*

D'azur, à trois têtes de mulets d'or, bridées de sable.

L'unique représentant du nom, Mulatier de la Trollière, réside au château de Ruzière, par Bourbon-l'Archambault.

**TROMELIN** (le Goarant de). *Bretagne.*

D'or, à la fasce de sable accompagnée de trois trèfles du même, deux en chef, un en pointe; couronne de baron.

Autrefois, seigneur de Tromelin, de Kerestec, de Keraret, de Lestrézec, de Kerhouin, du Dourdu, de Lézer, de Trébunet, etc.

Un Le Goarant, l'ascendant le plus anciennement connu de cette famille, était, en 1380, gouverneur du château de Brest, et ses armoiries, les mêmes que porte aujourd'hui la famille Le Goarant, se voient encore à la voûte de la chapelle dudit château.

La famille Le Goarant figure à son rang dans l'armorial de Bretagne, publié en 1657, par Guy le Borgne.

Sept Le Goarant, chefs de diverses branches, ont comparu à la réformation de 1668.

L'amiral Le Goarant de Tromelin est mort en 1867, et aujourd'hui il n'existe plus qu'un représentant du nom, qui réside au château de Rosulien, près Quimper (Finistère), mais il a deux fils.

**TROMELIN.** *Bretagne.*

D'argent, à deux fasces de sable.

Cette famille est représentée par le comte de Tromelin, commandeur de la Légion d'honneur, ancien député, à Paris.

**TRON DE BOUCHONY.** *Provence.*

D'argent, à un faucon de sable, perché sur un écot du même, posé en fasce.

Cette famille a deux représentants : Tron de Bouchony, au château de Bouchony, par Avignon, département de Vaucluse ; Auguste Tron de Bouchony, attaché à l'administration des lignes télégraphiques, à Lyon.

**TRONÇON DU MERSAN.** *France.*

D'argent, au chevron de gueules, accompagné de trois roses du même, tigées et pointées d'azur.

Tronçon du Mersan, unique représentant du nom, réside au château de Brou, par Sainte-Maure-de-Touraine, département d'Indre-et-Loire.

**TROTIGNON DE MONTENAY.** *Touraine.*

D'or, au sanglier de sable, bandé d'argent, passant de fasce et accompagné de six glands de sinople, leurs bonnets de gueules, trois rangés en chef et trois en pointe.

Cette famille a deux représentants : Louis-Raymond Trotignon de Montenay, à Romorantin; André-Jacques-Isaac Trotignon de Montenay du Minhy.

**TROUSSEL DE MIREBEAU.** *France.*

D'argent, à la croix pattée et fleurdelisée de gueules.

L'unique représentant du nom, Troussel de Mirebeau, réside à Paris.

**TRUCHI** ou **TRUCHIS**. *Bourgogne.*

D'azur, au pin ou palmier d'or soutenu de deux lions affrontés du même. Couronne : de comte. Cimier : un lion d'or tenant de la patte dextre une épée du même.

Devise : *Virtute et viribus.*

Truchi, en Bourgogne, ou Truchis, suivant les traductions et titres nobiliaires français, est une famille illustre du Piémont, établie en France sous Henri IV.

Elle a trois représentants : le comte de Truchi de Varennes, chef de nom et d'armes, au château de Varennes, par Pierre, département de Saône-et-Loire ; le vicomte et le baron de Truchi, au château d'Ordon, par Saint-Julien-du-Sault, département de l'Yonne ; le comte et le vicomte de Truchis de Lays, au château de Lays, par Pierre, département de Saône-et-Loire.

**TRUELLE DE SAINT-ÉVRON.** *Rouen.*

D'argent, à une croix ancrée de sable.

L'unique représentant du nom, Truelle de Saint-Évron, réside à Paris.

**TRYON.** *Périgord, Quercy, Angoumois, Poitou.*

D'or, à deux bandes de gueules, accompagnées en chef d'une croisette ancrée de gueules.

Le comte de Tryon, commandeur de la Légion d'honneur, unique représentant du nom, est colonel au 41$^e$ de ligne.

**TUAL DU MOTTAY.** *Bretagne.*

D'azur, à une fasce d'or accompagnée de trois épis de froment du même.

Éteinte dans les mâles, cette famille n'est plus représentée que par M$^{lle}$ Tual du Mottay, à Rennes.

**TUAULT.** *Picardie, Bretagne.*

D'azur, au lion d'or, surmonté d'un croissant d'argent.

Cette famille a deux représentants : de Tuault, directeur des transmissions des lignes télégraphiques, à Alger; de Tuault, avoué, à Lorient, département du Morbihan.

**TUCÉ.** *Touraine, Maine.*

De sable, à quatre jumelles d'argent.

L'unique représentant du nom, de Tucé, officier de la Légion d'honneur, est lieutenant-colonel au 12$^e$ régiment de chasseurs.

**TUDERT.** *Touraine.*

D'or, à deux losanges d'azur; au chef du même chargé de trois besants d'or.

L'unique représentant du nom, Louis-François-Aymar de Tudert, réside à Poitiers, département de la Vienne. Il a deux fils, Charles-Marie-Georges et Albert-Marie-Lionel.

**TULLAYE** (DE LA). *Bretagne.*

D'or, au lion rampant de gueules.

Une branche écartèle aux 1 et 2 comme Tullaye, ci-dessus; aux 3 et 4 de sable, à six rocs d'échiquier d'argent posés 3, 2 et 1 qui sont de Racapé.

Cette famille ancienne a plusieurs représentants dont les principaux sont : Augustin-Jules, marquis de la Tullaye, au château de Maynonne, par Château-Gontier, département de la Mayenne; le baron de la Tullaye, au château d'Athis, par Châlons, département de la Marne; de la Tullaye, au château de la Jaroussais, par Janzé, département d'Ille-et-Vilaine ; de la Tullaye Henri, au château du Plessis-Tisen, par Nantes, Seine-Inférieure ; de la Tullaye Louis-Salomon, etc., au château de la Lignardière, Nogent-le-Rotrou (Eure-et-Loir).

**TULLE.** *Comtat-Venaissin, Bourgogne.*

D'argent, au pal de gueules, chargé de trois papillons du champ miraillés d'azur.

Cette famille a six représentants : le marquis de Tulle de Villefranche, à Paris ; de Tulle de Villefranche, au château de Thenissey, par Flavigny, département de la Côte-d'Or ; de Tulle de Villefranche, au château de Montjay, par Orsay, département de Seine-et-Oise ; Albert de Tulle, officier de marine ; de Tulle, au château de Montgercé, par Tulle, département de la Corrèze ; de Tulle de Montbouche, notaire à Moulins, département de l'Allier.

**TULLY** (Friencourt de). *Picardie.*

D'argent, au chevron de gueules, accompagné en chef et en pointe de six billettes de sable posées 2, 1 et 1, 2, les trois billettes du chef sénestrées de trois tourteaux de gueules, placés de même que les billettes, 2 et 1.

Friencourt de Tully, unique représentant du nom, réside à Paris.

**TUOLLAY** (de la). *Bretagne.*

D'azur, à une main dextre appaumée d'or en pal ; au chef du même chargé d'une plante de fougère de sinople.

Cette famille est représentée par Louis de la Tuollay, au château de la Chauvrais, par Romillé, département d'Ille-et-Vilaine, et par Victor de la Tuollay, capitaine d'état-major.

**TUPIGNY.** *Soissons.*

De gueules à trois trèfles d'argent posés 2 et 1.

Seigneurs de Tupigny en 1150, cette famille, en 1150, portait le nom de Dreux de Tupigny. Tupigny est un village de l'ancienne Thiérache, situé sur le Noirieu, canton de Wassignies, département de l'Aisne.

Il ne reste de cette famille que deux représentants : de Tupigny de Bouffé, l'aîné, réside au château d'Orgeval, département de Seine-et-Oise ; le cadet, de Tupigny, officier de cavalerie sous la Restauration, réside au château de Beaubourg, département de Seine-et-Marne.

Le comte de Ferrières, marquis de Sauvebœuf, a épousé, en 1868, l'aînée des filles de M. de Tupigny de Bouffé.

**TURENNE D'AYNAC.** *Quercy.*

Coticé d'or et de gueules de dix pièces.

Le chef de nom et d'armes de cette ancienne famille, marquis de Turenne d'Aynac, chevalier de la Légion d'honneur, réside à Paris. Il a trois fils : le comte Guy de Turenne d'Aynac, chevalier de la Légion d'honneur, ancien lieutenant de vaisseau ; le comte Paul de Turenne d'Aynac, chevalier du Lion néerlandais, secrétaire d'ambassade ; le comte Louis de Turenne d'Aynac, ancien sous-lieutenant aux guides. Il a une fille, Albertine-Suzanne. Il a aussi un frère, le comte de Turenne d'Aynac, chevalier de la Légion d'honneur, ancien capitaine, qui a sa résidence à Paris. Ce dernier a un fils et une fille : le comte Éléonor de Turenne d'Aynac ; Marie de Turenne d'Aynac.

**TURGOT.** *Normandie, Ile-de-France.*

D'hermines, treillissé de gueules de dix pièces.

Le marquis de Turgot, grand-croix de la Légion d'honneur, ancien pair de France et ancien sénateur, unique représentant du nom, réside à Paris.

**TURMEL.** *Bretagne.*

D'or, à une tour échiquetée d'azur et d'hermines, accompagnée de huit abeilles de pourpre rangées en orle.

Cette famille a deux représentants : de Turmel, ancien conseiller de cour impériale, à Metz ; l'abbé de Turmel, aumônier à Metz.

**TURODIN.** *Paris.*

D'azur, au chevron d'or, accompagné en chef de deux étoiles du même et en pointe d'un chêne d'argent.

L'unique représentant du nom, de Turodin, est attaché à une administration publique, à Paris.

**TURPIN DE JOUHÉ.** *Angoumois.*

D'azur, à trois besants d'or.

Cette famille a trois représentants : le comte Turpin de Jouhé, chef de nom et d'armes, au château de Meung, par Saint-Porchaire, département de la Charente-Inférieure ; le baron Turpin de Jouhé, à Versailles ; l'abbé Turpin de Jouhé, curé à la Rochelle, département de la Charente-Inférieure.

**TURPIN DE CRISSÉ ET DE SANSAY.** *Poitou, Bretagne, Touraine.*

Losangé d'argent et de gueules.

Connue du temps de Charlemagne, établie en Anjou depuis le XIII$^e$ siècle, cette famille qui remonte par titres à Guillaume Turpin, chevalier, vivant en 1199, a deux représentants : Turpin de Crissé, au château de

la Rivière, par Condé, département de Maine-et-Loire ;
de Turpin de Sansay, homme de lettres, à Paris.

**TUSSEAU.** *Poitou, Touraine.*

D'argent, à trois croissants de gueules posés 2 et 1.

Cette famille a deux représentants : Charles-Calixte de Tusseau, au château de Moiré, par Airvault, département des Deux-Sèvres ; Charles-Xavier-Eusèbe de Tusséau, qui a deux fils et une fille.

**TWENT DE ROSEMBOURG.** *France.*

Écartelé : au 1 de sinople, à trois vaches d'or, deux en chef, matées, et une en pointe, couchée ; au 2 d'argent, à la fasce de gueules surmontée de deux croissants du même ; au 3 d'argent, à deux pals de gueules, celui à dextre chargé de deux quintefeuilles, celui à sénestre d'une tour, le tout d'argent ; au franc-quartier de comte, ancien ministre, qui est échiqueté d'azur et d'or ; à la bordure engrêlée de sable.

L'unique représentant du nom, Twent de Rosembourg, vit éloigné de toute fonction publique, à Tours.

# U

**UDRESSIER.** *Franche-Comté.*

D'argent, à deux rameaux entrelacés de sinople, chargés de fruits de pourpre.

La comtesse d'Udressier est l'unique représentant du nom. Elle réside au château de Parroy, par Quingey, département du Doubs.

**URRE.** *Rouergue, Dauphiné.*

D'argent, à la bande de gueules, chargée en chef d'une autre bande d'argent.

Le marquis d'Urre, unique représentant du nom, réside au château de Christin, par Sommière, département du Gard.

**URSEL** (Schet d'). *Brabant, Ile-de-France.*

De gueules, au chef d'argent, chargé de trois merlettes du champ.

Cette famille, dont le chef de nom et d'armes, le duc d'Ursel, est sénateur en Belgique, est représentée en France par le comte Schet d'Ursel, à Paris.

**URTUBIE.** *Pays basque.*

D'argent, à trois fasces de gueules, accompagnées de neuf loups passants du même.

Cette famille, qui emprunte son nom à un château et à une forteresse au pays de Labour, situés dans la paroisse de Saint-Vincent-d'Orogne, diocèse de Bayonne, qui a eu ses seigneurs particuliers depuis le $XI^e$ siècle, est représentée par le baron Armand d'Urtubie, à Bayonne, département des Basses-Pyrénées.

**USSEL.** *Limousin, Marche.*

D'azur, à la porte d'or, la serrure et les bris d'huis de sable, et trois étoiles, deux en chef, une en pointe.

Cette famille a trois représentants : le comte d'Ussel, au château de Moulins, par Crocq, département de la Creuse ; le comte d'Ussel, chevalier de la Légion d'honneur, ancien directeur de l'école ferme des Plaines, par Neuvic, département de la Corrèze ; le marquis d'Ussel, à Paris.

**USTOU.** *Guyenne, Languedoc.*

D'or, au taureau furieux de sable.

Des plus anciennes de la Guyenne, cette famille qui a donné ou emprunté son nom à la vallée d'Ustou, dans les Pyrénées, est représentée par d'Ustou, au château de Mirabel, par Lavaur, département du Tarn.

# V

**VAAST D'HENDRECOURT.** *Picardie.*

D'azur, au chevron d'or, chargé à la pointe d'un annelet de gueules.

Cette famille a trois représentants : le comte Vaast d'Hendrecourt, à Paris ; Vaast d'Hendrecourt, au château de Ronqueux, par Dourdan, département de Seine-et-Oise ; Vaast d'Hendrecourt, au château de Souchez, par Vimy, département du Pas-de-Calais

**VACHER DE SAINT-GÉRAN.** *Poitou.*

D'azur, au chevron d'or, accompagné de trois croissants d'argent, posés 2 et 1.

Cette famille, qui a de belles alliances, est représentée par de Vacher de Saint-Géran, à Paris. Il a trois fils et une fille.

**VACHER DE MONTGUYON.** *Provence.*

D'or, à la vache de gueules, colletée d'argent.

L'unique représentant du nom, Vacher de Montguyon, est inspecteur des contributions indirectes à Aix, département des Bouches-du-Rhône.

**VACHER D'URCLÉ (LE).** *Anjou, Cambraisis.*

D'or, à trois têtes de vaches de gueules, posées de front, 2 et 1.

Le Vacher d'Urclé, unique représentant du nom, est maire à Breteuil, département de l'Eure.

**VACHIERI DE CHATEAUNEUF.** *Italie.*

Écartelé : au 1 d'azur, à l'aigle éployée à deux têtes d'argent, couronnée de sable ; au 2 d'azur, au sénestrochère d'or, armé d'une épée du même ; au 3 d'or, à trois vaches passantes de sable, superposées en pal ; au 4 de sable, au lion d'or ; sur le tout de gueules, au casque taré de profil et grillé d'or.

Cette famille, qui a donné Dominique Vachieri, baron de Châteauneuf, docteur et juge mage de Sospel, en 1497, est représentée par Vachieri de Châteauneuf, chevalier du Saint-Empire romain, à Sospel, département des Alpes-Maritimes.

**VACHON.** *Dauphiné.*

De sable, à la vache d'or.

Cette famille a quatre représentants : le baron Henri de Vachon ; Hector de Vachon, chevalier de la Légion d'honneur ; Marius de Vachon, conseiller municipal, à Coléah, Algérie ; Vachon de Lestrac, au château de Rieux, par Annonay, département de l'Ardèche.

**VACQUIER.** *Montpellier, Montauban.*

D'azur, à une aigle d'argent et un chef d'or.

Cette famille a trois représentants : de Vacquier, au château de Brucelles, par Villeneuve-sur-Tarn, département de la Haute-Garonne; de Vacquier, à Toulouse; de Vacquier-Simon, directeur des transmissions des lignes télégraphiques, à Toulouse.

**VADICOURT** (Le Febvre de). *Picardie, Lorraine.*

D'argent, au chevron de gueules, accompagné en chef de deux aigles de sable, becquées et membrées de gueules et en pointe d'un arbre de sinople.

Le Febvre de Vadicourt, unique représentant du nom, réside au château de Frauleu, par Valines, département de la Somme.

**VAILLANT DE GUELIS.** *Orléanais.*

D'azur, à l'ancre d'or, accompagné en chef de deux étoiles du même.

Cette famille est représentée par Vaillant de Guelis, à Herry, département du Cher.

**VAILLANT DE CHAUDENAY.** *Touraine.*

D'azur, à une fasce fuselée d'argent de quatre pièces et deux demies.

L'unique représentant du nom, Benjamin Vaillant de Chaudenay, réside au château de Chaudenay, près Châtillon, département de l'Indre.

**VAILLANT DE JOLLAIN.** *Bourgogne, Flandre.*

Écartelé: aux 1 et 4 de gueules, au soleil d'or rayonnant, qui est de Vaillant ancien ; aux 2 et 3 d'argent, à deux lions adossés de gueules, armés et lampassés d'azur, les queues entrelacées, qui est de Jollain.

Ancienne et illustre, originaire de Bourgogne, établie

dans les Flandres, cette maison, qui remonte à Gilliart, premier du nom, seigneur de Lambermont, qui se croisa en 1209 contre les Albigeois, est représentée par Alexandre Vaillant de Jollain, à son château, près Bersés, département du Nord, qui a un fils, Ferdinand Vaillant de Jollain.

**VAILLANT** (le). *Normandie.*

D'azur, à un hareng d'argent ; au chef d'or.— D'azur, au dextrochère mouvant d'une nuée d'argent, tenant une épée en pal du second, garnie d'or.

Sous le nom générique de Vaillant, on retrouve encore quatre représentants : le Vaillant de Folleviville, au château de Clienville, par Saint-Sauveur-le-Vicomte, département de la Manche ; le Vaillant de Folleviville, au château de Lorleau, par Lyons-la-Forêt, département de l'Eure ; le Vaillant de Charny, maire à Moréflaines, par les Thilliers, même département ; le Vaillant de Monchy, au château de Ferlimont, par Rumigny, département des Ardennes.

**VAILLANT DE BRUSLE** (le). *Normandie, Picardie.*

De sable à trois têtes de mort de cimetière.

Devise : *Fortis et mors.*

Originaire de Normandie, la famille des gentilshommes de Le Vaillant s'est retirée depuis longtemps en Hollande, sauf une branche dont les chefs, pendant quatre générations, ont été au bailliage de Péronne et portaient le titre de comte. Cette branche a pour chef de nom et d'armes Le Vaillant de Brusle, maire de Fresne, département de la Somme, à son château de Fresnes, par Chaulnes.

**VAISSE DE ROQUEBRUNE.** *Toulouse.*

D'argent, à trois aigles éployées de sable, posées 1 et 2, accompagnées de trois mouchetures du même, posées 2 et 1.

L'unique représentant du nom, Vaisse de Roquebrune, officier de la Légion d'honneur, est colonel au 35e régiment d'infanterie.

**VAISSIÈRE (DE LA).** *Rouergue, Ile-de-France.*

D'azur, au coudrier d'or, à la bande de gueules brochante.

De la Vayssière de la Vergne, brisé d'un chef cousu de gueules, chargé de trois molettes d'argent.

Gaspard de la Vaissière, écuyer, seigneur de Mas, le plus ancien du nom prouvé par titres, passa une transaction en 1503. Sa descendance a sept représentants : le vicomte Casimir de la Veyssière de la Vergne, chevalier de la Légion d'honneur, membre du conseil général du Puy-de-Dôme, à Volvic, par Riom ; de la Vaissière de la Vergne, au château de Saint-Léger, par Montclar, département de Lot-et-Garonne ; de la Vayssière de la Vergne, receveur à Constantine, Algérie ; de la Vayssière de la Vergne, au château de Chastelet, par Saignes, département du Cantal ; Jean-Maurice de la Vaissière de Saint-Martin, chevalier de Saint-Louis, de la Légion d'honneur et de Saint-Ferdinand d'Espagne, ancien officier supérieur, à la côte d'Ingouville, au Havre ; Marie-Étienne-Aimé la Vaissière de Saint-Martin, maire de Cluis, au château de Puy-d'Auzon, département de l'Indre ; Charles-Alphonse de la Vaissière de Saint-Martin, au château de Dizier, département de Loir-et-Cher.

**VAL DE BONNEVAL** (du). *France.*

De gueules, à la fasce vivrée d'argent.

L'unique représentant du nom, Guy-Paul, comte du Val de Bonneval, réside à Paris.

**VAL D'ESPREMÉNIL** (du). *Normandie.*

Écartelé : aux 1 et 4 d'azur, à la bande écotée d'or, accompagnée en chef d'un vase à deux anses rempli de fleurs, et en pointe d'un lionceau, le tout du même ; aux 2 et 3 d'argent, à la fasce de gueules, accompagnée de trois rocs d'échiquier de sable, deux en chef et un en pointe.

Cette famille a trois représentants : Jacques-Louis-Raoul du Val, comte d'Espreménil, chevalier de la Légion d'honneur, conseiller général du département de l'Eure ; Louis-Roger du Val, comte du Manoir ; Michel-Ange du Val, vicomte du Manoir.

**VAL DE L'ESCAUDE** (du). *Normandie.*

De gueules, à la croix denchée d'or.

L'unique représentant du nom, du Val de l'Escaude, réside au château d'Ouville, à Yerville, département de la Seine-Inférieure.

**VALADA.** *Toulouse.*

Palé de gueules, d'or, d'azur, d'or et de gueules.

L'unique représentant du nom, de Valada, réside à Rialville, par Caussade, département de Tarn-et-Garonne.

**VALANGLARD** (le Roy de). *Picardie.*

Coupé d'or et d'hermines, à la fasce de sinople brochante ; l'or chargé d'un lion léopardé de gueules.

Cette famille a quatre représentants : le marquis le

Roy de Valanglard, à Paris ; le comte le Roy de Valanglard, au château les Guès, par Ouzouer-sur-Loire, département du Loiret ; le Roy de Valanglard, au château de Sailly-le-Sec, par Nouvion, département de la Somme ; le Roy de Valanglard, au château de Garenne, par Titre, même département.

**VALBRUNE.** *Périgord.*

D'azur, à une bande d'argent, chargée d'une fleur de lis du champ, accompagnée de neuf étoiles d'or rangées en orle.

Cette famille a deux représentants : de Valbrune, docteur en médecine, à Saint-Astier, département de la Dordogne, ancien secrétaire et vice-président du conseil d'arrondissement de Périgueux, etc. ; Jean-Baptiste Ivan de Valbrune, au château de Labalut, par Saint-Astier.

**VALENCE.** *Paris.*

D'argent, au lion de sable accompagné de trois trèfles du même, deux en chef et un en pointe.

Le comte de Valence, unique représentant du nom, réside à Paris.

**VALENTIN.** *Dombes.*

Coupé d'or et de gueules, à cinq besants posés de l'un en l'autre.

Cette famille a deux représentants : le baron Victor-Auguste Valentin du Plantier, attaché au ministère de l'intérieur, à Paris ; Johannès-Ehrard Valentin-Smith, officier de la Légion d'honneur, conseiller honoraire à la cour d'appel de Paris, officier de l'instruction publique. Il réside à Trévoux, département de l'Ain.

**VALENTIN DE BOISSIÈRE.** *Angoumois, Poitou.*

D'argent, à une croix d'azur, chargée d'une croix d'or sur le milieu, et de quatre étoiles du même, à six rais, posées une à chaque extrémité de la croix.

Cette famille a pour unique représentant Valentin de Boissière, au château de Certes, par Audeuge, département de la Gironde.

**VALERNES** (Bernardi de). *Provence.*

D'or, à trois fasces de gueules ; à la bordure componée d'or et de gueules de dix pièces.

L'unique représentant du nom, Evariste Bernardi de Valernes, est peintre-artiste, à Paris.

**VALÉRI DE SIRIAQUE.** *Champagne.*

De gueules, à la croix d'or.

Valéri de Siriaque, officier de la Légion d'honneur, unique représentant du nom, ancien colonel d'état-major, réside à Paris.

**VALETTE** (de la). *Normandie, Bretagne, Languedoc, Périgord, Quercy, Rouergue, Toulousain.*

Normandie, Bretagne. D'argent, à trois lions de gueules.

Languedoc. De gueules, à la croix potencée d'argent.

Périgord, Quercy, Rouergue. De gueules, au coq d'argent, ayant la patte levée.

Toulousain. Écartelé : aux 1 et 4 d'azur, à la croix alésée d'argent ; au chef cousu de gueules, chargé d'une rose d'or ; aux 2 et 3 d'azur, à la bande d'or, chargée de trois croisettes de gueules ; au lion d'or issant de la bande.

Le nom de la Valette, en noblesse, a dix représentants :

le marquis de la Valette, grand cordon de la Légion d'honneur, ancien sénateur, à Paris ; le comte de la Valette, à Paris ; le comte Adrien de la Valette, à Paris ; de la Valette, à Paris ; de la Valette, officier de la Légion d'honneur, sous-intendant militaire, à Paris; de la Valette, au château de la Grée, par Rouge, département de la Loire-Inférieure ; de la Valette, à Rennes ; de la Valette, à Annonay, département de l'Ardèche ; de la Valette, avocat à Castres, département du Tarn ; de la Valette, maire à Villers-Charlemagne, par Château-Gontier, département de la Mayenne.

**VALFONS** (Mathei de). *Languedoc.*

De gueules, à trois merlettes d'argent.

Casimir, marquis de Mathei de Valfons, unique représentant du nom, réside à Nîmes.

**VALFRAY DE HAULME.** *Lyonnais.*

D'argent, au triangle d'azur, chargé d'un soleil d'or.

L'unique représentant du nom, Valfray de Haulme, réside à Paris.

**VALICOURT** (Alias de Vallicourt). *Flandre.*

Armes anciennes. D'azur, à un franc canton d'hermine.

Armes modernes. D'azur, à un lis tigé et feuillé d'argent, sur une terrasse du même, accosté en pointe de deux lièvres courant, aussi d'argent, et un franc-quartier d'hermine. (D'Hozier, brevet du 29 septembre 1697.)

Famille originaire du Hainaut, passée dans l'Orléanais en 1486, revenue en Flandre et en Artois vers 1645. Filiation établie par généalogie authentique jusqu'en 1237.

Sa branche aînée, dite de Bécourt, a quatre représentants : Augustin-Marie-Edmond de Valicourt, chevalier des SS. Maurice et Lazare, demeurant au château de Bécourt (Somme). Il a trois enfants : Augustin-Marie-Léon de Valicourt, inspecteur des forêts, à Ecommoy (Sarthe) ; Alfred-Alexandre de Valicourt, avocat à Dieppe ; Aglaé-Berthe, religieuse de Saint-Vincent de Paul, à Amiens.

La branche cadette, dite de Sérauvillers, a plusieurs représentants : Ernest de Valicourt, ancien sous-préfet à Montmorillon, aîné de la branche cadette, sans alliance ; André-Martin de Valicourt, demeurant à Sérauvillers. Il a dix enfants, savoir : André-François-Joseph, chevalier de la Légion d'honneur, officier supérieur de cuirassiers en retraite, demeurant à Douai; Joseph, demeurant au château de Mézières (Pas-de-Calais) ; François, vérificateur des douanes, à Paris-Vaugirard ; Thérèse-Célestine ; Pauline-Françoise ; Emmanuel-Amédée, demeurant en Russie ; Alexandre-Marie, décédé ; Isabelle-Marie ; Edmond, maire de Sérauvillers, sa résidence ; Charles-Aimé, décédé.

**VALIN.** *Dauphiné.*

De gueules, à la bande componée d'argent et d'azur.

L'unique représentant du nom, de Valin, sans fonctions et sans titre, réside à Tours.

**VALLAT.** *Montpellier, Montauban.*

D'hermines, à une tour de gueules, ajourée et ouverte d'or.

Le vicomte de Vallat, commandeur de la Légion d'honneur, unique représentant du nom, est consul général de France à Barcelone, Espagne.

**VALLÉE.** *Ile-de-France.*

D'azur, au pal d'argent, accosté de deux aigles d'or.

Cette famille a deux représentants : Oscar de Vallée, chevalier de la Légion d'honneur, premier avocat général près la cour d'appel, à Paris; de Vallée, professeur à l'École de Saint-Cyr, à Paris.

**VALLÉE.** *Saintonge. Pays d'Aunis.*

De sable, au lion d'or, couronné d'argent.

L'unique représentant de ce nom, de Vallée, réside au château de Gibaud, par Pons, département de la Charente-Inférieure.

**VALLÉE.** *Normandie, Bretagne, Normandie.*

Normandie. D'argent, à deux molettes de sable en chef et une hure de sanglier du même en pointe, défendue et allumée du champ. — D'azur, à trois croissants d'or, posés 2 et 1.

Bretagne, Normandie. De gueules, à trois boucles d'argent, posées 2 et 1, et surmontées d'un lambel à trois pendants du même.

Vallée, en Bretagne et en Normandie, est représenté par Vallée du Châtelet, au château de Watteville, par Hesdin, département du Pas-de-Calais.

**VALLÉE (DE LA).** *Maine.*

De gueules, à trois lions d'hermines couronnés et lampassés d'or.

L'unique représentant du nom, de la Vallée, réside au Mans, département de la Sarthe.

**VALLÉE DE HAUTMESNIL.** *Normandie, Touraine.*

De sable, à trois faisceaux de trois poignards chacun d'argent, les pointes en bas se rencontrant.

Cette famille a trois représentants : Philippe Vallée, à la Chassetière, département du Cher, a un fils et une fille; Vallée de Mellony, au château de Venet, par Graçay, département de l'Indre ; Vallée de Prémare, juge de paix, à Bayeux, département du Calvados.

**VALLERAND DE LA FOSSE.** *Normandie.*

D'azur, à la bande d'hermines, accompagnée de deux lions d'or, un en chef, l'autre en pointe.

L'unique représentant du nom, Vallerand de la Fosse, conseiller référendaire à la cour des comptes, a son domicile d'été au château de Bricot-la-Ville, département de la Marne, et son domicile d'hiver, à Paris.

**VALLES.** *Normandie.*

De gueules, à la fasce échiquetée d'or et d'azur de trois tires, accompagnée de trois têtes d'aigle arrachées d'or, deux en chef, une en pointe, celles du chef affrontées.

Cette famille est représentée par : de Valles de Montjay, à Rennes, département d'Ille-et-Vilaine.

**VALLETEAU DE CHABREFI DE VALMER.** *Touraine.*

Parti : au 1 d'argent, à l'aigle au vol abaissé de sable ; au 2 d'argent, à trois monts mal ordonnés de sable, chacun des trois coupeaux posés en pyramide, le premier sommé d'un coq au naturel.

Le chef du nom et des armes de cette famille, baron de Valleteau de Chabrefi de Valmer, a sa résidence d'été au château de Valmer, département d'Indre-et-Loire, et sa résidence d'hiver à Paris. Il a un fils et deux filles.

**VALLETON.** *Montpellier, Montauban.*

Tiercé en fasce : au 1 d'azur, à une croix d'or ; au 2 de gueules, à trois coquilles d'argent; au 3 d'azur, à un pélican d'or.

Cette famille est représentée par de Valleton de Garaube, au château de Garaube, par Lalinde, département de la Dordogne.

**VALLETON.** *Normandie, Bretagne, Vivarais.*

D'azur, à la fasce cousue de gueules, chargée de trois coquilles d'argent, accompagnée en chef d'une croisette d'or et en pointe d'un pélican dans sa piété, aussi d'or.

Devise : *Franc et loyal.*

Originaire d'Angleterre, établie au xiv$^e$ siècle, en Normandie, cette famille a pour chef de nom et d'armes Auguste-Edmond, comte de Valleton. Il a un fils François-Raoult, vicomte de Valleton, au château de Caisergue, par Saint-Bauzille-en-Pictois.

**VALLETTE** (DE LA). *Touraine.*

D'azur, à la fasce d'or, accompagnée de trois étoiles du même rangées en chef.

Cette famille a pour unique représentant Octave de la Vallette, à Tours, département d'Indre-et-Loire.

**VALLIER.** *Dauphiné.*

D'or, au chevron d'azur abaissé sous une fasce du même ; au chef denché aussi d'azur.

Cette famille a trois représentants : le comte de Vallier, au château de Bouvesse, par Morestel, département de l'Isère ; de Vallier, au château de Cuireau, par la Tour-du-Pin, même département ; de Vallier, à Lyon.

**VALLIN DE SAINT-DIDIER.** *Ile-de-France, Dauphiné.*

De gueules, à la bande componée d'argent et d'azur de six pièces.

Le baron Vallin de Saint-Didier, chevalier de la Légion d'honneur, unique représentant du nom, ancien juge, réside à Paris.

**VALLOIS.** *Maine.*

De gueules, au chevron d'argent, accompagné de trois croissants du même.

Le comte de Vallois, unique représentant du nom, réside au château de Petit-Perray, par Vaas, département de la Sarthe.

**VALLON.** *Picardie.*

D'argent, à la bande de sinople, chargée de trois pommes d'or.

Vallon, en Picardie, a deux représentants : le comte de Vallon, au château de Bellefontaine, par Lorez-le-Bocage, département de Seine-et-Marne ; le comte de Vallon, au château de Haucourt, par Forges-les-Eaux, département de la Seine-Inférieure.

**VALLON DE VILLENEUVE.** *Orléans.*

De gueules, à une molette d'or.

Cette famille a pour unique représentant Vallon de Villeneuve, sans fonctions et sans titre, à Paris.

**VALLONS.** *Lyonnais.*

De gueules, à l'hermine d'argent colletée d'un manteau de Bretagne ; au chef cousu d'azur chargé de trois étoiles d'or.

L'unique représentant du nom, de Vallons, vit éloigné de toute fonction publique, à Lyon.

**VALMY** (Kellermann de). *Alsace.*

Coupé : au 1 de gueules, au croissant versé d'argent ; au 2 d'argent, à trois pointes de rocher de sinople, surmontées chacune d'une étoile de gueules ; au chef de l'écu de gueules semé d'étoiles d'argent.

Originaire de Strasbourg, issue de Jean-Christophe Kellermann, prévôt des marchands en 1700, cette famille doit son illustration à François-Christophe Kellermann, maréchal de France en 1804, duc de Valmy, en 1807, pair de France en 1814, mort en 1820. Son fils, le duc de Valmy, lieutenant-général, mort en 1835, fut père du chef actuel, François-Christophe-Edmond Kellermann, duc de Valmy, officier de la Légion d'honneur, à Paris, qui n'a qu'une fille mariée.

**VALON.** *Limousin, Quercy, Auvergne.*

Écartelé d'or et de gueules.

Cette famille a trois représentants : Charles de Valon, comte d'Ambrugeac, qui a sa résidence d'été au château de Nogentel, par Courgivaux, département de la Marne, et sa résidence d'hiver à Paris ; Louis-Alexis-Léon, comte de Vallon, au château de Rosay, par Lyons, département de l'Eure, et au château de Saint-Priest, par Tulle, département de la Corrèze ; de Vallon, à Cahors, Lamastonie, Catus et Vaillhac, département du Lot.

**VALORI** ou **VALORY.** *France.*

Écartelé : aux 1 et 4 de sable, à une aigle d'argent ; aux 2 et 3 d'or, au laurier arraché de sinople ; au chef de gueules.

Cette famille a quatre représentants : le marquis de Valori-Rustichelli, à Paris ; le comte Henri de Valori, au château de Château-Renard, département des Bouches-du-Rhône; René, comte de Valori, à Caen, département du Calvados; Louis, comte de Valori, à Saint-André-sur-Cailly, département de la Seine-Inférieure.

**VAN CAPPEL DE PRÉMONT.** *Flandre.*
D'hermines, à la fasce de gueules.

Cette famille a trois représentants : Charles Van Cappel de Prémont, chef de nom et d'armes, au château d'Humières, département du Pas-de-Calais. Il a trois fils : Anatole Van Cappel de Prémont, au château de Monthuy, par Montreuil-sur-Mer, même département, qui a deux fils et une fille; Alfred Van Cappel de Prémont, au château de Villiers-Guislain, par Gouzeaucourt, département du Nord, qui a trois filles.

**VANDÈGRE.** *Auvergne.*
D'azur, au lion d'or, couronné du même et lampassé de gueules.

Deux représentants : marquis de Vandègre, au château de Villemont, par Aigueperse, département du Puy-de-Dôme; de Vandègre, au château de Senezergues, par Montsalvy, département du Cantal.

**VAN DER HELLE.** *Flandre.*
D'azur, à la bande d'or, accompagnée de deux roses du même.

L'unique représentant du nom, Van der Helle, réside à Lille, département du Nord.

**VANDIÈRE.** *Lorraine.*
D'azur, à la fasce accompagnée en chef de trois étoiles rangées et en pointe de trois annelets rangés, le tout d'or.

Cette famille a pour représentant de Vandière, maire à Saint-Félix, par Mareuil, département de la Dordogne.

**VANEL DE LISLEROY.** *France.*

D'argent, au chêne terrassé de sinople.

Deux représentants : Auguste, baron de Vanel de Lisleroy, chevalier de la Légion d'honneur, à Pont-Saint-Esprit, département du Gard ; Louis de Vanel de Lisleroy, au château de Larnas, par Bourg-Saint-Andéol, département de l'Ardèche.

**VANEMBRAS.** *Normandie.*

D'argent, au chevron de gueules, accompagné de trois feuilles de chêne de sinople.

Ulric de Vanembras, chef de nom et d'armes, réside au château du Tertre, par Langannerie, département du Calvados.

**VAN GERMEZ.** *Tournaisis.*

D'azur, à l'épée d'argent garnie d'or, posée en fasce, la pointe à sénestre, accompagnée de trois étoiles d'or.

Éteinte dans les mâles, cette famille n'est plus représentée que par la baronne douairière de Van Germez, à Paris.

**VANIER DES VAUVIERS** (le). *Normandie.*

D'argent, au chevron de sable, accompagné de trois merlettes de gueules.

L'unique représentant du nom, le Vanier des Vauviers, réside au château de Luctière, par Longny, département de l'Orne.

**VANNOISE** (le Breton de). *Maine.*

D'argent, à trois roses de gueules.

Le Breton de Vannoise, unique représentant du nom, réside au château de Saint-Mars-de-la-Brière, département de la Sarthe.

**VANSSAY.** *Normandie.*

D'azur, à trois besants d'argent, chargés chacun d'une moucheture d'hermine de sable.

Cette famille a douze représentants : Achille, baron et marquis de Vanssay, commandeur de la Légion d'honneur, ancien préfet, au château de la Barre, par Saint-Calais, département de la Sarthe ; le marquis Raymond de Vanssay, au Mans, même département, qui a un fils, Pierre, comte de Vanssay ; le comte Henri de Vanssay, à Versailles ; le comte Auguste de Vanssay, au château de Saint-Denis, près Mortagne, département de l'Orne ; le vicomte Aglibert de Vanssay, au château de la Forgetterie, près Mortagne ; de Vanssay de Blavous, au château de Blavous, par Saint-Denis, même département ; Georges de Vanssay de Blavous, officier d'infanterie de marine ; Fernand de Vanssay de Blavous, capitaine au long cours ; René de Vanssay de Blavous, ancien officier au 2$^e$ régiment de tirailleurs algériens ; Achille de Vanssay, au château de Brotz, département de l'Orne ; Georges de Vanssay, à la Marinière, près Nonancourt, département de l'Eure ; Robert de Vanssay, au ministère des finances, à Paris.

**VANTAUX** (Faulte de). *Limousin.*

D'argent, à l'arbre terrassé de sinople ; au lion léopardé d'or brochant sur le fût de l'arbre.

Cette famille a deux représentants : Faulte de Vantaux, à Saint-Jean-Ligourre, par Pierre-Bouffière, département de la Haute-Vienne ; Faulte de Vantaux, à Versailles.

**VAQUÉ-LIMON.** *Guyenne, Gascogne.*

D'argent, à la vache de gueules, colletée d'or, clarinée de sable.

De Vaqué-Limon, unique représentant du nom, est directeur des transmissions télégraphiques à Toulouse, département de la Haute-Garonne.

**VARADIER.** *Provence.*

D'or, à trois annelets d'azur.

L'unique représentant du nom, marquis de Varadier de Saint-Andéol, réside au château d'Estourmel, par Saint-Andéol, département des Bouches-du-Rhône.

**VARAGES D'ALLEMAGNE.** *Provence.*

D'azur, à deux lions affrontés d'or, soutenant une étoile du même.

Cette famille a pour unique représentant de Varages d'Allemagne, à Aix, département des Bouches-du-Rhône.

**VARAGNE DE BELESTA DE GARDOUCH.** *Languedoc.*

D'azur, à la croix d'or chargée d'une croix de sable.

Le marquis de Varagne de Belesta de Gardouch, unique représentant du nom, réside au château de Bettancourt, par Heiltz-le-Maurupt, département de la Marne.

**VARAIGNES DU BOURG.** *Languedoc.*

D'or, à la croix de sable.

L'unique représentant du nom, baron de Varaignes du Bourg, officier de la Légion d'honneur, ancien préfet du Palais, réside à Paris.

**VARANGE.** *Bourgogne.*

D'or, à quatre bandes d'azur.

Cette famille a pour unique représentant le baron de Varange, au château de Chemilly, par Chablis, département de l'Yonne.

**VARAX.** *Bresse.*

Écartelé de vair et d'azur.

De Varax, unique représentant du nom, réside à Lyon.

**VAREILLES.** *Ile-de-France.*

Burelé d'or et d'azur.

L'unique représentant du nom, de Vareilles, vit éloigné de toute fonction publique, à Lyon.

**VARENNE** (DE LA). *Poitou.*

D'azur, au lion d'or, surmonté de trois étoiles du même rangées en orle, et accompagné en pointe d'une fasce ondée d'argent.

Le dernier hoir mâle du nom, de la Varenne, entré dans les ordres, est chanoine à Valence, département de la Drôme.

**VARENNES.** *Picardie.*

De gueules, à la croix d'or.

Le comte de Varennes, unique représentant du nom, réside à Paris.

**VARENNES.** *Auvergne.*

D'azur, au chevron d'or; au chef cousu de gueules, chargé de trois étoiles d'argent.

Cette famille a pour unique représentant de Varennes, notaire à Issoire, département du Puy-de-Dôme.

**VARENNES.** *Languedoc.*

De sable, à trois bandes d'argent.

De Varennes, en Languedoc, a pour unique représentant de Varennes, médecin à Saint-Julien-Lampon, département de la Dordogne.

**VARENNES.** *Lyonnais, Forez, Beaujolais.*

Losangé d'argent et d'azur.

Distincte des précédentes du même nom, cette famille a deux représentants : de Varennes, au château de Chenevelle, par Buxy, département de Saône-et-Loire ; de Varennes, à Meillonas, département de l'Ain.

**VARÈS.** *Guyenne, Gascogne.*

De gueules, à deux tours sommées de trois donjons d'argent, ajourées, crénelées, maçonnées de sable, reliées entre elles par un pont à deux arches du même, ouvertes du champ ; au chef d'or, chargé de trois tourteaux de gueules.

L'unique représentant du nom, de Varès, réside à Toulouse.

**VAREY.** *Lyonnais.*

D'azur, à trois jumelles d'or posées en bande ; au chef d'argent, chargé de trois merlettes de sable.

Cette famille a quatre représentants : le baron de Varey, chef de nom et d'armes, à Paris ; le baron de Varey, au château de Chevagnes, par Toissey, département de l'Ain ; le baron de Varey, à son château, à Pont-d'Ain, département de l'Ain ; Paul de Varey, à Lyon.

**VARIN.** *Normandie.*

D'or, à trois flammes de gueules ; au chef d'azur

chargé d'un besant du champ, accosté de deux croissants d'argent ; le chef soutenu d'une devise du même.

Cette famille a deux représentants : Varin de la Brunelière, au château de Marcambic, par la Haye-du-Puits, département de la Manche ; Varin de Prèteville, au château de Prèteville, par Honfleur, département du Calvados.

**VASSAL.** *Quercy, Guyenne, Périgord.*

D'azur, à la bande d'argent, remplie de gueules, chargée de trois besants d'or et accompagnée de deux étoiles du même.

Cette famille, autrefois extrêmement nombreuse, compte encore plusieurs représentants appartenant à diverses branches. Nous citerons : le vicomte Étienne de Vassal de Rignac et son fils Baptiste de Vassal de Rignac, au château de Lacoste (Dordogne) ; le comte de Vassal de Sineuil, au château de Sineuil (Dordogne) ; Pierre-Gaston de Vassal de Sineuil et son fils Joseph de Vassal de Sineuil, à Bordeaux ; le baron de Vassal de Cadillac, au château de Cadillac (Gironde) ; le marquis de Vassal de Monviel, à Bordeaux ; le comte de Vassal de Monviel, au château de Monbousquet (Gironde) ; le vicomte de Vassal de Monviel, au château de Monbadon (Gironde) ; le marquis de Vassal de Labarde, prêtre, et le comte de Vassal de Labarde, dans le département de Tarn-et-Garonne ; de Vassal, à la croix Blanche (Lot-et-Garonne).

**VASSAN.** *Champagne, Ile-de-France, Maine.*

D'azur, au chevron d'or accompagné en chef de deux roses d'argent, et en pointe d'une coquille du même.

L'unique représentant du nom, de Vassan, réside à Orléans.

**VASSART.** *France.*

De gueules, au chevron d'or accompagné de trois fleurs de lis d'argent, deux en chef et une en pointe.

Cette famille a quatre représentants : le comte de Vassart d'Hozier, chef de nom et d'armes, à Paris ; le baron de Vassart d'Andernay, à Paris ; le baron de Vassart, officier de la Légion d'honneur, ancien chef d'escadron d'artillerie, ancien conseiller général à Cathenom, département de la Vienne, qui a sa résidence officielle à Paris ; de Vassart, officier de la Légion d'honneur, ancien lieutenant-colonel au 12ᵉ régiment d'artillerie.

**VASSELOT.** *Poitou.*

D'azur, à trois guidons d'argent, la lance d'or, bordée de sable, posée 2 et 1.

Légende : *Hoc signo vinces.*

Descendue de la Grande-Bretagne à Rennes, où une rue porte son nom, établie en Poitou, où elle a possédé pendant plus de six siècles les fiefs d'Annemarie, du Châteigné, de la Chesnaye, de Régné, cette maison qui, avant l'an 1200, quitta ses armes et porta en place trois guidons que le roi lui donna, pour preuve d'une valeur reconnue, les ayant enlevés aux ennemis de l'État, a deux représentants : le marquis de Vasselot de Régné, au château de Régné, par Saint-Maixent, département des Deux-Sèvres, qui a un fils, Ivon ; Médéric, comte de Vasselot de Régné, sous-inspecteur des forêts, à Royan, Charente-Inférieure.

**VASSEUR** (LE). *Touraine, Picardie.*

TOURAINE. D'argent, au lion de gueules, armé, couronné et lampassé d'azur.

Picardie. De sable, à la fasce accompagnée en chef d'un lion naissant, et en pointe de trois croissants, le tout d'argent.

Cette famille a deux représentants : le Vasseur de Pontigny, à Blois, département de Loir-et-Cher ; le Vasseur de Pontigny, avocat, à Paris.

**VASSEUR DE MAZINGHEM (LE).** *Artois.*

D'or, à une rose de gueules, feuillée de sinople.

Cette famille a trois représentants : le Vasseur de Mazinghem, à Hesdin, département du Pas-de-Calais, qui a un fils, Henri, au château de Boyaval, même département ; le Vasseur de Mazinghem, maire de Mazinghem, même département.

**VASSINHAC D'IMÉCOURT.** *Limousin.*

D'azur à la bande d'argent, cousue de sable. Tenants : deux sauvages. Couronne : de marquis.

D'une origine fort ancienne et grandement alliée, cette famille a pour chef de nom et d'armes Charles-Gédéon-Isidore, comte de Vassinhac d'Imécourt, ancien député, ancien pair de France, ancien colonel de la garde, officier de la Légion d'honneur, à Paris. De son mariage avec Albertine-Constance-Philippine-Joséphine de Sainte-Aldegonde, il a deux fils et une fille : Charles-Ferdinand-Philippe, vicomte de Vassinhac d'Imécourt, attaché au ministère des affaires étrangères, à Paris ; Charles-Louis-Xavier, baron de Vassinhac d'Imécourt, conseiller général du département de l'Aisne, qui, de son mariage avec Mlle de Galifet, a un fils et une fille ; Charlotte-Henriette-Louise-Juliette, qui épousa le comte de Béthune-Sully. Il a aussi quatre petits-enfants, trois garçons et une fille, nés du mariage de son second fils décédé et d'Élisabeth-Marie des Moustiers de Merinville.

**VASSOIGNE.** *Saintonge.*

D'or, au lion rampant, armé, lampassé, couronné de sable, accompagné de trois souches d'arbres du même, posées 2 et 1.

Cette famille a cinq représentants : de Vassoigne, au château de Repaire, à Villebois-la-Valette, département de la Charente ; de Vassoigne, au château de la Bréchinie, par Marson, même département ; Élie de Vassoigne, commandeur de la Légion d'honneur, général de brigade d'infanterie de marine ; Pierre de Vassoigne, officier de la Légion d'honneur, colonel commandant le 1er régiment d'artillerie ; de Vassoigne, au château de Boncourt, par Conflans, département de la Moselle.

**VASSY.** *Normandie*

D'argent, à trois tourteaux de sable.

. Connue depuis le commencement du xie siècle, cette maison qui descend de Robert de Vassy, marié avant d'être archevêque de Rouen, est représentée par le comte de Vassy, à Paris.

**VATHAIRE.** *Orléanais.*

D'azur, au chevron d'or, accompagné de trois roses du même.

Cette famille est représentée par douze hoirs mâles mariés, ayant postérité.

**VATRY** (Bourdon de). *France.*

Coupé : au 1 d'or, à la tête de lion d'azur; au 2 d'argent, à l'ancre d'azur, tortillée d'une gumène du même.

Cette famille a deux représentants : le baron Bourdon de Vatry, chevalier de la Légion d'honneur, ancien chef de bataillon, ancien officier d'ordonnance de Napoléon III, à Paris; Bourdon de Vatry, chevalier de la Légion d'honneur, à Paris.

**VAUBAN** (le Prestre). *Nivernais.*

D'azur, au chevron d'or, surmonté d'un croissant d'argent et accompagné de trois trèfles du second.

Jean le Prestre, qualifié Miles, chevalier, dans un traité fait en 1357, est la tige authentique de cette maison qui, sous la dénomination de comté de Vauban, réunit, en août 1725, la terre de Saint-Sernin, en Mâconnais, à celle de Royer, par lettres patentes données à Chantilly, en faveur d'Antoine le Prestre, chevalier, lieutenant général des armées du roi, grand-croix de Saint-Louis, gouverneur des ville et château de Béthune, ingénieur général, célèbre dans l'art de la castramétation, depuis maréchal de France, dont la descendance est encore représentée par le général comte le Prestre de Vauban, commandeur de la Légion d'honneur, à Paris.

**VAUBECOURT.** *France, Lorraine.*

France. De gueules, au chevron d'or.

Lorraine. De gueules, à trois casques d'argent.

L'unique représentant du nom, de Vaubecourt, ancien consul, réside à Paris.

**VAUCELLE.** *Artois et Poitou.*

D'argent, au chef de gueules, chargé de sept billettes d'or placées 4 et 3.

Cette famille a deux représentants : de Vaucelle, au château de Bellière, par Prez-en-Pail, département de la Mayenne; de Vaucelle, à Lignou, par Briouze, département de l'Orne.

**VAUCOCOURT.** *Périgord.*

D'azur, à trois fleurs de lis d'or; au chef cousu de gueules, chargé de trois yeux d'argent.

L'unique représentant du nom, de Vaucocourt, réside au château de Puydemeaux, à la Chapelle-Montbrandeix, département de la Haute-Vienne.

**VAUCQUIER DU TRAVERSAIN.** *Rouen.*

De gueules, à un sautoir d'or.

Vaucquier du Traversain, unique représentant du nom, est avocat à Rouen.

**VAUDREUIL.** *France.*

D'argent, au lion de gueules, couronné d'or.

L'unique représentant du nom, comte de Vaudreuil, officier de la Légion d'honneur, a sa résidence d'été au château de Pringy, département de Seine-et-Marne, et sa résidence d'hiver à Paris.

**VAUDRICOURT.** *Picardie.*

De gueules, à l'orle d'argent.

Éteinte dans les mâles, cette famille n'est plus représentée que par M<sup>lle</sup> de Vaudricourt, au château de Saint-Chéron, par Oisemont, département de la Somme.

**VAUFLEURY.** *France.*

D'azur, à la croix d'argent cantonnée de quatre têtes de lion d'or.

Cette famille a deux représentants : de Vaufleury, lieutenant-colonel au 1<sup>er</sup> régiment du génie ; de Vaufleury, au château de la Douillère, par Louverné, département de la Mayenne.

**VAUGRENANS.** *Franche-Comté.*

De sable, au lion d'argent, armé, lampassé et couronné d'or.

Cette famille a deux représentants : de Vaugrenans, à Paris; autre de Vaugrenans, à Paris.

**VAULCHIER.** *Bourgogne.*

D'azur, au chevron d'or, accompagné de trois étoiles du même.

Cette famille a deux représentants : le marquis de Vaulchier, à Paris; de Vaulchier, au château de Looze, par Joigny, département de l'Yonne.

**VAULGRENANT.** *Auvergne.*

D'azur, au chevron d'or, accompagné de trois roses du même; au chef cousu de gueules, chargé de trois étoiles d'argent.

L'unique représentant du nom, de Vaulgrenant, réside au château de Pagnoz, département du Jura.

**VAULX.** *Bourbonnais.*

De gueules, à trois molettes d'argent.

Cette famille est représentée par de Vaulx, au château de Cordebœuf, par Saint-Pourçain, département de l'Allier.

**VAUQUELIN.** *Normandie.*

D'azur, au sautoir engrêlé d'argent, cantonné de quatre croissants d'or.

Cette famille a six représentants : le baron de Vauquelin, au château d'Avernes, par Vimoutiers, département de l'Orne; le baron de Vauquelin, à Paris; de Vauquelin, au château de Verneus, par Montreuil, département de l'Eure; de Vauquelin, substitut du procureur de la République, à Lisieux, département du Calvados ; le baron de Vauquelin des Chênes, au château d'Ailly, par Vimont, même département ; de Vauquelin, au château de Lesnen, par Bécherel, département d'Ille-et-Vilaine.

**VAURE** (Buffel du). *Dauphiné.*

D'azur, à la levrette courante d'argent. Couronne de comte.

Famille originaire de Crest. Compte plusieurs personnages distingués :

1° Antoine de Buffel du Vaure, né à Crest en 1698, et décédé à Lyon en 1770, officier de cavalerie et auteur dramatique, chevalier de Saint-Louis et de Saint-Jean de Latran, marié, le 5 décembre 1747, à Béziers, à Catherine de Bonnet de Maurelhan de Savignac ;

2° Henri-Étienne-André, son fils, né à Crest en 1755, et mort en cette ville en 1825, successivement adonné à la carrière des armes et à l'agriculture, auteur de plusieurs ouvrages remarquables sur cette matière, honoré de diverses récompenses nationales ;

3° Antoine-Louis, fils du précédent, capitaine de frégate, chevalier de la Légion d'honneur et de Saint-Louis, décédé au Sénégal en 1830.

Représentée par Henri Buffel du Vaure, fils de ce dernier, né en 1830, président de chambre au tribunal civil de Grenoble, et par la fille et les deux fils de ce magistrat, nés de son mariage avec M$^{lle}$ Marie de la Marre.

**VAURÉAL** (Guérapin de). *France.*

Semé de France, à l'écusson d'or brochant sur le tout, chargé d'un lion de sable, tenant une hache d'armes de gueules.

Cette famille est représentée par Guérapin de Vauréal, à Paris.

**VAURION.** *Lyonnais.*

De sable, au chevron d'argent.

L'unique représentant du nom, de Vaurion, réside à Lyon.

**VAUTRÉ.** *France.*

D'azur, au lion d'argent, tenant de la dextre une épée en pal de même ; à une champagne d'or.

Éteinte dans les mâles, cette famille n'est plus représentée que par M$^{me}$ la baronne de Vautré, à Paris.

**VAUVILLE.** *Normandie.*

De gueules, au pal d'argent, accosté de six merlettes du même.

Cette famille, qui n'a plus d'hoir mâle, est représentée par M$^{me}$ de Vauville, au château de la Pommeraye, par Falaise, département du Calvados.

**VAUVINEUX** (Gaston de Pollier de). *Guyenne, Rouergue.*

D'argent, à trois fasces de gueules, accompagnées en pointe d'une corneille de sable ; au chef d'azur, chargé de trois étoiles du champ.

Cette famille a deux représentants: Gaston de Pollier de Vauvineux, au château de Chaises, par Bellême, département de l'Orne ; Gaston de Pollier de Vauvineux, à Paris.

**VAUX.** *Dauphiné, Limousin, Languedoc, Lorraine.*

Dauphiné. De gueules, au lion passant d'argent.

Limousin. D'argent, à trois fasces de gueules.

Languedoc. D'argent, à trois chênes de sinople englantés d'or.

Sous le nom générique qui nous occupe on rencontre onze représentants: le baron de Vaux, à Paris ; autre baron de Vaux, à Paris ; le baron de Vaux, au château de Frouville, par l'Isle-Adam, département de Seine-et-Oise ; le baron de Vaux, au château de Tracy-sur-Vaux, par Tryes, département du Calvados ; de Vaux, à Paris ; de Vaux, commandeur de la Légion d'honneur, conseiller à la cour de cassation, à Paris ; de Vaux-Bichon, receveur des postes, à Port-Sainte-Marie, département de Lot-et-Garonne ; de Vaux, vice-consul, à Bologne (Italie) ; de Vaux d'Achy, ancien conseiller général, ancien juge de paix, à Forbach, Lorraine allemande ; de Vaux, au château de Charleville, par Vigy, même département ; de Vaux, chevalier de la Légion d'honneur, conseiller général, à Nîmes, département du Gard.

**VAUX DU MOUSTIERS** (des). *Bretagne.*

Coupé de sable et d'argent, au lion de l'un en l'autre.

Des Vaux du Moustiers, unique représentant du nom, est chanoine titulaire, à Luçon, département de la Vendée.

**VAUZELLES.** *France.*

D'azur, à trois demi-vols d'argent ; au chef d'or.

L'unique représentant du nom, de Vauzelles, est conseiller à la cour d'appel, à Orléans.

**VAVASSEUR** (le). *Normandie.*

D'azur, à la fasce d'argent accompagnée de trois besants du même.

Cette famille a deux représentants : le baron le Vavasseur, chef de nom et d'armes, qui a sa résidence d'été au château de Sainte-Geneviève, par Auffay, département de la Seine-Inférieure, et sa résidence d'hiver à Paris ; le baron James le Vavasseur, chevalier de la Légion d'honneur, à Rouen.

**VAYER DE LA MORANDAYE** (LE). *Bretagne.*

Losangé d'or et de gueules.

L'unique représentant du nom, le Vayer de la Morandaye, réside à Rennes.

**VEAUCE** (DE CADIER DE). *Bourbonnais.*

Écartelé : au 1 et 4 d'azur, au massacre de cerf ramé de dix cors d'or, qui est de Cadier ; aux 2 et 3 de gueules, semé de fleurs de lis d'argent, qui est des barons de Veauce.

Supports : deux dauphins ayant un cou et une tête de paon.

Timbre : un heaume de chevalier sommé d'une couronne de baron.

Cette famille n'a qu'un représentant, le chevalier de Cadier, baron de Veauce, officier de la Légion d'honneur, ancien député de l'Allier au Corps législatif, qui a sa résidence d'été au château de Veauce, par Ebreuil, département de l'Allier, et sa résidence d'hiver à Paris.

N'ayant pas eu d'enfant d'un premier mariage, il a épousé en secondes noces M<sup>lle</sup> Jeanne-Valentine, baronne de Wykerslooth, fille du baron de Wykerslooth, chambellan du roi de Hollande et de Charlotte-Antoinette-Zéphirine, princesse de La Trémoïlle.

De cette alliance, le baron de Veauce a eu trois enfants, deux garçons et une fille.

**VEAUX.** *Lorraine.*

D'azur, à l'ancre d'argent bordée de sable.

Éteinte dans les mâles, cette famille n'est plus représentée que par Mme la douairière de Veaux, au château de Villepreux, département de Seine-et-Oise.

**VEDEL.** *Languedoc, Comtat-Venaissin.*

LANGUEDOC. Écartelé : aux 1 d'azur, à l'épée haute en pal d'argent; aux 2 et 3 d'argent, au lion de gueules tenant de sa patte sénestre un badelaire de même; au 4 de pourpre, à trois couleuvres d'or posées en fasce, la deuxième contournée, celle de la pointe se mordant la queue, surmontée de trois étoiles d'argent rangées en chef, sur le tout de sable au tronçon d'idole saxonne d'argent à trois seins surmontée d'un soleil d'or.

COMTAT-VENAISSIN. Écartelé : aux 1 et 4 d'azur, au croissant d'or mis en bande ; aux 2 et 3 échiqueté d'argent et de sable.

Vedel a deux représentants : le comte de Vedel, chevalier de la Légion d'honneur, chef de division au ministère de l'intérieur, à Paris ; de Vedel, à Lyon.

**VEDRILHES.** *Montpellier, Montauban.*

D'or, à une vache de gueules, accolée d'azur, clarinée d'argent.

Cette famille n'est plus représentée que par de Vedrilhes, au château de Pierre-Blanche, par Orange, département de Vaucluse.

**VEDRINES.** *Guyenne.*

De gueules, à trois bandes d'argent.

Cette famille a deux représentants : de Vedrines, maire de Montflanquin, département de Lot-et-Garonne ; de Vedrines, au château de Mouchac, par Branne, département de la Gironde.

**VEILLECHÈZE.** *Poitou.*

D'azur, à trois barres d'or, enflammées de gueules.

L'unique représentant du nom, de Veillechèze, est maire au Pellerin, département de la Loire-Inférieure.

**VEILLON DE LA GAROULLAYS.** *Poitou.*

D'azur, à une grue d'argent, couronnée du même, tenant de sa patte dextre sa vigilance de gueules.

L'unique représentant du nom, Veillon de la Garoullays, réside au château de Combrée, par Sègne, département de Maine-et-Loire.

**VEINY D'ARBOUZE.** *Auvergne, Bourbonnais, Limousin.*

Écartelé : aux 1 et 4 d'or, à l'arbousier de sinople ; aux 2 et 3 de gueules, à la colombe d'argent fondante en bande ; sur le tout d'azur, à trois molettes d'éperon d'or, posées 2 et 1 ; au bâton de gueules alésé et péri en bande.

L'unique représentant du nom, marquis de Veiny d'Arbouze, réside au château de Chailloux, par Saint-Bernin d'Azy, département de la Nièvre.

**VELANE DE MAUBEUGE.** *Picardie.*

De gueules, à trois lions naissants d'argent, armés et couronnés d'or.

Cette famille a pour unique représentant de Velane de Maubeuge, chevalier de la Légion d'honneur, lieutenant de vaisseau.

**VÉLARD.** *France.*

D'azur, semé de croisettes d'or ; au chef aussi d'or.

Cette famille a trois représentants : le comte de Vélard, chef de nom et d'armes, à Orléans ; le comte de

Vélard, à son château, par les Montils, département de Maine-et-Loire ; le vicomte de Vélard, au château de Vauxbuin, par Soissons, département de l'Aisne.

**VENANT DE SAINTE-CROIX** (LE). *Bourgogne, Artois.*

D'or, à la bande componée de gueules et d'hermines de sept pièces, accompagnée de deux fleurs de lis d'azur.

Noble et ancienne, cette famille qui remonte à Jacob de Venant, seigneur de Laghes, dont le petit-fils, Philippe de Venant, écuyer, seigneur de Laghes, vivait en 1361, a quatre représentants : le marquis de Venant de Sainte-Croix, au château de Sainte-Croix, par Montpant, département de Saône-et-Loire ; le marquis le Venant de Sainte-Croix, officier de la Légion d'honneur, receveur général à Laval, département de la Mayenne ; le comte le Venant de Sainte-Croix, à Paris ; le Venant de Sainte-Croix, au château de Petit-Château, par Sèvres, département de Seine-et-Oise.

**VENAULT.** *Poitou.*

De gueules, à une fasce d'argent, chargée de deux roses du champ.

L'unique représentant du nom, de Venault, réside au château de la Livrage, près Vivonne, département de la Vienne.

**VENDAIGRE.** *France.*

D'azur, à la fasce d'or chargée de trois fleurs de pensée au naturel et accompagnée de trois mains d'argent posées 2 et 1.

De Vendaigre, unique représentant du nom, réside au château d'Anglars, par Pionsat, département du Puy-de-Dôme.

**VENDEL.** *Bretagne.*

De gueules, à trois mains dextres d'argent.

Cette famille a pour unique représentant de Vendel, au château d'Usage, par Chinon, département d'Indre-et-Loire.

**VENDES.** *Normandie.*

D'azur, à trois flammes d'or ; à la molette d'éperon du même en cœur.

Cette famille a trois représentants : de Vendes, au château de Ver, par Creuilly, département du Calvados ; de Vendes, au château de Héroussart, par Dozulé, même département ; de Vendes, au Crépon, par Ryes, même département.

**VENEL.** *Provence.*

Coupé d'azur et de gueules par une fasce d'or ; l'azur chargé de trois pals d'or, et le gueules d'un lion aussi d'or.

Le comte de Venel, unique représentant du nom, réside à Paris.

**VENEUR** (LE). *Maine.*

D'argent, à la bande d'azur, chargée de trois sautoirs d'or.

L'unique représentant du nom, le comte le Veneur, réside au château de Carrouges, département de l'Orne.

**VENEVELLES** (D'ESPAGNE DE). *Maine.*

D'azur, à un peigne d'argent posé en fasce et accompagné de trois étoiles d'or, deux en chef et une en pointe.

Le marquis Fernand d'Espagne de Venevelles, unique

représentant du nom, réside au château de l'Assevoye, près Lille, département du Nord.

**VENTAVON** (DE MORGES DE). *Dauphiné.*

D'azur, à trois têtes de lion d'or, couronnées d'argent, lampassées de gueules.

Cette famille a trois représentants : de Morges de Ventavon, à Ventavon, par Gap, département des Hautes-Alpes ; Ed. de Morges de Ventavon, avocat, à Grenoble, département de l'Isère ; Mathieu de Morges de Ventavon, avocat, à Grenoble.

**VENTRE DE LA TOULOUBRE.** *Toulouse.*

D'azur, à un pélican d'argent.

Cette famille a deux représentants : Patrice Ventre de la Touloubre, chevalier de la Légion d'honneur, commissaire de la marine, à la Guyane française ; Ventre de la Touloubre, vérificateur des douanes, à Philippeville (Algérie).

**VERBIGIER DE SAINT-PAUL.** *Languedoc.*

De gueules, à la croix pattée et alézée d'or ; à la bordure de l'écu d'azur, chargée de huit besants d'argent mis en orle.

Cette famille a pour chef de nom et d'armes Gaston de Verbigier de Saint-Paul, officier de la Légion d'honneur, ancien préfet du Nord, à Lille, qui a deux fils : Gustave et Guy.

Un autre représentant du nom, Gustave Verbigier de Saint-Paul, réside à Saint-Gaudens.

**VERCHÈRE DE REFFYE.** *Bourgogne.*

De sable, à la fasce d'or, surmontée d'un croissant

d'argent et accompagnée en pointe de trois étoiles du second, rangées en fasce.

Cette famille a deux représentants : Verchère de Reffye, chevalier de la Légion d'honneur, à Meudon, département de Seine-et-Oise; Verchère de Reffye, aux châteaux de Passage et de Touchelonge, à Fouras, département de la Charente-Inférieure.

**VERCHÉRES.** *Bourgogne.*

De gueules, à une croix potencée d'or, accompagnée en pointe d'un croissant d'argent; au chef cousu d'azur, chargé de trois étoiles d'or.

L'unique représentant du nom, de Verchères, réside au château de Porte, par la Mure, département du Rhône.

**VERCLOS.** *Comtat-Venaissin.*

Écartelé : aux 1 et 4 d'or, à six pattes d'ours de sable; aux 2 et 3 d'argent, à deux lions de gueules.

Le marquis Joannis de Verclos, unique représentant du nom, réside à son château, par Courthezon, département de Vaucluse.

**VERCORS** (du Faure de). *Guyenne.*

D'argent, à la bande d'azur, et trois couronnes antiques d'or enfilées dans la bande.

L'unique représentant du nom, du Faure de Vercors, réside au château de Baume, par Aubenas, département de l'Ardèche.

**VERDALLE.** *Languedoc.*

De gueules, au loup ravissant d'or.

La famille de Loubens de Verdalle, l'une des plus anciennes du Languedoc, a possédé, depuis une époque très-reculée jusqu'à la Révolution, la terre et seigneurie de Verdalle, dont le nom est devenu pour elle patronymique, de telle sorte que ses membres l'ont presque toujours uni au nom primitif de la famille et l'ont même souvent porté seul.

Le nom de Loubens de Verdalle se trouve dans l'histoire du Languedoc, dès l'époque de la première croisade : Guillaume de Loubens fut un des chevaliers qui se croisèrent en 1096, sous la conduite de Raymond, comte de Toulouse ; il se signala en Terre-Sainte, particulièrement en un combat où, avec treize autres chevaliers seulement, il vainquit sur le chemin de Tripoli soixante Maures et leur enleva les prisonniers chrétiens qu'ils emmenaient.

Gaufrez de Verdalle fut l'un des seigneurs présents à l'accord fait en 1141, entre les vicomtes de Béziers et de Lautrec. Le premier de la famille de Verdalle, dont on connaisse le mariage, est Rogier de Loubens, chevalier, seigneur de Verdalle, Contrast, Loubens, Blau et autres lieux. Il épousa, vers 1240, Françoise de Ségreville, et l'on présume, sans pouvoir l'assurer positivement, qu'il fut père de Lobens de Loubens, seigneur de Verdalle, qui épousa Jeanne de Rochefort et décéda en 1288, à Toulouse ; Lobens de Loubens fut inhumé dans le cloître des Jacobins, où il lui fut érigé un tombeau, sur lequel il était représenté revêtu de son armure, ayant à ses côtés son écusson portant ses armoiries. Il fut père d'Amanieu et de Frédol.

Bernard de Loubens était du nombre des seigneurs qui composaient la cour de Roger-Bernard, comte de Foix, lorsque, dans son château de Pamiers, il jugea en 1302 le procès des faux-monnayeurs arrêtés dans ses États.

Pierre de Verdalle était en 1310 chanoine de Carcassonne. Il fut recteur de l'Université de Toulouse, et aussi distingué par sa science et sa vertu que par ses écrits et les places qu'il occupa.

Amanieu de Loubens, seigneur de Lamotte et de Verdalle, et Frédol de Loubens furent députés par la noblesse du Languedoc aux États généraux, mais ils donnèrent procuration en 1317, comme ne pouvant paraître en personne à l'Assemblée convoquée par Philippe le Long, roi de France, pour le voyage en Terre sainte qu'il avait fait vœu d'entreprendre.

Arnaud de Loubens de Verdalle, évêque de Maguelonne en 1338, avait, deux ans avant cette époque, fondé à Toulouse un collège pour douze pauvres écoliers. Il est qualifié dans l'acte de fondation de professeur en l'un et l'autre droit, clerc conseiller du roi, coseigneur de Saint-Vincent, au diocèse de Toulouse. Le pape Benoît XII eut pour lui beaucoup d'estime et, l'ayant appelé auprès de sa personne, l'employa en plusieurs circonstances importantes et le nomma à l'évêché de Maguelonne en 1339. Arnaud de Verdalle assista au concile de Béziers en 1351. Il fit plusieurs sages règlements, dont le souvenir se conserve encore dans les annales de l'Église, et mourut en 1352, après avoir gouverné son diocèse, pendant treize ans, avec beaucoup d'édification. On possède encore de lui, parmi les divers écrits qu'il a laissés, une histoire fort estimée des évêques de Maguelonne, ses prédécesseurs.

Robert de Loubens, seigneur de Verdalle, rendit foi et hommage au roi pour sa seigneurie de Verdalle, en 1381 ; il eut pour fils Anet de Loubens, seigneur de Loubens et de Verdalle, qui épousa, le 8 mai 1415, Aigline de la Roche. A partir de Loubens I$^{er}$, seigneur de

Loubens et de Verdalle, décédé en 1288, la généalogie de la famille de Verdalle s'établit sans interruption jusqu'aux temps présents, mais comme il n'entre pas dans le cadre d'une notice abrégée de retracer une histoire complète, quelques noms seulement vont être encore cités.

Samson, aussi appelé Sans et Sanxius, petit-fils d'Anet, seigneur de Loubens, de Verdalle, de Contrast et autres lieux, épousa, en 1489, Marguerite Doucet de Massaguet, dont il eut deux fils, Philippe, père de Jacques et de Hugues, dont il va être parlé, et Jehannot, qui devint chef d'une seconde branche, transplantée, un demi-siècle plus tard, au pays de Combrailles, dans la Basse-Auvergne, où elle compte encore de nombreux représentants.

Jacques de Loubens de Verdalle, seigneur de Loubens et de Verdalle, conseiller d'État, capitaine de cinquante hommes d'armes, fut fait chevalier de l'ordre du Saint-Esprit par Henri III en 1585, sept ans après la création de l'ordre, alors que le nombre des chevaliers n'avait pas encore atteint le chiffre de cent, limite qu'il ne devait jamais dépasser. Charles de Bourbon, comte de Soissons et de Dreux, grand maître de France, fils de Louis I$^{er}$, prince de Condé ; Gilles de Souvré, marquis de Courtanvaux, gouverneur de Touraine, plus tard maréchal de France; Claude de la Chastre, gouverneur de Berry et aussi maréchal de France; François Duplessis, seigneur de Richelieu, grand prévôt de France; René de Bouillé, capitaine de cinquante hommes d'armes, gouverneur de Sarlat et de Périgueux, furent faits chevaliers, en même temps que Jacques de Loubens de Verdalle. Henri III, dans la lettre où il lui annonce qu'il l'a nommé pour être un des chevaliers de son ordre du Saint-Esprit, parle de l'ancienneté de sa noblesse, de la valeur par laquelle il s'est signalé, et des services importants qu'il lui a rendus dans sa province. Jacques de Verdalle commanda, en qualité de maréchal de camp ; il fut mis à la tête de l'infanterie destinée à soumettre les villes du Languedoc, encore au pouvoir des huguenots. Il prit soixante forts occupés par les ennemis, et fut gouverneur de Béziers.

Hugues de Loubens de Verdalle fut reçu chevalier de Malte en 1545. Il s'acquit beaucoup de gloire dans les combats, particulièrement au siége de Zoara, où, avec le commandeur La Cassière, depuis grand maître de l'Ordre, il sauva l'étendard de la religion qui allait tomber aux mains des musulmans. Il eut une grande réputation de prudence et de sagesse, et fut envoyé comme ambassadeur de son ordre auprès du pape. Devenu grand commandeur et chef de la Langue de Provence, il fut élu grand maître en 1582. Le pape Grégoire XIII lui permit de porter la couronne de prince sur ses armes, et Sixte-Quint l'appela à Rome et le fit cardinal en 1587; il mourut en 1595. Hugues de Verdalle fut le cinquante et unième grand maître de l'ordre de Saint-Jean de Jérusalem ; parmi cette longue suite de guerriers célèbres, qui rendirent les plus grands services à la chrétienté, et qui furent pendant six cents ans la terreur des infidèles et des pirates de la Méditerranée, seul, avant Hugues de Verdalle, l'illustre Pierre d'Aubusson avait été honoré de la pourpre romaine.

Jean de Loubens de Verdalle, seigneur de Signat, capitaine de cinquante hommes de pied, marié par contrat en date du 13 décembre 1601, à Gabrielle du Cloux de l'Estang, dame d'honneur de la comtesse d'Auvergne, fut député par la noblesse de Languedoc, vers cette princesse, lorsqu'elle visita ses États.

De 1628 à la fin du règne de Louis XIV, six membres de la famille de Verdalle périrent sur les champs de bataille ou moururent au service du roi : Jean-François fut tué au siége de la Rochelle, contre les protestants, en 1628, et deux de ses frères succombèrent pendant les guerres de cette époque. Plus tard, en 1707, Gaspard de Verdalle, capitaine au régiment de Cambrésis, fut tué au siége de Namur, et son corps fut inhumé dans l'église collégiale de cette ville. Un de ses frères était mort trois ans avant, à Spire, après avoir été couvert de blessures. François, un autre de ses frères, fut tué en Espagne. La famille de Verdalle fournit aussi, de 1591 à 1642, trois chevaliers de Malte.

Hugues de Loubens, baron d'Auriac, seigneur de Verdalle, Loubens, Contrast, Le Fayet et Ségreville, épousa Louise d'Arpajon, fille du duc d'Arpajon, et obtint du roi des lettres patentes qui ouvraient à lui et à ses descendants l'entrée des états de Languedoc, et qui furent publiées aux états tenus à Pézenas en 1635.

Jacques de Loubens, II du nom, baron de Loubens et d'Auriac, comte de Verdalle, colonel au régiment de la Reine cavalerie, fut fait maréchal de camp, mais dut quitter la carrière des armes parce qu'il perdit la vue. Il fit ses preuves en exécution de l'édit de Louis XIV, qui, pour mettre un terme aux usurpations nobiliaires, avait ordonné une exacte révision de tous les titres, et il fut maintenu dans sa noblesse par jugement de M. de Bezons, intendant du Languedoc, le 7 novembre 1670.

Louis de Loubens de Verdalle, seigneur de Louroux au pays de Combrailles, en Auvergne, avait été, l'année précédente, également maintenu dans sa noblesse par jugement de l'intendant de sa province.

Jean-Baptiste, marquis de Loubens de Verdalle, seigneur de Châtain, de Louroux, et de Fayolles, épousa, en 1764, Marie-Anne Le Groing de Laromagère, issue d'une des familles les plus nobles et les plus anciennes du Bourbonnais, qui avait plusieurs frères dont l'un prêtre, vicaire général du diocèse de Bourges, mourut confesseur de la foi, déporté sur les pontons de Rochefort, pendant la Révolution. Deux autres furent chevaliers de Saint-Louis ; le quatrième, Matthias Le Groing de La Romagère, vicaire général du diocèse de Chalon, avant la Révolution, après avoir subi le martyre des pontons auquel son frère succomba, fut évêque de Saint-Brieuc de 1819 à 1841.

Le lieutenant-colonel de Loubens, marquis de Verdalle, dernier descendant de Jacques, qui fut cordon bleu sous Henri III, quitta le service militaire en 1830. Son père, Frédéric, comte de Verdalle, fils de Henri de Loubens, marquis de Verdalle, capitaine commandant la compagnie lieutenante-colonelle du régiment de Condé-cavalerie, avait été admis aux honneurs de la cour en 1774.

Joseph-Louis-Clair de Loubens, comte de Verdalle, capitaine de dragons à l'âge de vingt ans, en 1786, marié en 1790, à Françoise-Marie d'Huerne, qui compta dans sa famille dix victimes de la hache révolutionnaire, émigré, chevalier de l'ordre de Charles III d'Espagne, consacra la fin de sa carrière au service de l'Église, et ayant reçu les ordres sacrés, mourut en 1842, prêtre, chanoine de Limoges et de Saint-Brieuc.

La famille de Loubens de Verdalle a pour représentants :

1° Auguste-Louis-Joseph-François de Loubens, marquis de Verdalle, fils de Joseph-Louis-Clair, et petit-fils de Jean-Baptiste de Loubens, marquis de Verdalle et de Marie-Anne Le Groing de La Romagère dont les articles précèdent, né en Espagne pendant l'émigration, devenu chef de nom et d'armes de la famille de Verdalle, par la mort du lieutenant-colonel, marquis de Verdalle, qui n'a pas laissé d'héritiers pour succéder à son nom ; et le comte Amédée de Loubens de Verdalle, son fils, et Jacques, son petit-fils, au château de la Chaussade (Creuse).

2° Le vicomte Louis de Loubens de Verdalle, à Bourges.

3° Hugues de Loubens de Verdalle, à Fayolles (Creuse).

4° Antoine de Loubens de Verdalle, à Douleau (Creuse).

5° L'abbé de Loubens de Verdalle, aumônier de la maison de la Légion d'honneur à Écouen.

Une autre branche est représentée par le comte Henri de Loubens de Verdalle et ses six fils : Roger, Fernand, Jean, Gérard, Henri et Joseph ; ainsi que par son neveu Ferdinand. Le comte Henri de Loubens de Verdalle habite le château du Tirondet (Creuse). Son père, cadet gentilhomme au régiment de Foix, pendant sa jeunesse, puis officier à l'armée de Condé pendant l'émigration, fut un des derniers survivants des émigrés chevaliers de Saint-Louis de sa province.

*Histoire générale du Languedoc*, par Dom Vaissette ; Paris, 1730. — Saint-Allais, *Nobiliaire universel de France*, tome VIII. — *La vraye et parfaite science des Armoiries*, par Pierre Palliot ; Paris, 1664. — *La Science héroïque*, par de La Colombière, Paris, 1669, et autres.

— *Histoire de l'ordre de Saint-Jean de Jérusalem et des chevaliers de Malte.* — *Histoire des chevaliers du Saint-Esprit.* — *Gallia purpurata*, de Pierre Frison, 1638. — *Series præsulum Magalonensium et Monspelliensium*, autore Petro Gabriel, Tolosæ, 1665. — *L'éloge du cardinal de Loubens*, par Henri Albi, jésuite, 1653. — *Extraits des preuves de noblesse fournies par la famille de Loubens de Verdalle et dressées par les généalogistes des ordres du Roi*, aux Archives et à la Bibliothèque nationales, à Paris, etc., etc.

**VERDELHAN DES MOLES.** *Languedoc.*

Écartelé : au 1 de sable, à l'étoile d'argent ; au 2 d'azur, à trois coquilles d'or posées 2 et 1 ; au 3 d'azur, au lion d'or ; au 4 de gueules, à six besants d'argent.

Cette famille a pour représentant actuel Albert Verdelhan des Moles, au château de Barre, par Langogne, département de la Lozère. Il a un fils, René, et une fille, Cécile.

**VERDIER.** *Languedoc.*

Coupé : au 1 parti d'azur, à l'épée haute en pal d'argent, croisée d'or, et d'or à trois étoiles d'azur en pal ; au 2 de sinople, à la pyramide d'argent maçonnée de sable.

Cette famille a trois représentants : le comte de Verdier, au château de Ferrières, par Montsalvy, département du Cantal ; de Verdier de la Tour, receveur particulier des finances à Cosne, département de la Nièvre ; de Verdier de Flaux, au château de la Bastide, par Pont-Saint-Esprit, département du Gard.

**VERDIER DE LA SORINIÈRE (DU).** *Touraine.*

D'azur, à la fasce ondée d'argent, accompagnée de

trois émérillons d'or, becqués, chaperonnés, longés de gueules, posés 2 et 1.

Du Verdier de la Sorinière, unique représentant du nom, est maire à Dampierre, par Ouzouer-sur-Loire, département du Loiret.

**VERDIER** (DU). *Lyonnais, Limousin, Touraine.*

LYONNAIS. D'argent, à trois fasces de sinople. — Bandé d'or et de gueules.

LIMOUSIN, TOURAINE. D'or, à un arbre de sinople ; au chef d'azur chargé d'un croissant d'argent.

Cette famille a deux représentants : du Verdier de Suze, professeur à la faculté de droit, à Dijon, département de la Côte-d'Or ; du Verdier, professeur, à Brives, département de la Corrèze.

**VERDIER.** *Quercy, Anjou, Bretagne.*

Écartelé : aux 1 et 4 d'azur, à trois bandes d'argent, qui est de Genouillac, chargés de charbons ardents de sable, qui est de Carbonnières ; aux 2 et 3 de gueules, à deux lions léopardés d'or, qui est de Comborn.

Cette famille, qui a donné des magistrats, des religieux, des hommes de guerre, a deux représentants : Casimir-Joseph du Verdier, comte de Genouillac, au château du Rox, département du Morbihan, qui a trois fils ; Paul du Verdier, vicomte de Genouillac, frère cadet, au château de la Chapelle-Chaussée, par Becherel, département d'Ille-et-Vilaine.

**VERDILHAC.** *Poitou.*

De gueules, à un vol d'argent.

Cette famille a deux représentants : de Verdilhac, au château de Loubier, par Saint-Junien, département de la Haute-Vienne, de Verdilhac, juge de paix, à Confolens, département de la Charente.

**VERDONNET.** *Auvergne.*

D'azur, au lion d'argent, armé et lampassé de gueules ; à la bordure de vair.

Le comte de Verdonnet, chef de nom et d'armes, réside au château de Villers, par Châtillon-sur-Marne, département de la Marne ; le comte de Verdonnet, autre représentant du nom, réside au château de Poncier, par Romanèche, département du Rhône.

**VERDUN.** *Normandie.*

D'or, fretté de sable.

Cette famille a deux représentants : le marquis de Verdun, à Aucey, par Pontorson, département de la Manche ; de Verdun, au château de Chasseguey, par Juvigny-le-Tertre, même département.

**VERGENNES** (Gravier de). *Bourgogne.*

Parti : au 1 de gueules, à trois oiseaux essorant posés 2 et 1, les deux du chef affrontés ; au 2 de gueules, à la croix d'argent, chargée d'un écusson d'azur, à la fleur d'or, tigée et feuillée de sinople.

Cette famille, dont était Charles Gravier de Vergennes, comte de Toulonjon, baron d'Huchon et de Saint-Eugène, seigneur de Bourdeau et autres lieux, ambassadeur en Turquie en 1755, ambassadeur en Suède en 1771, ministre, secrétaire d'État au département des affaires étrangères, secrétaire des ordres du roi en 1774, a deux représentants : le marquis Gravier de Vergennes, au château de Moréal, par Mezilles, département de l'Yonne ; Gravier de Vergennes, au château de Pivotins, par Pouilly, département de la Nièvre.

**VERGER DE VILLENEUVE (DU).** *Normandie.*

D'or, à l'écusson de gueules, chargé de deux épées passées en sautoir d'argent et accompagné de cinq lionceaux léopardés de sable en orle.

Cette famille a trois représentants : du Verger de Villeneuve, à Versailles ; du Verger de Villeneuve, à Ferrière-Béchet, par Sées, département de l'Orne ; du Verger de Villeneuve, à Paris.

**VERGERON.** *Guyenne.*

De gueules, à six besants d'or posés 3, 2 et 1.

L'unique représentant du nom, de Vergeron, est receveur particulier à la recette générale, à Oloron, département des Basses-Pyrénées.

**VERGERS (SANOIS DES).** *Ile-de-France.*

D'azur, à la bande d'or.

L'unique représentant du nom, Sanois des Vergers, chevalier de la Légion d'honneur, réside à Paris.

**VERGERS D'ORO.** *Guyenne.*

D'or, à un loup passant de sable.

Gustave Vergers d'Oro, unique représentant du nom, réside au château d'Oro, par Dax, département des Landes.

**VERGÈS.** *Bigorre.*

Écartelé : au 1 et 3 d'azur, au lion rampant d'argent ; aux 2 et 4 de gueules, à la croix d'argent.

Cette famille emprunte son nom à l'ancien château et seigneurie dans la paroisse de Sazos, dans la vallée de Baréges, relevant immédiatement des anciens comtes de Bigorre, qui a eu ses seigneurs particuliers depuis le xii@ siècle et dont la filiation authentique remonte à Garsin-Arnaud de Vergès, damoiseau, seigneur de Vergès, patron de Sazos, en 1253. Elle a trois représentants : de Vergès, chevalier de la Légion d'honneur, conseiller à la cour de cassation, à Paris; de Vergès, officier de la Légion d'honneur, ingénieur en chef, à Paris ; de Vergès, inspecteur des finances, à Paris.

### VERGIER DE LA ROCHEJAQUELEIN (DU). *Poitou.*

De sinople, à la croix d'argent, chargée en cœur d'une coquille de gueules, et cantonnée de quatre coquilles d'argent.

Cette illustre famille, dont on voit l'écusson dans les salles des croisades au palais de Versailles, n'a qu'un seul représentant, le marquis de La Rochejaquelein, à Paris.

### VERGNE DE TRESSAN (DE LA). *Languedoc.*

D'argent, au chef de gueules, chargé de trois croissants du champ.

Cette famille, dont il est parlé dans le *Dictionnaire de la noblesse*, de Lachesnaye des Bois, tome VIII, page 530 et suivantes, est représentée par le marquis de la Vergne de Tressan, à Paris.

### VERGNETTE. *Bourgogne, Normandie.*

D'azur, au chevron d'argent, chargé de trois étoiles de gueules et accompagnée de quatre étoiles d'or, trois en chef et une en pointe.

Noble de toute ancienneté, originaire de Rouergue,

établie en Normandie depuis 1570, cette maison remonte par titres à Charles de Vergnette, premier du nom, vivant vers 1480, qualifié écuyer, seigneur en partie d'Alban en Rouergue, capitaine d'une compagnie de gens de pied, ayant commandé en Lombardie et en Piémont, sous la charge du sieur de Brissac. Elle est représentée par le vicomte de Vergnette, au château de Lafosse, par Couches, département de Saône-et-Loire.

**VERLANGE.** *Lorraine.*

D'azur, à une fasce d'argent, accompagnée de deux étoiles du même, une en chef et l'autre en pointe.

Entré dans les ordres, l'unique représentant du nom, l'abbé de Verlange, est aumônier au collége, à Alais, département du Gard.

**VERNA** (Dauphin de). *Dauphiné.*

D'azur à la bande d'or, chargée d'un dauphin et d'une étoile de gueules.

1° Dès avant 1500, *Petrus Dalphini*, notaire royal, et Delphinal à Crémieux, qualifié d'honorable dans un acte de cette époque « où le notariat ne dérogeait pas à la noblesse, et était même un exercice noble » (Chorier, Etat politique). « Cette profession qui n'est pas aujourd'hui des plus illustres a été autrefois considérée par la qualité des personnes qui l'exerçaient » (Hist. consulaire de Lyon par le R. P. Menestrier, 1696, t. I, page 342). Il paraît que les enfants naturels des premiers Dauphins se qualifiaient indifféremment *Dalphini* ou de *Viennesio* (Hist. du Dauphiné et des Princes qui ont porté le nom de Dauphins, p. 485, II). La charge de notaire cessa bientôt après dans cette famille.

2° Honorable Berlioz Dalphin, fils du précédent, 1520 et 1528.

3° Benoît Dalphin, seigneur du Single.

4° Noble Claude Daulphin, seigneur de Moncisct, 1582. — Gentilhomme de la maison du roi Henri IV, puis de Louis XIII en 1614, promu au grade de lieutenant de la compagnie des gens de pied français, régiment du comte de Sault, 13 février 1622, gouverneur de la ville et château de Cremieu, il s'acquitta de plusieurs missions importantes que lui confièrent le roi et le connétable de Lesdiguière. Voyez l'histoire du connétable de Lesdiguière, par Videl, chap. VI, p. 391. C'est lui qui porta la nouvelle à la Cour de l'abjuration du connétable (Videl, chap. VII, p. 219); il mourut au camp devant Montpellier, et ne laissa pas d'enfants. Sa veuve, Catherine Martel, épousa en secondes noces haut et puissant seigneur Timoléon de Beaufort, marquis de Canillac, et ses frères furent Jean Daulphin, chevalier de Malte de deuxième ordre, et Hyerosme Daulphin, chanoine de Saint-Maurice de Vienne, et enfin noble Raymond Daulphin, seigneur de Saint-Estienne, qui survécut à tous ses frères, et réunit les biens de la famille ; il épousa (en fév. 1263) dame Bonne de Pourroi, fille de M. Pourroi, seigneur de Quinsonas, conseiller de la Chambre des comptes de Bourgogne. Melchior de la Poype lui subrogea la seigneurie de Verna, qu'il avait acquise de la couronne. Ses enfants furent Joseph Daulphin, jésuite à Avignon, Alexis Daulphin, mort jeune, Ant. Daulphin, religieux de Saint-Antoine en Viennois, Honorée Daulphin, Marguerite Daulphin et Florence Daulphin, religieuses à Sainte-Ursule, Elisabeth Daulphin, mariée le 18 juin 1661 à Abel de Loras, seigneur dudit lieu et de Marsas. L'aîné de tous ses enfants fut noble Sébastien Daulphin, seigneur de Saint-Etienne et de Verna, qui épousa en 1658 dame Antoinette de Chaillol, fille de noble de Chaillol, lieutenant général civil et criminel au bailliage de Briançon, et de dame de Boucquéron, dont il eut deux filles, Françoise, morte en bas âge, et Marie-Dauphin, qui se maria à messire François Pourroy de la Mairie, conseiller du roi, dont elle n'eut pas d'enfants, en sorte que tous les biens de la famille, qui avaient passé en grande partie dans celle de M$^{me}$ de la Mairie à cause de Sébastien son père, revinrent à Gabriel-Aymar Dauphin de Saint-Étienne, frère cadet de Sébastien, à l'exception de la charge de conseiller, qu'avait ce dernier. — Gabriel Aymar Dauphin, seigneur de Verna, baron de Saint-Romain, président de la chambre des Comptes de Dauphiné, épousa en 1703 dame Christine de Manissy de Ferrière, sa cousine, dont la famille est une des plus anciennes du Dauphiné (elle remonte à 1337). De ce mariage Bernard de Verna, capitaine au régiment de Bretagne, le chevalier Gabriel Aymar de Verna, capitaine, même régiment; Madeleine-Scholastique Dauphin de Verna, mariée à messire Charles-Aubert de la Bastie-d'Arvillars, famille qui a des alliances avec la royale maison de Savoie; Catherine, Christine et Hippolyte, religieuses à Saint-Ursule. L'aîné des enfants de Gabriel Aymar fut messire François Dauphin de Verna, président de la chambre des Comptes de Dauphiné, qui épousa Anne-Marie Cholier de Cibeins, dont il eut Madeleine-Scholastique Dauphin, mariée à Claude-Hélène, compagnon de Ruffieu, et M. Aymar Joseph Dauphin, seigneur de Verna, baron de Saint-Romain, qui épousa Marie Fournillon de Butery, dont il eut François-Gabriel de Verna, Félicien-

Hippolyte-Eugène de Verna, et Jean-Marie-Victor de Verna, qui épousa Marie-Lucie, fille de Barthélemy de Ferrus, seigneur de Vandranges et autres lieux. Jean-Marie-Victor de Verna, député du Rhône en 1824, adjoint au maire de Lyon, dont il eut à remplir les fonctions dans les circonstances difficiles de 1830, eut de sa femme, Marie-Lucie de Ferrus, quatre fils, savoir :

1° Louis-Marie-François, baron de Verna, marié à Marie-Hippolyte de Chaponay ;

2° Félicien-Barthélemy de Verna, religieux chez les pères Maristes ;

3° Augustin-Marie de Verna, religieux chez les pères Maristes ;

4° Et enfin Joseph-Marie baron de Verna, membre du conseil général de l'Isère, marié en premières noces à Marie Jullien, et en secondes noces à Marie-Louise de Pierre de Bernis.

Voir, pour les Dauphin de Saint-Etienne, *Abrégé méthodique des principes héraldiques ou du véritable art du blason*, par le P. S.-François, Menestrier. Lyon, Benoît Coral et Antoine du Périer. M.D.C.LXI, page 97, planche 101, même ouvrage, édition de M.D.C.LXXIII, Lyon, Veuve Coral, page 90. — *Le véritable Art du blason*. Lyon, Benoît Coral, M.D.C.LIX, folio 144. — *La Science héroïque*, par M. Vulson de la Colombière, p. 330. — *Dictionnaire généalogique* de Lachesnaye des Bois, Paris, Duchesne, t. II, D. O., page 9, M.D.C.C.LVII.

C'est après 1600 que Raymond Dauphin de Saint-Etienne fut substitué, par Melchior de la Poype, à la seigneurie de Verna, dont il prit le nom et le transmit à ses enfants. Mais le nom d'origine de la famille est *Dauphin*, et c'est sous ce nom qu'elle est distinguée dans les vieux nobiliaires qui parlent d'elle.

**VERNADE (DE LA).** *Picardie, Vivarais.*

De gueules, à l'arbre arraché d'or, accosté de deux étoiles du même.

L'unique représentant du nom, de la Vernade, réside à Sens, département de l'Yonne.

**VERNAY DES TROUILLIÈRES.** *Paris, Normandie.*

D'azur, à trois fasces ondées d'argent.

L'unique représentant du nom, Vernay des Trouillières, réside à Paris.

**VERNE (DU).** *France.*

Fascé de sable et d'argent de six pièces. — De sable, à trois fasces d'or.

Divisée en deux branches, cette famille a pour chef de nom et d'armes Louis du Verne, à Nevers. La première branche est encore représentée par Jules du Verne, à Nevers, par Henri du Verne, à Orléans, par Victor du Verne et autre du Verne. La seconde branche est représentée par Paulin du Verne, à Veuillin, département du Cher.

**VERNÉE (DE LA).** *Bresse.*

De gueules, à la bande d'or, chargée de trois étoiles d'azur.

Cette famille a deux représentants : de la Vernée, au château de la Vernée, par Bourg, département de l'Ain ; Émile de la Vernée, chevalier de la Légion d'honneur, maire à Saint-Amour, département du Jura.

**VERNEILH DE PUIRASEAU.** *Limousin.*

D'argent, à trois palmes de sinople, mouvantes d'un croissant de gueules ; au chef du même, chargé de trois étoiles du champ.

L'unique représentant du nom, baron de Verneilh de Puiraseau, réside au château de Puiraseau, par Piégut-Pluviers, département de la Dordogne.

**VERNEUIL.** *Ile-de-France.*

D'azur, au chevron d'or, accompagné de trois aigles du même.

Cette famille a trois représentants : de Verneuil, chevalier de la Légion d'honneur, à Paris ; de Verneuil, architecte ; de Verneuil, sous-chef à la caisse d'amortissement, à Paris.

**VERNEUIL** (Huard de). *Berry.*

D'azur, à six huîtres d'argent, posées 3, 2, 1 ; au chef ondé du même.

Nous croyons utile de revenir sur la notice que nous avons publiée au sujet de la famille Huard, originaire de Buzançais en Berry. Il semblerait en effet, d'après la rédaction de cette notice, que les Huard de Verneuil descendraient des Huard de Boisrenault, tandis que l'origine est commune et que la séparation des branches Boisrenault et Verneuil ne date que de la fin du siècle dernier.

Huard de Verneuil a cinq représentants : l'abbé Huard de Verneuil, chanoine d'honneur du diocèse de Bourges ; Huard de Verneuil, son frère, maire d'Ambrault, au château de Pellegrue, Indre ; celui-ci a trois fils : Gaston, procureur de la République, près le tribunal d'Issoudun ; Antoine, capitaine d'état-major, attaché à l'état-major de la 16° division, à Bourges ; Albert, chef de cabinet du préfet de la Nièvre.

**VERNEUIL.** *Bretagne.*

D'azur, au lion d'or, armé et couronné de gueules, cantonné à sénestre de trois étoiles du même.

Grande par son ancienneté et sa noblesse, cette famille, qui remonte par titres à Étienne de Verneuil, chevalier, qui vendit à l'évêque de Paris plusieurs fiefs et rentes en 1255, et dont le frère Ferry de Verneuil fut maréchal de France en 1272, grand échanson de la couronne en 1288, etc., a pour unique représentant de Verneuil, notaire au Pouliguen, département de la Loire-Inférieure.

**VERNIER.** *Franche-Comté.*

D'azur, au soleil d'or, rayonnant et mouvant du chef; à sénestre en pointe, un rocher d'or, sommé d'une tour du même.

Sous le nom générique de Vernier, on rencontre encore deux représentants : Vernier de Byans, officier de la Légion d'honneur, général de brigade; Vernier de Séjourné, au château de Souleau, par Bouilly, département de l'Aube.

**VERNIN** (du). *Auvergne.*

D'or, à la bande de gueules, chargée de trois besants du champ.

Cette famille a trois représentants à Vic-le-Comte, département du Puy-de-Dôme : Joseph-Jules du Vernin; Xavier du Vernin; Hippolyte-François du Vernin, prêtre.

**VERNIN D'AIGREPONT.** *Bourbonnais.*

Écartelé : aux 1 et 4 d'azur, à la croix potencée d'or, cantonnée de quatre croisettes du même; aux 2 et 3 d'argent, à la feuille de chêne de sinople

L'unique représentant du nom, Vernin d'Aigrepont, réside à son château, par Moulins, département de l'Allier.

**VERNINAC.** *Toulouse, Montauban.*

De vair, à une aigle de gueules.

Cette famille a deux représentants : de Verninac, au château de Croze, par Cressensac, département du Lot; de Verninac de Croze, chevalier de la Légion d'honneur, président du tribunal civil, à Tulle, département de la Corrèze.

**VERNINES** (Murat de). *Auvergne.*

Losangé d'or et d'azur.

Cette famille, dont nous avons donné la généalogie dans notre précédent ouvrage *la Belgique héraldique*, est représentée en France, dans la contrée dont elle est originaire, par Murat de Vernines, au château de la Roche, par Aigueperse, département du Puy-de-Dôme,

**VERNOIS.** *Franche-Comté.*

De gueules, emmanché de deux pièces d'or.

Éteinte dans les mâles, cette famille n'est plus représentée que par la baronne de Vernois, à Paris.

**VERNOT DE JEUX.** *Bourgogne.*

D'or, au chevron de gueules, accompagné en chef de trois étoiles d'azur, en pointe d'une étoile du même, surmontant une croix alaisée de gueules.

Cette famille qui a donné Guy de Vernot, présent, en 1132, à l'introduction des Moniales, à l'abbaye de Tart, près Dijon, est représentée par Charles-Vivant de Vernot de Jeux, ancien capitaine de cavalerie, garde du corps des rois Louis XVIII et Charles X, au château de l'Érable, près Celles-sur-Cher, département de Loir-et-Cher. Il a un fils et une fille mariée.

**VERNY.** *Montpellier, Montauban.*

D'or, à un arbre arraché de sinople.

L'unique représentant du nom, de Verny, réside à Ornes, par Condom, département du Gers.

**VEROT.** *Languedoc, Comtat-Venaissin.*

D'azur, à trois roues d'or posées 2 et 1 ; au chef d'argent chargé de trois étoiles de gueules.

Cette famille a deux représentants : de Verot, conseiller à la cour d'appel à Montpellier, département de l'Hérault ; de Verot, vérificateur des domaines, à Privas, département de l'Ardèche.

**VERPILLIÈRE** (Thélis de). *Beaujolais.*

D'or, à trois fasces de gueules.

L'unique représentant du nom, Thélis, marquis de la Verpillière, réside à Lagnieu, département de l'Ain.

**VERRERIE** (Ozon de). *Orléanais.*

De gueules, à une fasce d'or, chargée d'un fermeau de sinople.

Le comte d'Ozon de Verrerie, unique représentant du nom, réside au château de la Fresnay, par Sillé-le-Guillaume, département de la Sarthe.

**VEREYCKEN DE SART.** *Flandre.*

D'azur, au chevron d'or.

Cette famille a pour unique représentant le comte de Vereycken de Sart, au Catelet, département de l'Aisne.

**VERRIE DE VIVANS** (DE LA). *France.*

Parti : au 1 d'argent, à trois fasces ondées d'azur ; au chef de gueules, chargé de trois étoiles d'or, qui est de la Verrie ; au 2 d'or, au lion couronné de gueules, qui est de Vivans.

De la Verrie de Vivans, unique représentant du nom, réside à Siorac, département de la Dordogne.

**VERRIER DE BOULZAT** (DU). *Poitou.*

D'argent, à une aigle de vair.

Cette famille a cinq représentants : du Verrier de Boulzat, au château de la Borderie, par Champagne-Mouton, département de la Charente ; du Verrier de Boulzat, au château de Gorce, par Alloue, même département ; du Verrier de Boulzat, à la Rau, par Usson, département de la Vienne ; du Verrier de Boulzat, à Combes, près Gençay, même département ; du Verrier de Boulzat, au château du Pin, par Gençay.

**VERSORIS.** *Guyenne.*

D'azur, à trois fasces vivrées d'argent.

L'unique représentant du nom, de Versoris, réside au château de la Beaume, par le Bourg-Saint-Andéol, département de l'Ardèche.

**VERTEUIL.** *Guyenne.*

Tiercé en barre d'argent, de gueules et d'azur, l'argent chargé de trois losanges de gueules et l'azur de trois étoiles d'argent ; le tout dans le sens de la bande.

Cette famille a pour unique représentant de Verteuil, inspecteur des contributions indirectes à Vienne, département de l'Isère.

**VERTHAMON.** *Limousin.*

Écartelé : au 1 de gueules, au lion léopardé d'or; aux 2 et 3 d'or, échiqueté d'azur ; au 4 de gueules plein.

Cette famille a cinq représentants : le marquis de Verthamon, au château de Castera, à Saint-Germain-d'Esteuil, par Lesparre, département de la Gironde ; le comte de Verthamon, au château de Couffran, à Saint-Seurin de Cadourne, par Saint-Estèphe (Gironde); le vicomte de Verthamon, au château de Bessan, par Lesparre (Gironde) ; le baron de Verthamon, au château de Taupignac, par Royan (Charente-Inférieure); le comte Henri de Verthamon, à Bordeaux.

**VERTILLAC** (DE LA BROUSSE DE). *France.*

D'or, au chef de sinople, fruité du champ; au chef d'azur, chargé de trois étoiles d'or.

Le marquis César de la Brousse de Vertillac, unique représentant du nom, réside à Paris.

**VERTON.** *Normandie.*

D'azur, à une fasce d'argent chargée d'une mouche de sable.

Cette famille, qui a donné Jean de Berton, écuyer, conseiller secrétaire du roi, maison et couronne de France et de ses finances, en 1574, est représentée par le baron de Verton, au château de Thibermont, par Offranville, département de la Seine-Inférieure.

**VERTUS.** *Picardie.*

D'argent, à trois hures de sanglier, arrachées de sable, éclairées et défendues d'argent, celles du chef affrontées et celle de la pointe contournée.

Cette famille est représentée par de Vertus, maire à Brécy, par Coincy, département de l'Aisne.

**VÉSIAN.** *Languedoc.*

D'azur, à la bande d'or, accompagnée de deux croissants d'argent, l'un en chef et l'autre en pointe.

Cette famille est représentée par deux frères: de Vésian, ingénieur des ponts et chaussées à Chartres, département d'Eure-et-Loir ; de Vésian, à Paris.

**VESVRE** (DE LA). *Bourgogne.*

D'azur, à la bande d'or, accompagnée de trois étoiles du même, deux en chef et une en pointe.

Cette famille a deux représentants : de la Vesvre, à Moulins, département de l'Allier ; de la Vesvre, au château de la Vesvre, par Dun-le-Roy, département du Cher.

**VESVROTTE** (RICHARD DE). *Bourgogne.*

D'azur, au chef d'or, chargé de trois tourteaux de gueules. — *Alias* : au chef contre de gueules, chargé de trois besants d'or.

Le comte Richard de Vesvrotte, chef de nom et d'armes, réside au château de Sainte-Colombe, par Vitteaux, département de la Côte-d'Or ; Richard de Vesvrotte, autre représentant du nom, réside au château de Laberchère, par Nuits, même département.

**VETAT DE CHANDORÉ.** *Périgord, Guyenne.*

D'azur, à trois bandes surmontées chacune d'une merlette du même.

L'unique représentant du nom, de Vetat de Chandoré, réside au château des Vitizons, par Ribérac, département de la Dordogne.

**VEYE.** *Lorraine.*

D'azur, à un cyprès arraché d'or et enté sur un croissant de sable ; au chef de gueules, chargé de trois molettes d'or.

Cette famille, qui a donné plusieurs chanoinesses au chapitre noble de Remiremont, a deux représentants : le vicomte de Veye, qui de son mariage avec Jeanne-Claudia-Agrippine-Olga Sanguin de Livry, a trois enfants, dont l'aîné, Girard-Marie-Charles-Henri de Veye, hérite du nom et des titres de son aïeul paternel, Charles-Antoine-Hippolyte Sanguin, marquis de Livry, mort sans postérité mâle. (Voir Livry, t. V, p. 239 et suiv.)

De Veye, autre représentant du nom, réside à Versailles.

**VEYRIÈRES.** *Limousin.*

D'argent, à trois verres à pied de gueules, qui est de Veyrières, et une branche de laurier de sinople en bande et en abîme, qui est du Laurens.

Connue en Limousin dès l'an 1518, maintenue noble en 1667, cette famille est représentée par Marie-Jacques-Louis de Veyrières, écuyer et chevalier, à Beaulieu, département de la Corrèze.

**VEZIEN.** *Poitou.*

De gueules, à un loup d'or.

L'unique représentant du nom, de Vezien, est maire à Maille, par Angles-sur-Langlin, département de la Vienne.

**VEZY DE BEAUFORT.** *Toulouse, Montauban.*

De gueules, à la bande d'argent chargée de trois croix du champ ; accompagné de trois annelets en chef et un croissant en pointe, le tout aussi d'argent. Couronne : de comte.

Cette famille noble s'est établie en 1584 au château de Martret, département de la Corrèze.

**VIAL.** *Lyonnais.*

D'azur, à la fasce d'or, chargée de trois annelets de sable et accompagnée de trois étoiles d'argent en chef et d'un croissant du même en pointe.

Cette famille est représentée par Vial de Rajat, à Paris.

**VIALAR.** *Toulouse.*

Parti d'azur et de gueules; l'azur au portique d'argent, le gueules au sautoir alésé d'or; sur le tout un chef d'or, chargé d'une guivre en pal de sable, accostée de deux croix pattées du même.

Le baron de Vialar, chef de nom et d'armes, réside au château de Bon-Repos, par Montauban, département de Tarn-et-Garonne; le baron de Vialar, officier de la Légion d'honneur, autre représentant du nom, réside à Alger.

**VIALETTES DE MORTARIEU.** *Toulouse.*

Écartelé : aux 1 et 4 d'or, à quatre pals d'azur; aux 2 et 3 de sable, au cor frangé et enguiché d'or.

Cette famille a deux représentants : le baron Vialettes de Mortarieu, chevalier de la Légion d'honneur, conseiller général, à Montauban, département de Tarn-et-Garonne; Vialettes de Mortarieu, à Toulouse.

**VIALLE** (LA). *Limousin, Auvergne.*

LIMOUSIN. De sable, à un chevron d'argent.

AUVERGNE. D'argent, à une main de justice, posée en pal de sable.

Cette famille a deux représentants : François la Vialle de Lameillière, attaché à l'administration des lignes télégraphiques, à Paris ; la Vialle de Masmorel, receveur particulier à Brives, département de la Corrèze.

**VIART.** *Ile-de-France, Blaisois, Poitou, Beauce, Champagne, Bourgogne.*

D'or, au phénix de sable sur un bûcher de gueules ; au chef d'azur, chargé de trois coquilles d'argent.

Devise : *Vivit et ardet.* (Les lettres qui forment le nom sont d'azur.)

Originaire de Blois et d'ancienne noblesse, cette famille, qui a formé plusieurs branches, remonte par titres à Jean de Viart, bailli de Blois, ainsi qualifié dans une transaction du 27 septembre 1342. Elle a pour unique représentant : le vicomte de Viart, à Crisenoy, par Melun (Seine-et-Marne), et au château de Brunehaut, par Étampes, département de Seine-et-Marne.

**VIBRAC** (du Ranc de). *Languedoc.*

D'azur, au rocher d'or, chargé de deux pals accostés de deux étoiles. *Alias :* roses d'argent, le rocher surmonté en chef d'un croissant aussi d'argent.

Cette famille a deux représentants : du Ranc de Vibrac, au château de Vibrac, par Lunel, département de l'Hérault ; du Ranc de Vibrac, à Versailles.

**VIC.** *Flandre.*

De sable, à six besants d'or, posés 3, 2 et 1 ; à la fleur de lis d'argent en chef.

Cette famille a quatre représentants en France : de Vic, au château de Coupigny, par Béthune, département du Pas-de-Calais; de Vic, au château de Zaleux, par Abbeville, département de la Somme; Camille de Vic, à Lille; Jules de Vic, à Lille.

**VICHY.** *Auvergne, Bourgogne.*

De vair plein.

Cette famille se divise en deux branches, l'une restée en Auvergne, l'autre transplantée en 1344, en Bourgogne.

La branche d'Auvergne a trois représentants : le marquis de Vichy, au château de la Martre, par Champeix, département du Puy-de-Dôme; de Vichy, au château de Cornets, par Billom, même département; de Vichy, au château de Ludesse, par Champeix, même département.

La branche de Bourgogne est représentée par deux frères : Joseph-Alphonse, marquis de Vichy, au château Davon, commune d'Oyé, département de Saône-et-Loire; Gustave, comte de Vichy, au château de Maragny, à Maragny, même département.

**VIDAL DE LAUZUN.** *Languedoc.*

D'argent, à deux lions de gueules, soutenant un olivier de sinople.

Cinq représentants : Joseph Vidal de Lauzun, ancien capitaine de cavalerie, membre du Conseil général du Tarn; Dominique-Théodore Vidal de Lauzun, officier de la Légion d'honneur, colonel d'infanterie en retraite; Théodore Vidal de Lauzun, chevalier de la Légion d'honneur, capitaine au 100ᵉ régiment d'infanterie; Victor-Roger Vidal de Lauzun, à Paris.

**VIDAL DE LÉRY.** *Provence.*

D'azur, au phénix d'or sur son immortalité du même, fixant un soleil aussi d'or, mouvant de l'angle dextre de l'écu.

Devise : *E cinere phœnix, e sanguine miles.*

L'unique représentant du nom, Charles-Alphonse, baron Vidal de Léry, réside à Wassy, département de la Haute-Marne.

**VIDAL (DU).** *Languedoc.*

D'or, au sautoir échiqueté de deux tires, d'argent et de sable, accompagné de quatre quintefeuilles de gueules.

Cette famille a pour chef de nom et d'armes Antoine-Edgar du Vidal, marquis de Montferrier, à Tonnerre, département de l'Yonne, qui a un fils et trois filles. Il a aussi un frère, du Vidal, comte de Montferrier, à Metz.

**VIDAL DE VERNEIX.** *Bourbonnais.*

D'azur, à trois troncs de chêne d'or.

L'unique représentant du nom, Vidal de Verneix, réside au château de Fragne, par Montluçon, département de l'Allier.

**VIDAL.** *Languedoc.*

Écartelé : Aux 1 et 4 d'or, au lion rampant de sable ; aux 2 et 3 barré d'argent et d'azur; à la bande d'or, chargée de trois étoiles de sable, brochante sur le tout.

Cette famille a deux représentants : de Vidal, à Castelsagrat, département de Tarn-et-Garonne ; de Vidal de Marquet, à Clermont-Dessus, par Puymirol, département de Lot-et-Garonne.

**VIDARD.** *Guyenne.*

De sinople, à une hure de sanglier d'or.

L'unique représentant du nom, de Vidard, réside à son château à Artix, département des Basses-Pyrénées.

**VIDART.** *Provence.*

Écartelé : aux 1 et 4 de gueules, au sanglier de sable, passant devant un cyprès de sinople, accompagné de huit croix de Saint-André d'or posées 3, 2 et 3 ; au 2 de gueules, à trois dards d'argent, fûtés et empennés d'or, l'un en pal et les deux autres passés en sautoir les pointes en bas ; au 3 de gueules, à trois dards rangés en pal d'or, fûtés et empennés d'argent, les pointes en bas. Supports : deux lévriers.

Devise : *Aux Maures!*

L'unique représentant du nom, Jean-Joseph-Louis, vicomte de Vidart, ancien membre du conseil général du département des Landes, réside à Paris.

**VIEFVILLE** (DE LA). *Flandre.*

Écartelé : aux 1 et 4, fascé d'or et d'azur de huit pièces, à trois annelets de gueules brochant sur les deux premières ; aux 2 et 3 d'azur, chargé de trois peupliers de sinople terrassés du même ; au chef d'azur, à l'aigle éployée d'or.

Par suite du mariage de Luce-Élisabeth de la Viefville, fille de Ferdinand de la Viefville, comte d'Orvillers, avec Philippe le Comte de la Chaussée, d'abord capitaine commandant le régiment royal Bombardier, puis conseiller au Parlement de Flandres, chevalier de Saint-Louis, mort en 1755, leurs descendants furent substitués aux nom, titres et armes de la famille de la Viefville, qu'ils portent depuis.

Cette branche de la maison de Viefville a donné des officiers distingués, des chevaliers de Malte et des magistrats au parlement de Flandre. Elle est actuellement représentée par Alexis-Eugène-Désiré-Alphonse, comte de la Viefville, et Eugénie-Marie-Auguste de la Viefville, épouse de Pierre-Raymond, vicomte de Brigode-Kemlandt.

### VIEIL DE LA MARSONNIÈRE (LE). *Touraine.*

D'argent, à un chêne de sinople.

Cette famille a deux représentants : le Vieil de la Marsonnière, médecin, à Poitiers, département de la Vienne ; le Vieil de la Marsonnière, chevalier de la Légion d'honneur, ancien procureur général à la cour d'appel, à Colmar, (Alsace).

### VIELCASTEL. *Quercy.*

De gueules, au château donjonné d'or.

Cette famille a deux représentants : le baron de Vielcastel, commandeur de la Légion d'honneur, à Paris ; de Vielcastel, au château de Roussie, par Sarlat, département de la Dordogne.

### VIEILLESCASES. *Normandie.*

D'azur, au sautoir d'or, cantonné de quatre aigrettes au vol abaissé aussi d'or.

L'unique représentant du nom, de Vieillescases, est supérieur du séminaire, à Versailles.

### VIEL-LUNAS D'ESPEUILLES. *Normandie, Nivernais.*

De gueules, à une enceinte fortifiée d'argent, maçonnée de sable ; au chef cousu d'azur, chargé d'un croissant d'argent entre deux étoiles d'or.

Cette famille a trois représentants : le marquis de Viel-Lunas d'Espeuilles, chevalier de la Légion d'honneur, ancien sénateur, à Paris; le comte Antonin Viel-Lunas d'Espeuilles, chevalier de la Légion d'honneur, ancien officier d'ordonnance de l'Empereur, à Paris; le vicomte Albéric Viel-Lunas d'Espeuilles, attaché à l'ambassade de France, à Vienne.

**VIELLARD.** *Normandie.*

D'or, au sautoir de sable, cantonné de quatre glands du même.

Cette famille a deux représentants : Viellard de Boismartin, inspecteur général des bureaux de bienfaisance, à Paris; Viellard d'Estrées, à Lille, département du Nord.

**VIENNE.** *Bourgogne.*

De gueules, à l'aigle d'or, membrée d'azur.

Une des premières et des plus anciennes de Bourgogne, cette maison, qui remonte à Philippe de Vienne, seigneur d'Antigny, vivant en 1241, a donné un archevêque de Besançon, un archevêque de Rouen, un évêque, duc de Langres, un chevalier du Saint-Esprit, un chevalier de la Toison d'or, un amiral de France. Elle a trois représentants : de Vienne, au château d'Estours, par Mâcon, département de Saône-et-Loire ; de Vienne, au château de Montgriffon, par Saint-Genis-Laval, département du Rhône; de Vienne, chevalier de la Légion d'honneur, conseiller référendaire honoraire à la Cour des Comptes, à Paris.

**VIENOT DE VAUBLANC.** *Bourgogne.*

D'azur, au lion léopardé d'or; au chef d'argent chargé

d'un soleil de gueules, accosté de deux raisins de pourpre.

Cette famille a onze représentants : le comte Vienot de Vaublanc, à Paris ; autre comte Vienot de Vaublanc, à Paris ; Vienot de Vaublanc, au château de Lieuteret, par Meymac, département de la Corrèze ; Vienot de Vaublanc, au château de Mimande, par Chagny, département de Saône-et-Loire ; Vienot de Vaublanc, au château de Maumont, par Aigleton, département de la Corrèze ; Alexandre Vienot de Vaublanc, chef de station des lignes télégraphiques, à Dax, département des Landes ; Vienot de Vaublanc, lieutenant au 102e régiment d'infanterie ; Vienot de Vaublanc, capitaine adjudant-major au 12e régiment de dragons ; Casimir, Édouard et Marcel Vienot de Vaublanc, à Montargis, département du Loiret.

**VIETTE.** *Bretagne.*

D'argent, à la bande d'azur, accompagnée de six tourteaux de gueules rangés en orle.

L'unique représentant du nom, de Viette, réside au château de Ruel, par Argences, département du Calvados.

**VIEUVILLE** (de la). *Bretagne.*

D'argent, à la fasce d'azur.

Cette famille a pour unique représentant de la Vieuville, au château de Tourdelin, par Becherel, département d'Ille-et-Vilaine.

**VIEUVILLE** (de la). *Ile-de-France.*

D'azur, au chevron d'or, accompagné en chef de deux étoiles d'argent et en pointe d'une fleur de lis du même.

Distincte de celle qui précède, cette famille est représentée par de la Vieuville, colonel en retraite, à Versailles.

**VIEUX** (DE). *Normandie.*

Burelé d'argent et d'azur; à l'aigle de sable brochante sur le tout.

Cette famille a trois représentants : le comte de Vieux, au château de Hondoville, par Louviers, département de l'Eure ; le vicomte de Vieux ; Didier de Vieux.

**VIÈVRE.** *Orléanais.*

De gueules, à trois lions d'argent, couronnés d'or.

L'unique représentant du nom, de Vièvre, réside au château de Montliard, par Boiscommun, département du Loiret.

**VIGAN.** *Normandie.*

D'hermines, au chevron d'azur, accompagné de trois roses de gueules.

Cette famille a deux représentants: le baron de Vigan, au château de Cernières, par Broglie, département de l'Eure ; de Vigan, inspecteur des eaux et forêts en retraite, au château de la Petite-Lande de Cerqueux, par Orbec, en Auge, département du Calvados.

**VIGIER.** *Saintonge, Guyenne, Gascogne.*

SAINTONGE. D'argent, à trois fasces de gueules.

GUYENNE, GASCOGNE. D'azur, à trois foys d'argent, surmontées chacune d'une fleur de lis d'or.

Cette famille a trois représentants : le comte de Vigier, au château de Grandvaux, par Savigny-sur-Orge, département de Seine-et-Oise ; le baron de Vigier, à Nice ; de Vigier, chevalier de la Légion d'honneur, à Réaup, par Mézin, département de Lot-et-Garonne.

**VIGNAUD DE VILLEFORT** (DU). *Poitou, Saintonge, Limousin, Gascogne et Navarre.*

D'azur, au chevron d'argent, accompagné en chef de deux étoiles d'or, et en pointe d'un croissant du second.

Représentants actuels : don Félix du Vignaud, comte de Villafuerte, à San-Salvador (Amérique) et Pierre du Vignaud, colonel en retraite, à Périgueux (Dordogne).

**VIGNE** (DE LA). *Bretagne.*

D'argent, au cep de vigne serpentant de sinople, mis en fasce, chargés de trois grappes de raisin de pourpre.

Cette feuille a trois représentants : de la Vigne, maire à Rohan, département du Morbihan ; de la Vigne, avocat, à Maure, par Rennes ; de la Vigne, percepteur à Fougères, même département.

**VIGNERAL.** *Normandie.*

D'azur, au chevron d'or, accompagné en chef d'un croissant et de deux étoiles d'argent et en pointe d'une tête de léopard du même.

Cette famille est représentée par le comte de Vigneral, ancien chef d'escadron d'état-major, au château de Ri, par Putanges, département de l'Orne.

**VIGNES DE PUYLAROQUE.** *Languedoc.*

D'argent, à la vache de gueules, clarinée d'argent, passant sur une terrasse de sinople.

Cette famille a deux représentants : Raymond de Vignes de Puylaroque, au château de Castelnau-d'Estrétefonds, département de la Haute-Garonne ; de Vignes de Puylaroque, à Bruniquel et à la Bastide-Saint-Pierre, département de Tarn-et-Garonne.

**VIGNOLES DE PICQUET.** *Gascogne.*

Écartelé : aux 1 et 4 de gueules, au lion d'or, armé, lampassé, couronné de sable, tenant en dextre une épée en pal d'or ; au chef d'or, chargé de trois croissants de sable, qui est de Juillac ; au 2 de sable, au cep de vigne d'argent, contournant un échalas du même, qui est de Vignolles ; au 3 d'argent, à trois têtes d'aigles arrachées de gueules, becquées, languées et couronnées de sable, posées 2 et 1, qui est de Picquet. Cimier : le lion de l'écu, tenant en senestre une banderole chargée du cri de guerre : *Nunquam impune.*

Devise : *Semper audax et fortis.*

Connue depuis 1055 en Gascogne, où elle possédait quatre fiefs, cette famille est représentée par François-Joseph-Casimir-Gustave Vignolles de Picquet, vicomte de Juillac, ancien capitaine de cavalerie, membre de plusieurs sociétés savantes, à Toulouse. Il a un fils, Joseph, et deux filles.

**VIGNOLLE.** *Languedoc.*

De sable, au chevron d'or ; à l'épée d'argent brochante sur le tout.

Le comte de Vignolle, commandeur de la Légion d'honneur, unique représentant du nom, est général de brigade, à Paris.

**VIGUERIE.** *Toulouse.*

Écartelé : aux 1 et 4 d'azur, à la tour d'argent, maçonnée de sable ; aux 2 et 3 de gueules, à trois fasces d'or.

Cette famille a deux représentants : Adolphe de Viguerie, à Toulouse; Auguste de Viguerie, à Toulouse.

**VIGUIER DE SAINTE-VALLIÈRE.** *Provence, Quercy.*

D'or, à la bande d'azur, chargée en cœur d'une rose d'argent et accompagnée en chef de deux étoiles d'azur, et d'une semblable étoile posée au canton de la pointe de l'écu.

Cette famille a deux représentants : Viguier de Sainte-Vallière, à Marseille ; Viguier de Sainte-Vallière, à Toulouse.

**VILADE.** *Normandie.*

D'azur, au chevron d'or, accompagné en chef de deux étoiles du même et en points d'un lion passant d'argent, tenant en sa gueule un flambeau d'or, allumé de gueules.

Cette famille a deux représentants : Léon-Charles de Vilade, juge au tribunal civil, à Bayeux, département du Calvados; Jacques de Vilade, à Crocy, par Falaise, même département.

**VILAR DE BOISAMBERT.** *Roussillon, Bretagne.*

D'hermines, à une bande d'azur, chargée de trois molettes d'or.

Léon de Vilar de Boisambert, chef de nom et d'armes, réside au château de Corbère, par Millas, département des Pyrénées-Orientales.

La branche cadette de cette famille porte le nom de de Vilar ; elle est représentée par Edmond de Vilar, à Thuir, par Perpignan et Gaston de Vilar, à Paris. Elle porte : d'or, à la bande crénelée de sinople, chargée de trois abeilles d'argent.

**VILLA DE SORBIER.** *Languedoc.*

De sable, au bâton d'or, brochant sur un lion du même.

Villa de Sorbier, chevalier de la Légion d'honneur, unique représentant du nom, est architecte, à Oran, (Algérie.)

**VILLAGES.** *Provence.*

D'argent, à un double delta ou deux triangles entrelacés l'un dans l'autre, de sable, enfermant un cœur de gueules.

L'unique représentant du nom, de Villages, réside à Soulangy, par Aix-d'Angillon, département du Cher.

**VILLAINES.** *Berri, Bourbonnais.*

Écartelé : aux 1 et 4 d'azur, au lion passant d'or ; aux 2 et 3 de gueules, à neuf losanges d'or.

Connue par un aveu de dénombrement du 17 mars 1398, cette famille est représentée par le marquis de Villaines, qui a sa résidence d'été au château de Saint-Sévère, département de l'Indre, et sa résidence d'hiver, à Paris.

**VILLARD.** *Suisse, Provence.*

D'azur, au chevron d'argent, accompagné de trois cœurs du même.

Cette famille est représentée par Édouard-Jean-Baptiste du Villard, à Marseille, qui a un fils, Noël.

**VILLARDI.** *Comtat-Venaissin, Languedoc.*

D'azur, au dextrochère armé d'argent, mouvant de senestre et tenant une palme d'or.

Devise : *Virtuti palma.*

Cette famille a deux représentants : Eugène-Joseph de Villardi, marquis de Montlaur, chevalier de la Légion d'honneur, vice-président du conseil général de l'Allier, au château de Lyonne, par Gannat, département de l'Allier; le comte de Villardi de Montlaur, au château de Diziers, par Mer, département de Loir-et-Cher.

**VILLARET.** *Montpellier, Montauban.*

D'argent, à un arbre de sinople; au chef d'azur, chargé de trois étoiles d'or.

Cette famille a deux représentants : de Villaret, au château de Grand-Saint-Didier, par Saint-Remy, département des Bouches-du-Rhône; de Villaret, juge suppléant au tribunal civil, à Montpellier, département de l'Hérault.

**VILLARMOIS** (ARTUR DE LA). *Touraine, Normandie.*

De gueules, à une coquille d'or; au chef d'argent.

Cette famille, dont le nom patronymique est d'Artur, a deux représentants : le comte d'Artur de la Villarmois; le vicomte d'Artur de la Villarmois, au château de Montgoger, par Sainte-Maure, département d'Indre-et-Loire. Il a sa résidence d'hiver à Tours.

**VILLARS.** *Lyonnais, Auvergne.*

LYONNAIS. Bandé d'or et de gueules. — D'azur, à trois molettes d'or; au chef cousu de gueules, chargé d'un lion passant d'argent.

AUVERGNE. D'hermines, au chef de gueules, chargé d'un lion issant d'or.

Originaire de Lyon, ayant donné cinq archevêques successifs à l'Église de Vienne, de grands hommes dans la robe, un maréchal de France, deux chevaliers du

Saint-Esprit, le nom de Villars a trois représentants : le baron de Villars, au château de Carlepont, département de l'Oise, au château de Beuvrière, par Berd'huis, département de l'Orne et à Paris ; de Villars, attaché à l'administration des lignes télégraphiques, à Tarbes, département des Basses-Pyrénées ; de Villars, à Toulouse.

**VILLATTE DE PEUFEILHOUX.** *Bourbonnais.*

D'argent, à l'arbre terrassé de sinople ; au chef d'azur, chargé de deux étoiles d'or.

Cette famille a quatre représentants : Villatte de Peufeilhoux, à Montluçon, département de l'Allier ; Villatte de Peufeilhoux, au château de Cerclier, par Néris, département de l'Allier ; Villatte de Peufeilhoux, au château de Modières, par Néris ; Villate de Peufeilhoux, substitut du procureur de la république, à Thiers, département du Puy-de-Dôme.

**VILLE.** *Lorraine, Franche-Comté.*

LORRAINE. D'or, à une croix de gueules.

FRANCHE-COMTÉ. D'argent, à la bande de gueules chargée de trois roses d'or et accompagnée de six étoiles de gueules. — D'or, à la croix de gueules, chargée de cinq roses d'argent. — D'azur, à trois bandes vivrées d'or.

Cette famille a six représentants : de Ville de Perrière, chevalier de la Légion d'honneur, sous-commissaire, contrôleur colonial à la Guadeloupe ; de Ville de Perrière, percepteur, à la Pointe-Noire, à la Guadeloupe ; de Ville de Sainte-Claire, officier de la Légion d'honneur, membre de l'Institut, à Paris ; de Ville de Sainte-Claire, chevalier de la Légion d'honneur, ingénieur des mines, à Paris ; de Ville de Sainte-Suzanne, ancien sous-préfet, à Yvetot, département de la Seine-Inférieure ; de Ville, maire à Neuvic, département de la Dordogne.

**VILLE** (DE LA). *France, Montpellier, Montauban.*

FRANCE. D'argent, à la bande de gueules.

MONTPELLIER, MONTAUBAN. D'azur, à une tour d'argent, maçonnée de sable, accostée de deux lions affrontés d'or.

Cette famille a trois représentants : de la Ville, à la Marche, département des Vosges ; de la Ville, au château de Combords, par Verteuil de Castelmauron, département de Lot-et-Garonne ; de la Ville-Le-Roux, officier de la Légion d'honneur, à Paris.

**VILLE DE FEROLLES** (DE LA). *Poitou.*

D'argent, à la bande de gueules.

Cette famille a pour chef de nom et d'armes de la Ville de Férolles, marquis des Dorides, qui a sa résidence d'été au château de Saint-Clémentin, par Bressuire et sa résidence d'hiver à Nantes.

**VILLE DE TEYNIER** (DE LA). *Languedoc.*

D'or, à la croix potencée et alésée de gueules.

Cette famille dont nous ne connaissons que les armes, a deux représentants à Toulouse.

**VILLEBOIS** (MAREUIL DE). *Angoumois.*

De gueules, au chef d'argent ; au lion d'azur brochant sur le tout.

Connue sous le nom de Mareuil, cette famille a quatre représentants : le comte Mareuil de Villebois, à Angers ;

le vicomte Mareuil de Villebois, au château de la Guenaudière, par Grez-en-Bouère, département de la Mayenne ; Mareuil de Villebois, au château de Morlière, par Saint-Denis d'Anjou, même département ; Mareuil de Villebois, au château de Ferrière, par Segré, département de Maine-et-Loire.

**VILLEBRESME.** *Poitou, Saintonge.*

D'or, à l'amphistère de gueules.

Cette famille a deux représentants : le comte de Villebresme, au château de Rochée, par Morée, département de Loir-et-Cher ; de Villebresme, à Angers.

**VILLECARDET.** *Hainaut, Picardie, Savoie, Piémont, Dauphiné, Languedoc.*

D'azur, à la fasce d'or, accompagnée en chef d'une hermine accostée de trois croissants d'argent mal ordonnés et d'un château d'argent, ajouré et maçonné de sable en pointe.

Cette famille dont il est parlé dans l'*Armorial de la noblesse du Languedoc, Montpellier*, 1860, de L. de Laroque, est représentée par Henri-Paul-Élie de Villecardet, comte de Fleury, à Rennes-les-Bains, département de l'Aude.

**VILLEDAVY.** *France.*

D'or, au sanglier de sable.

L'unique représentant du nom, de Villedavy, est directeur des postes, à Loches, département d'Indre-et-Loire.

**VILLEDIEU DE TORCY.** *Bourgogne.*

D'azur, à deux pals d'or ; au chef d'hermines.

Cette famille a deux représentants : de Villedieu de Torcy, avocat à Paris ; Villedieu, marquis de Torcy, au château de Durat, à Athis, département de l'Orne.

**VILLEDON.** *Poitou.*

D'argent, à trois fasces ondées de gueules.

De Villedon, unique représentant du nom, est percepteur, à Beauvoir, département des Deux-Sèvres.

**VILLEGONTIER** (DE LA). *Bretagne.*

D'argent, au chevron d'azur ; au chef du même chargé d'une fleur de lis d'or.

Éteinte dans les mâles, cette famille est représentée par la comtesse de la Villegontier, au château de Pihoraye, par Landivy, département de la Mayenne.

**VILLEIROUET** (MOUESAN DE LA). *Bretagne.*

D'azur, à trois molettes d'argent et à la fleur de lis du même en abîme.

L'unique représentant du nom, Mouesan de la Villeirouet, réside à Rennes.

**VILLÈLE.** *Languedoc.*

Parti emmanché d'or et de gueules.

Cette famille a quatre représentants : le comte de Villèle, au château de Morville, par Caraman, département de la Haute-Garonne ; le comte de Villèle, à Paris ; de Villèlé, à Toulouse ; Louis de Villèle-Laprade, à Toulouse.

**VILLELONGUE** (DE LA). *France.*

Écartelé : aux 1 et 4 d'argent, au loup de sable ; aux 2 et 3 d'azur, à la gerbe d'or.

Cette famille est représentée par de la Villelongue, percepteur, à Anisy-le-Château, par Laon, département de l'Aisne.

**VILLELUME.** *France.*

D'azur, à dix besants d'argent posés 4, 3, 2 et 1.

Cette famille a deux représentants : le marquis de Villelume, au château de l'Osmônerie, par Aixe-sur-Vienne, département de la Haute-Vienne ; le vicomte de Villelume, au château de Thoureau, par Aixe-sur-Vienne.

**VILLEMARQUE** (Hersart de la). *Bretagne.*

D'or, à la herse de labour de sable.

Cette famille a deux représentants : le vicomte Hersart de la Villemarque, chevalier de la Légion d'honneur, membre de l'Institut, à Paris ; Hersart de la Villemarque, au château de Keransker, par Quimperlé, département du Finistère.

**VILLEMÉJANE.** *Montpellier, Montauban.*

D'argent, à un portique de ville de gueules, garni de cotices de sable.

L'unique représentant du nom, de Villeméjane, est président du tribunal civil, à Grenoble, département de l'Isère.

**VILLEMONE.** *France.*

D'azur, à la bande d'or, accompagnée en chef d'un croissant et en pointe d'une bande du même.

Cette famille a pour unique représentant, de Villemone, juge de paix à Bénévent, département de la Creuse.

**VILLEMUR.** *France.*

Écartelé : aux 1 et 4 d'or, à trois fasces ondées d'azur ; aux 2 et 3 d'or, à un cerf saillant de sable ; au chef d'azur, chargé de trois étoiles à six rais d'argent.

L'unique représentant du nom, de Villemur, est conseiller municipal à Nérac, département de Lot-et-Garonne.

**VILLEMUR.** *Picardie.*

D'azur, à la tour d'argent, maçonnée de sable ; au lambel d'argent en chef.

Cette famille a pour représentant unique de Villemur, sans fonctions et sans titre, à Paris.

**VILLENEUVE.** *Aragon, Provence.*

De gueules, fretté de lances d'or accompagnées d'écussons d'or semé dans les claires-voies ; sur le tout un écusson d'azur, chargé d'une fleur de lis d'or.

Devise : *Per hac regnum et imperium.*

Cri : *A tout.*

Divisée en plusieurs branches, cette famille a de nombreux représentants : Hélion-Charles-Édouard de Villeneuve, marquis de Trans-Flayosc, à Marseille ; Hippolyte, comte de Villeneuve-Trans-Flayosc, ingénieur des mines ; Raymond, vicomte de Villeneuve-Trans-Flayosc ; Henri, marquis de Villeneuve-Bargemont, au château des Tourettes, par Fayence, département du Var. Il a quatre fils : Fernand, comte de Villeneuve-Bargemont ; Alban, comte de Villeneuve-Bargemont ; Romée, vicomte de Villeneuve-Bargemont ; Anatole de Villeneuve-Bargemont. Il a quatre cousins : Raymond, vicomte de Villeneuve-Bargemont, au château de Bargemont, département du Var ; Elzéar, vicomte de Villeneuve-Bargemont ;

Romée, comte de Villeneuve-d'Esclapon, à Aix; Charles-Léon, comte de Villeneuve d'Esclapon, chef de bataillon en retraite, à Valensolles, département des Basses-Pyrénées; Ferdinand de Villeneuve d'Esclapon, à Aix; Jules de Villeneuve d'Esclapon, à Aix.

**VILLENEUVE.** *Languedoc.*

De gueules, à l'épée d'argent, garnie d'or, posée en bande, la pointe en bas.

Devise : *Sicut sol emicat ensis.*

Cette famille, la plus ancienne de celles qui portent le nom de Villeneuve, remonte au-delà du ix<sup>e</sup> siècle par la possession de ses *aprisions* (1) en Languedoc (2). Elle est aussi généralement reconnue comme la souche d'où est sortie la famille de Villeneuve de Provence. En 1138, un membre de la famille Villeneuve-Languedoc alla s'établir en Provence et devint la tige ou l'une des tiges des Villeneuve de Provence. (Voir les dissertations, documents et titres déposés à la bibliothèque nationale).

La famille de Villeneuve-Languedoc est actuellement représentée (1874) par le marquis de Villeneuve Hauterive, près Castres, département du Tarn ; le comte Roger de Villeneuve, son fils. Celui-ci est encore possesseur d'une partie des *aprisions* signalés dans la charte de 896, à Villeneuve-les-Beliers ; le marquis de Villeneuve-Arifat, à Toulouse ; le comte Edmond de Ville-

---

(1) Les *aprisions* étaient les domaines que, dès 774, Charlemagne avait spécialement et exclusivement accordés à Ildéric et aux autres chefs des Visigoths qui, refoulés par les Sarrasins, s'étaient réfugiés en Septimanie. L'aprision, bien différente du bénéfice, était héréditaire, libre et n'obligeait qu'au service militaire, devançant ainsi de deux siècles l'hérédité des fiefs.

(2) Voir Chartes octroyées par les héritiers de Charlemagne (896).

neuve, au château de Bétous, par Nogaro, département du Gers ; le vicomte Adalbert de Villeneuve, même résidence ; le comte Raymond de Villeneuve, au château de Peguilhan, par Boulogne-Gesse, département de la Haute-Garonne et son jeune fils, Arnaud de Villeneuve, même résidence.

**VILLENEUVE.** *Dauphiné, Lyonnais.*

Dauphiné. D'azur, au lion d'argent.

Lyonnais. Parti : au 1 losangé d'or et d'azur ; au 2 d'argent, à trois demi-vires de gueules. — D'azur, au château de trois tours d'or.

Distincte des autres familles du même nom, celle qui nous occupe a neuf représentants : le comte de Villeneuve, au château de Bois-le-Roy, par Ferrières, département du Loiret ; le comte de Villeneuve, au château de Marac, par Saint-Loup, département de la Haute Marne ; de Villeneuve, chevalier de la Légion d'honneur, à Quintin, département des Côtes-du-Nord ; de Villeneuve, suppléant du juge de paix, à Void, département de la Meuse ; de Villeneuve, à Mormant, par Montargis, département du Loiret ; de Villeneuve, avocat, à Lyon ; de Villeneuve, au château de Tuilière, par Monbrison, département de la Loire ; de Villeneuve, avoué à la Basse-Terre (Guadeloupe).

**VILLENEUVE** (de la).

D'or, à trois étoiles d'azur en chef et un croissant du même en pointe.

L'unique représentant du nom, de la Villeneuve, est conservateur de la Bibliothèque, à Rennes, département d'Ille-et-Vilaine.

**VILLÉON** (de la). *Bretagne.*

D'argent, au houx arraché de sinople; au franc quartier de sable fretté d'or.

Cette famille a deux représentants : de la Villéon, à Saint-Malo, département d'Ille-et-Vilaine; de la Villéon, à Lyon.

**VILLEPREUX.** *Guyenne.*

De gueules, à trois bourdons d'or, surmontés de trois coquilles d'argent ; parti d'argent, à un arbre de sinople, accompagné en pointe d'une tête de porc de sable.

L'unique représentant du nom, de Villepreux, est avocat à Marmande, département de Lot-et-Garonne.

**VILLEQUIER.** *France.*

De gueules, à la croix fleurdelisée d'or, cantonnée de douze billettes du même.

Cette famille a deux représentants : de Villequier, au château de Boulay-Morin, par Évreux, département de l'Eure ; l'abbé de Villequier, vicaire de Notre-Dame de Bonne-Nouvelle, à Paris.

**VILLERS.** *Normandie, Picardie, Dauphiné, Lorraine.*

Normandie. D'hermines, à deux piques ou hallebardes de sable, posées en sautoir et ferrées de gueules.

Picardie. D'or, à trois roses de gueules, feuillées de sinople. — D'argent, à la bande de sable, chargée de trois fleurs de lis d'or.

Dauphiné. D'azur, au chevron d'argent, accompagné de trois lionceaux d'or, les deux du chef affrontés et un en pointe.

Lorraine. D'azur, à la fasce d'argent, accompagnée de trois pommes de grenade d'or.

Sous le nom générique de Villers, on rencontre six représentants : le comte de Villers, à Paris; le baron de Villers, au château de Villers, par Blangy, département de la Seine-Inférieure; de Villers, officier de la Légion d'honneur, à Besançon, département du Doubs; de Villers, à Abbeville, département de la Somme; de Villers, contrôleur des contributions directes, à Rennes; de Villers, receveur particulier, à Autun, département de Saône-et-Loire.

**VILLERS DE LA FAYE.** *Bourgogne, Franche-Comté.*

D'or, à la fasce de gueules.

L'unique représentant du nom, Villers de la Faye, réside au château de Rousset, par Arnay-le-Duc, département de la Côte-d'Or.

**VILLESBRET** (Garnier de la). *Bretagne.*

D'argent, treillissé de sable, cloué d'or, les claires-voies semées de roses de gueules.

Cette famille, dont les titres remontent à l'an 1379 et qui a de nombreux représentants, a pour chef de nom et d'armes Garnier de la Villesbret, au château de Villechauchin, par Montauban, département d'Ille-et-Vilaine.

**VILLETTE.** *France.*

D'azur, au lion d'or.

Cette famille n'a qu'un représentant : le comte de Villette, au château de Giez, par Faverges, département de la Haute-Savoie.

**VILLIERS.** *Bretagne.*

Échiqueté d'argent et de gueules ; au chef d'argent, chargé de deux coquilles de sable.

Cette famille a deux représentants : Charles de Villiers, à Angers, département du Maine-et-Loire ; de Villiers, avocat, à Saint-Lô, département de la Manche.

**VILLIERS (LE JOLIS DE).** *Normandie, Cotentin.*

D'azur, au chevron d'or accompagné de trois aigles éployées de sable, deux en chef et une en pointe.

Cette famille n'est plus représentée que par Prosper Le Jolis de Villiers, maire de Brucheville, au château des Roussières à Brucheville (Manche), et ses trois fils en bas âge.

Par l'alliance de l'aïeul cette famille représente au degré le plus direct et le plus proche le marquis de Géraldin (Fitz-Gerald) originaire d'Irlande, et par celle d'un autre ancêtre le marquis de Prie, dont les noms se sont éteints sous le premier Empire, faute de descendants mâles.

**VILLIERS DE L'ISLE-ADAM.** *Ile-de-France, Bretagne.*

D'or, au chef d'azur, chargé d'un dextrochère vêtu d'un faucon d'hermines.

De Villiers de l'Isle-Adam, unique représentant du nom, vit éloigné de toute fonction publique au Mans, département de la Sarthe.

**VILLIERS DU TERRAGE.** *France.*

ARMES ANCIENNES. De gueules, à trois pattes de griffon d'or posées 2 et 1.

ARMES MODERNES. D'azur, à trois pattes d'or posées 2 et 1.

Cette famille a deux représentants : Paul-Gabriel-Albert de Villiers du Terrage, ancien juge auditeur, à

Tours ; Albert-Édouard de Villiers du Terrage, chevalier de la Légion d'honneur, ingénieur des ponts et chaussées, à Paris.

**VILLORION** (Dufresche de la). *Bretagne, Maine.*
D'argent, à trois lièvres de sable posés 2 et 1.
L'unique représentant du nom, Dufresche de la Villorion, réside au château d'Andigné, par Noyen, département de la Sarthe.

**VILLOT DE BOISLUISANT.** *Auvergne.*
D'azur, au chevron d'argent, accompagné de trois étoiles du même.
L'unique représentant du nom, Villot de Boisluisant, vit éloigné de toute fonction publique, à Clermont-Ferrand, département du Puy-de-Dôme.

**VILLOUTREYS.** *Anjou.*
D'azur, au chevron d'or, accompagné en chef d'un croissant entre deux étoiles d'argent, et en pointe d'une rose du même.
Cette famille a quatre représentants : le marquis de Villoutreys, à Angers, département de Maine-et-Loire ; le comte de Villoutreys, à Angers ; le vicomte de Villoutreys, au château de Brignac, par Seiches, département de Maine-et-Loire ; de Villoutreys, à Rennes,

**VIMEUR DE ROCHAMBEAU.** *Touraine, Vendômois.*
D'azur, au chevron d'or, accompagné de trois molettes d'éperon d'argent, deux en chef et une en pointe.
Cette famille, qui a donné le maréchal de Rocham-

beau, commandant en chef l'armée auxiliaire française aux États-Unis, en 1780, est représentée par Eugène-Achille-Lacroix de Vimeur, comte de Rochambeau, qui a sa résidence d'été au château de Rochambeau, près Vendôme, département de Loir-et-Cher, et sa résidence d'hiver, à Paris.

**VINCENT.** *France.*

D'argent, à deux palmes de sinople en sautoir; au chef d'azur, chargé de trois étoiles d'argent.

Le baron Vincent, ancien sénateur, unique représentant du nom, réside à Paris.

**VINCENT DE VAUGELAS.** *Lyonnais.*

D'azur, au chevron d'or, surmonté d'un soleil et accompagné en pointe de deux raisins, aussi d'or et d'une tour couronnée d'argent.

Vincent de Vaugelas, unique représentant du nom, réside au château de Launay, par Semur, département de Saône-et-Loire.

**VINCENT.** *Lyonnais.*

De gueules, au foudre d'or, les carreaux d'argent liés de gueules.

Cette famille a deux représentants : Georges Vincent de Jozet, à Paris ; Vincent de Lormet, au château de l'Abbaye-de-Selignac, par Ceyzeriat, département de l'Ain.

**VIOLAINE** (LE MIRE DE). *Flandre, Bourgogne, Champagne.*

D'azur, au chevron d'argent, accompagné de trois pommes de pin d'or, deux en chef et une en pointe.

Cette famille a six représentants : le Mire de Violaine, chevalier de la Légion d'honneur, maire de Soissons, département de l'Aisne ; le Mire de Violaine, au château d'Augerie, par Lorris, département du Loiret ; le Mire de Violaine, inspecteur des forêts, à Rambouillet, département de Seine-et-Oise ; le Mire de Violaine, à Paris ; autre le Mire de Violaine, à Paris ; l'abbé le Mire de Violaine, vicaire, à Issy, département de la Seine.

**VIREL.** *Bretagne.*

D'argent, à trois jumelles de gueules.

Cette famille a deux représentants : de Virel, au château de Bois-Glaune, par Bain, département d'Ille-et-Vilaine ; de Virel, au château de Tredéon, par Elven, département du Morbihan.

**VIRIEU.** *Dauphiné.*

De gueules, à trois vires d'argent, l'une en l'autre, mouvantes à dextre.

Cette famille, qui a donné deux colonels dans les dernières années qui précédèrent la Révolution de 1789, l'un au régiment de France, l'autre au régiment de Royal-Limousin, a trois représentants : le marquis de Virieux, à Paris ; Jean-Alphonse-Aymon, marquis de Virieux, ancien diplomate, conseiller général de l'Isère, au château de la Papetière, par la Tour-du-Pin, département de l'Isère ; Geoffroy-Xavier, comte de Virieux, ancien officier de cavalerie, au château de Brangues, même département.

**VIRY.** *Savoie.*

Palé d'argent et de gueules ; *alias*, d'azur, à la bande de gueules brochante sur le tout.

Cette famille a trois représentants : le comte de Viry, au château de Lamoncelle, département des Ardennes ; le baron de Viry-Cohendier, ancien chambellan de l'Empereur, conseiller général, à la Roche, département de la Haute-Savoie, qui a son domicile d'hiver à Paris ; de Viry, conseiller à la cour d'appel, à Chambéry, département de la Savoie.

**VIRY** (Arthaud de). *Forez.*

Écartelé : aux 1 et 4 d'azur, à trois tours crénelées d'argent, 2 et 1 qui est d'*Arthaud ;* aux 2 et 3 de sable à la croix ancrée d'argent, ouverte en cœur d'un losange du champ, qui est de *Viry.*

Famille originaire de Saint-Germain-Laval, et connue par titres depuis le xiv° siècle. Antoine Arthaud, conseiller du roi et son lieutenant particulier en cette ville, épousa avant 1649 l'héritière du fief de Viry, de la maison de ce nom en Beaujolais.

Noble Sébastien Arthaud, sieur de Viry, fils du précédent, fut lieutenant criminel à Saint-Germain et servit au mois d'avril 1686 auprès du grand Condé en qualité de secrétaire de ses commandements. Étienne-Antoine Arthaud de Viry, son fils, obtint des lettres patentes de noblesse en 1704, et fut pourvu d'un office de secrétaire du Roi en Provence. Ce furent les enfants de ce dernier qui partagèrent la famille en deux branches : l'aînée établie en Auvergne forma trois rameaux dont un seul subsiste actuellement à Lyon en la personne de M. Antoine-André-Arthur Arthaud de Viry, ancien officier de marine, chevalier de la Légion d'honneur.

La branche cadette, restée Forézienne, vouée depuis plus d'un demi-siècle à l'exercice de la médecine, est représentée à Roanne et à Noirétable (Loire) alternativement, par le docteur Charles-Octave Arthaud de Viry, membre de la Société française d'Archéologie.

**VISE.** *Toulousain.*

D'azur, au lévrier rampant d'argent, colleté d'un collier de gueules, bouclé et cloué d'or, accompagné en chef de trois étoiles du même.

Cette famille a deux représentants : de Vise, au château de Couladère, par Cazères, département de la Haute-Garonne ; de Vise, à Toulouse.

**VISMES.** *Champagne.*

De gueules, à trois maillets d'or.

Éteinte dans les mâles, cette famille n'est plus représentée que par M$^{me}$ la douairière de Vismes, au château de Sans-Souci, par Sézanne, département de la Marne.

**VISSAGUET.** *Auvergne.*

De sable, à trois épis d'or.

L'unique représentant du nom, de Vissaguet, réside à Paris.

**VISTE DE MONTBRIANT.** *Lyonnais, Ile-de-France.*

De gueules, à la bande cousue d'azur, chargée de trois croissants d'argent.

Cette famille est représentée par le Viste, comte de Montbrian, au château de Montbrian, à Messing, département de l'Ain.

**VITON DE JASSAUD.** *Provence.*

D'azur, au croissant d'argent ; au chef cousu de gueules, chargé de trois étoiles d'or.

Le représentant de nom et d'armes, Bruno Viton de

Jassaud, lieutenant-colonel en retraite, réside à Nîmes, département du Gard.

**VITRY.** *Poitou.*

D'or, à une fasce de sable, soutenue d'une aigle d'argent.

Cette famille a deux représentants : le comte Édouard de Vitry, au château de Devay, par Decize, département de la Nièvre ; le vicomte de Vitry, au château de Devay.

**VITTON.** *Grande-Bretagne, Lorraine, Provence, Touraine, Bretagne.*

D'azur, au chevron d'or, accompagné de cinq fusées du même, trois en chef et deux en pointe ; à la bordure componée d'hermines, chargée de huit couronnes du second émail.

Devise : *Semper, fuerunt Semper.*

L'unique représentant du nom, de Vitton, comte romain, par bref du Saint-Père, en date du 28 août 1835, réside au château de Kerlétu, près Lorient, département du Morbihan.

**VITTU DE KERRAOUL.** *Bretagne.*

D'argent, à deux massues de sable passées en sautoir, accompagnées en chef d'un croissant de gueules, en flancs et en pointe de trois quintefeuilles du même.

Vittu de Kerraoul, chef de nom et d'armes, réside au château de Bouteillerie, par Combourg, département d'Ille-et-Vilaine ; Charles Vittu de Kerraoul, réside à Saint-Servan.

**VIVENS.** *Guyenne.*

D'or, au lion de gueules.

Cette famille n'a qu'un représentant : le marquis de

Vivens, au château de Coisse, par Arlane, département du Puy-de-Dôme.

**VIVIÉ.** *Montpellier, Montauban.*

D'azur, à trois poissons d'argent, rangés en pal l'un sur l'autre.

Cette famille a trois représentants : de Vivié, maire de Garris, par Saint-Palais, département des Basses-Pyrénées ; de Vivié, conseiller à la cour d'appel, à Agen, département de Lot-et-Garonne ; de Vivié, au château de la Brosse, à Saint-Ouen-sur-Morin, département de Seine-et-Marne.

**VIVIÉ.** *Agenois.*

D'azur, au chevron d'or, accompagné de trois grenades d'argent, ouvertes de gueules, les tiges en haut.

Entré dans les Ordres, le dernier hoir mâle du nom, l'abbé de Vivié, est curé à Damazan, département de Lot-et-Garonne.

**VIVIEN.** *Paris.*

Écartelé : aux 1 et 4 de sable, à la tour d'or ; aux 2 et 3 d'argent, à deux lions affrontés de sable ; au sautoir engrelé de gueules brochant sur le tout.

Vivien de Châteaubrun, l'un des représentants du nom, réside à Paris.

**VOGT DE HUNOLSTEIN.** *Lorraine.*

D'argent, à deux fasces de gueules, accompagnées de douze billettes couchées du même, posées 5, 4 et 3 et sur le tout de Stein-Kallenfels, qui est coupé : au 1 de sinople, au lion léopardé d'argent ; au 2 d'or plein.

Cette famille a quatre représentants : le comte Vog

de Hunolstein, qui a sa résidence d'été au château de Saint-Cirgues, par Issoire, département du Puy-de-Dôme, et sa résidence d'hiver à Paris ; le comte Vogt de Hunolstein, au château de Hombourg-sur-Kaner, par Metzerwisse, en Lorraine ; le vicomte Vogt de Hunolstein, qui a sa résidence d'été au château de Bonnelles, par Limours, département de Seine-et-Oise et sa résidence d'hiver, à Paris ; le baron Vogt de Hunolstein, à Paris.

**VOGUÉ.** *Vivarais.*

D'azur, au coq d'or, crété, membré et barbé de gueules.

Cette famille a cinq représentants : le marquis Léonce-Louis-Melchior de Vogué, qui a sa résidence d'été au château du Petit-Moutier, à Bessays-sur-Allier, département de l'Allier, et sa résidence d'hiver à Paris ; Charles-Louis, comte de Vogué, à Paris ; Elzéar, comte de Vogué, au château de Vogué, par Villeneuve-sur-Berg, département de l'Ardèche ; Eugène-Jacques de Vogué, au château de Gourdan, par Annonay, même département ; Raphaël, comte de Vogué.

**VOISINS.** *Ile-de-France, Bretagne.*

De sinople, au franc-quartier d'hermines, chargé de huit merlettes d'argent, posées 2, 2 et 4.

Le comte de Voisins, unique représentant du nom, réside au Gué-Jenson, par Tinténiac, département d'Ille-et-Vilaine.

**VOISINS D'AMBRE.** *Languedoc.*

D'argent, à trois fusées de gueules rangées en fasce, supports : deux lions. Couronne de marquis.

Devise : *Pro fide*.

Cette ancienne maison est issue de Pierre de Voisins, seigneur de Voisins, près de Versailles, domaine primordial de sa famille, qui accompagna Simon, sire de Montfort l'Amaury, à la croisade contre les Albigeois en 1209, et s'établit en Languedoc, à la faveur des conquêtes faites par les compagnons de Simon de Montfort, descend de Jean de Voisins, seigneur de Confolens au diocèse de Carcassonne, institué par testament du 22 janvier 1418, héritier universel des propres biens de Brunissende, vicomtesse en partie de Lautrec et d'Anne d'Ambre, en Albigeois, héritière d'une des branches des comtes de Lautrec.

Fiefs, titres et seigneuries : cette maison a possédé dès l'an 1212 :

1° La ville de Limoux et le château de Razès ;

2° La baronnie de Pezens, aujourd'hui Voisins, lui fut cédée en 1295 ; la terre d'Ambre et de Lautrec lui sont revenues en 1418 ;

3° La baronnie d'Arques, qui passa plus tard dans la maison de Joyeuse ;

4° Les baronnies de Confolens, Blagnac, Montaut.

Elle est en dernier lieu en possession des titres de marquis, comte et vicomte.

Honneurs : Cette maison a été admise aux honneurs de la cour, le 2 juin 1787 et le 1er février 1788, en vertu de preuves faites au cabinet des ordres du roi.

— Elle figure à Versailles, dans la salle des 700 chevaliers croisés.

Services : Cette maison a produit six sénéchaux de provinces et de villes, dès l'an 1231, neuf gouverneurs généraux et particuliers, un chevalier banneret en 1315. Quatre capitaines et lieutenants de compagnies de 50 à

500 hommes d'armes, deux lieutenants généraux des armées, des maréchaux de camp, colonels, des chevaliers de l'ordre du roi et plusieurs autres chevaliers de Saint-Louis, cinq gentilshommes ordinaires et chambellans de nos rois et princes du sang dès 1480, des pages de la grande et petite écurie, deux capitouls de Toulouse en 1503 et 1524.

Ordres de chevalerie : Elle a donné douze chevaliers de Malte, un commandeur et un sénéchal de Rhodes, dès l'an 1450. Des chevaliers des ordres du roi.

Prélature : Elle a fourni à l'église un évêque de Carcassonne en 1512, un abbé commanditaire, un vicaire général de Mirepoix, président en 1518 et 1521 les états de Provence, et plusieurs abbés mitrés et personnages distingués dans l'église.

Le dernier représentant de cette grande maison réside à Paris.

**VOISINS DE LAVERNIÈRE.** *Toulouse.*

D'argent, au chevron de gueules, accompagné de trois losanges du même ; au chef d'azur chargé de trois étoiles d'argent.

Marius Voisins de Lavernière, unique représentant du nom, réside à Toulouse.

**VOIZE.** *Dauphiné.*

D'azur, à une bande d'or, chargée de trois billettes de gueules et accompagnée en chef d'une molette d'or.

Cette famille est représentée par de Voize, officier de la Légion d'honneur, ancien député de l'Isère, au château de Motel, par Nonancourt, département de l'Eure.

**VOLTAIS.** (LE PROVOST DE). *Bretagne.*

D'argent, à deux bandes de sable.

L'unique représentant du nom, le Provost de Voltais, réside au château de Voltais, par Guer, département du Morbihan.

**VOS.** *Flandre.*

De gueules, à trois renards passants d'or, posés 2 et 1.

L'unique représentant du nom, de Vos, chevalier de la Légion d'honneur, réside à Alery, par Airaines, département de la Somme.

**VOUGES.** *France.*

D'azur, au chevron d'or, accompagné de trois étoiles d'argent.

Cette famille a deux représentants : de Vouges, à Versailles ; de Vouges de Chanteclair, officier de la Légion d'honneur, général de brigade, commandant la subdivision de la Haute-Loire.

**VOUGY.** *France.*

D'azur, à la fasce d'or, accompagnée de trois besants d'argent posés 2 et 1.

Cette famille a trois représentants : le comte de Vougy, à Paris ; le vicomte Henri de Vougy, grand-officier de la Légion d'honneur, directeur général des lignes télégraphiques, à Paris ; le baron de Vougy, chevalier de la Légion d'honneur, ancien préfet du département des Landes, à Mont-de-Marsan.

**VOYER D'ARGENSON.** *Touraine.*

Écartelé : aux 1 et 4 d'argent, à une fasce de sable,

qui est de Gueffault; aux 2 et 3 d'azur, à deux lions léopardés d'or, passants l'un sur l'autre, couronnés du même, armés et langués de gueules ; sur le tout l'écusson de Venise, qui est d'azur, à un lion ailé, assis d'or, tenant une épée nue et un livre couvert d'argent sur lequel sont écrits ces mots : *Pax tibi Marce* ; cet écusson surmonté d'une couronne ducale fermée.

Connue dès le xiiie siècle, cette maison dont la généalogie est donnée dans l'histoire des *Grands Officiers de la Couronne*, tome VI, pages 593 et suivantes, est représentée par le marquis Voyer d'Argenson, ancien auditeur au conseil d'État, qui a son domicile d'été au château des Ormes, département d'Indre-et-Loire, et son domicile d'hiver à Paris.

**VOYON.** *La Rochelle.*

D'argent, à deux fasces de gueules.

L'unique représentant du nom, de Voyon, réside au château de la Planche, par Pierre-Buffière, département de la Haute-Vienne.

**VOYRIE.** *Poitou, Touraine.*

De gueules, à trois coquilles d'argent, posées 2 et 1.

Le vicomte de la Voyrie, unique représentant du nom, réside au château de Domangère, par Napoléon-Vendée, département de la Vendée.

**VOYSIN DE GARTENPE.** *France.*

De gueules, à la bande d'hermines, accostée de quatre étoiles d'argent ; coupé d'argent, au chevron d'azur, accompagné de trois flammes de gueules ; l'écu sommé d'une couronne de baron.

Cette famille, de nom historique, a pour chef de nom et d'armes, Emmanuel, baron Voysin de Gartempe, qui a sa résidence d'été au château de Maupertuis, par Riom, département du Puy-de-Dôme. François-Adrien, baron Voysin de Gartempe, ancien magistrat, réside à Guéret, département de la Creuse.

**VRIGNY** (Vauquelin de). *Normandie.*

D'azur, au sautoir engrêlé, cantonné de quatre croissants d'argent

L'unique représentant du nom, Vauquelin de Vrigny, réside à Sainte-Barbe-du-Trélot (Algérie).

**VRILLIÈRE** (Vauquelin de la). *Blaisois, Ile-de-France.*

D'azur, semé de quintefeuilles d'or; au canton d'hermines.

L'unique représentant du nom, Vauquelin de la Vrillière, réside à Paris.

**VUILLEFROY.** *France.*

D'azur, à deux levrettes affrontées et accolées d'argent.

Cette famille est représentée par Charles-Amédée de Vuillefroy, ancien sénateur, au château de Thury par Mouy, département de l'Oise, qui a un fils et deux filles, et par Joseph-Gabriel-Léon de Vuillefroy, son frère cadet, receveur particulier des Finances, à Lorient, qui a de sa femme Isaline-Caroline-Sophie Cillart de la Villeneuve, trois fils et une fille.

**VYAU DE LAGARDE.** *Nivernais.*

D'azur, à une porte de ville ouverte, flanquée de deux tours d'argent et supportant une troisième du même, maçonnés de sable, la troisième sommée d'un lion issant d'or, armé et lampassé de gueules, tenant dans sa patte dextre une demi-pique d'or, armée de sable, houppée de gueules. Couronne : de comte.

Ludovic Vyau de Lagarde, unique représentant du nom, est capitaine au 20ᵉ régiment d'artillerie à cheval.

# W

**WACQUANT.** *Brabant, France, Autriche.*

Écartelé : Aux 1 et 4 d'argent plein ; aux 2 et 3 d'argent, au lion naissant d'azur, armé, lampassé, couronné d'or, mouvant d'un tertre d'or ; à la fasce de gueules brochant sur les écartelures.

Cette famille, anoblie le 10 février 1659 et qui obtint concession du titre de baron le 15 mars 1810, a deux représentants : de Wacquant, au château de Villers, par Raucourt, département des Ardennes ; de Wacquant, au château de Méliné, par le Chesne, même département.

**WACRENIER.** *Flandre.*

D'azur, à la fasce d'or, accompagnés en chef de deux étoiles d'or et en pointe d'un croissant d'argent.

Cette famille a deux représentants à Douai, André et Henri de Wacrenier. Le premier a un fils, André de Wacrenier.

**WAILLY.** *France.*

Echiqueté d'argent et de sable.

Cette famille a cinq représentants : de Wailly, ancien chef de bureau au ministère de l'empereur, à Paris ; Nathalis de Wailly, chevalier de la Légion d'honneur, conservateur à la bibliothèque nationale, à Paris ; de Wailly, ingénieur, à Marquise, département du Pas-de-Calais ; Alfred de Wailly, recteur de l'Académie, à Bordeaux ; de Wailly, au château de Montglas, à Cerneux, département de Seine-et-Marne.

**WALDNER DE FREUNDSTEIN.** *Alsace.*

D'argent, emmanché de sable de trois pointes, chacune surmontée d'une merlette de gueules ; lambrequins d'argent et de sable. Cimier : une touffe de plumes d'argent et de sable. Supports : deux lévriers.

Une des plus illustres de l'Alsace, cette maison, dont les premiers seigneurs avaient reçu leur nom de la charge de grand maître des Forêts, que les empereurs ou les comtes d'Habsbourg, landgraves d'Alsace leur avaient donnée, remonte à Waldner, un des généraux de l'empereur Louis le Débonnaire, qui se signala en 814.

Elle se divise en deux branches ; l'aînée est représentée par trois frères : Eugène, comte Waldner de Freundstein, secrétaire de l'ambassade de France, à Berne ; Christian, comte Waldner de Freundstein, lieutenant au 4ᵉ régiment de hussards ; Edouard Waldner de Freundstein, à Paris.

La branche cadette a deux représentants, oncles des précédents : Édouard, comte Waldner de Freundstein, grand-croix de la Légion d'honneur, général de division, à Paris ; Godfroy Waldner de Freundstein, commandeur de la Légion d'honneur, colonel commandant le 117e régiment d'infanterie.

**WALSH.** *France.*

D'argent, au chevron de gueules, accompagné de trois phéons de sable.

Cette famille a cinq représentants : le comte Walsh, à Paris ; le vicomte Walsh, chevalier de la Légion d'honneur, ancien chambellan de l'empereur, à Paris ; le vicomte Walsh, à Paris ; le comte Walsh de Serrant, au château de Rouilleménard, par Pouancé, département de Maine-et-Loire ; le comte Walsh de Serrant, conseiller général, au château de Serrant, par Saint-Georges, même département.

**WANGEN DE GÉROLDSECK.** (AUX VOSGES). *Alsace.*

De gueules, au lion, couronné, d'argent ; *Cimier :* au lion couronné d'argent. Écartelé en 1413 ; des Géroldseck, qui sont : d'argent, au lion de gueules, semé de billettes d'azur.

Émile, baron de Wangen de Géroldseck, chef actuel de la famille ; le baron Albert, son neveu, a deux fils et une fille.

**WARENGHIEN.** *Flandre.*

ARMES ANCIENNES. D'azur, au chevron d'or, accompagné de trois besants du même.

ARMES MODERNES. D'or, à trois léopards superposés de sable.

Cette famille est représentée par deux frères : le baron Charles de Warenghien, chevalier de la Légion d'honneur, conseiller à la cour d'appel, à Douai, département du Nord, qui a deux fils et une fille ; de Warenghien, chevalier de la Légion d'honneur, président du tribunal civil, à Valenciennes, département du Nord, qui a un fils et une fille.

**WATELET DE MESSANGE.** *France.*

Écartelé : aux 1 et 4 d'azur, au chevron accompagné en chef de deux étoiles et en pointe d'un croissant, le tout d'or ; aux 2 et 3 d'argent, à la bande d'azur, chargée de trois tourteaux d'or, accompagnée de deux fleurs de lis d'azur, l'une en chef, l'autre en pointe ; sur le tout d'or, à trois souches de sable.

Cette famille a deux représentants : Théobald Watelet de Messange, au château de Nieppe, par Armentières, département du Nord. Il a un fils, Edmond Watelet de Messange, maire de Nieppe.

**WATELET DE LA VINELLE.** *Flandre.*

D'or, à trois souches de sable, posées 2 et 1.

Cette famille a deux représentants : Marie-Charles-Adéodat Watelet de la Vinelle, à Gray, département de la Haute-Saône, fils de Marie-Charles-Albert Watelet de la Vinelle, mort en 1842, officier supérieur de cavalerie dans l'armée française, décoré des ordres ; Paul Watelet de la Vinelle, fils de Charles Watelet de la Vinelle, mort en 1859.

**WATIGNY.** *Picardie.*

De gueules, au lion d'or, armé et lampassé de sable.

L'unique représentant du nom, de Watigny, réside à Paris.

**WATRINGANT.** *Tournaisis.*

De pourpre, à la croix de gueules, cantonnée de quatre étoiles d'or.

Cette famille a deux représentants : de Watringant, sous-préfet, à Saint-Sever, département des Landes ; Camille de Watringant, attaché à l'administration des lignes télégraphiques.

**WATTEVILLE.** *France.*

De gueules, à trois demi-vols d'argent posés 2 et 1.

Cette famille a pour unique représentant de Watteville, chef de bureau au ministère de l'instruction publique, à Paris.

**WATTRINGUE.** *Picardie.*

De gueules, à la croix patriarchale d'argent; au chef d'or, chargé d'une clef de sable.

L'unique représentant du nom, Bernard-Joseph-Robert Wattringue, chevalier de la Légion d'honneur, est vice-président honoraire du tribunal de Saint-Omer, département du Pas-de-Calais.

**WAUBERT DE GENLIS.** *Picardie.*

D'azur, à la herse d'or ; à deux épis d'orge du même, passés en double sautoir brochant.

Waubert de Genlis, unique représentant du nom, réside à Boves, par Amiens, département de la Somme.

**WAZIÈRES** (des). *France.*

Éartelé : aux 1 et 4 d'or, à une aigle éployée à deux têtes de gueules ; aux 2 et 2 d'or, à un ours rampant au naturel, tenant en ses pattes une branche d'arbre courbée et émondée de gueules.

Cette famille a sept représentants : Gaston des Wazières ; Camille des Wazières ; Édouard des Wazières, au château de Mussin, par Westecque, département du

Pas-de-Calais ; Jules des Wazières, chevalier de la Légion d'honneur, ancien capitaine aux voltigeurs de la garde ; Albert des Wazières, à Amiens, département de la Somme ; Charles des Wazières, au château de Vertbois, par Bondues, près Lille, département du Nord ; Amédée des Wazières à Fanflin-Ricamez, département du Pas-de-Calais. Gaston et Camille des Wazières, sont les fils de l'aîné des cinq frères désignés sous les noms d'Édouard, Jules, Albert, Charles et Amédée des Wazières.

**WENDEL DE HAYANGE.** *Lorraine.*

De gueules, à trois marteaux d'or, empoignés d'azur, celui du milieu renversé ; au canon d'or en fasce, mis à la pointe de l'écu ; à la bordure d'argent.

L'unique représentant du nom, Wendel de Hayange, officier de la Légion d'honneur, conseiller général, député, à Hayange, département de la Moselle, a son domicile d'hiver à Paris.

**WIDRANGES.** *Lorraine.*

D'azur, à trois cygnes d'argent posés 2 et 1, becqués et membrés d'or.

Louis-Charles-Hippolyte, comte de Widranges, aîné de cette famille, dont deux membres firent partie de la sixième croisade, réside à Bar-le-Duc, département de la Meuse. Il a un fils, un frère et deux neveux.

**WIGNACOURT.** *Picardie, Artois, Champagne, Alsace.*

D'argent, à trois fleurs de lis au pied nourri au naturel. Supports : deux lions :

La maison de Wignacourt, une des plus anciennes et des plus illustres des Pays-Bas, reçut ses armes de Saint-Louis, en considération de ce qu'un de Wignacourt, son compagnon en Terre-Sainte, y fut égorgé par les infidèles. Elle a donné deux grands maîtres de l'ordre de Malte, des chanoinesses aux chapitres nobles de Mons, Nivelles, Maubeuge, Andennes et Denvin. Elle est représentée par le marquis de Wignacourt, au château de Doumely, par Chaumont, département des Ardennes.

**WIMPFEN.** *Souabe.*

De gueules, à un bélier d'argent grimpant sur trois monticules, tenant dans ses pattes de devant une croix du même.

Une des plus anciennes du cercle de Souabe, portant le nom de la ville impériale de Wimpfen, sur le Necker qui le lui a donné, remontant son origine à l'époque des fiefs et alliée, dès ce temps-là, aux plus nobles familles de la Souabe et de la Franconie, cette maison a deux représentants : le baron de Wimpfen, chevalier de la Légion d'honneur, inspecteur des forêts, à Compiègne, département de l'Oise ; le général de division de Wimpfen, grand officier de la Légion d'honneur.

**WISSEL.** *Languedoc, Berry.*

De gueules, au vol d'or.

Ernest de Wissel, unique représentant du nom, réside à Palluau, département de l'Indre.

**WITASSE.** *Picardie.*

D'azur, à trois bandes d'or.

Cette famille a huit représentants : Gaétan de Witasse ; René de Witasse ; Jules de Witasse, receveur de l'enregistrement et des domaines, à Abbeville, département de la Somme ; Alphonse de Witasse, contrôleur des contributions directes, à Arras, département du Pas-de-Calais; Auguste de Witasse ; Léon de Witasse, conseiller général du département de la Somme, à Acheux ; Gaston de Witasse ; Ernest de Witasse de Fontaine, au château de Fontaine, par Chaulnes, département de la Somme.

**WOLBOCK.** *Bretagne.*

De gueules, à la fasce d'or.

Le baron de Wolbock, chef de nom et d'armes, au château de Kerkado (Morbihan) ; Henri de Wolbock, son fils, seul héritier du nom.

**WOLF.** *Flandre.*

D'argent, à trois têtes de loup de sable, lampassées de gueules.

Cette famille a pour unique représentant, de Wolff, à Paris.

**WORMS DE ROMILLY.** *France.*

De gueules, à une fasce d'or en devise, surmontée d'un chevron du même, accompagnée d'une fleur aussi d'or en chef et d'un croissant du même en pointe.

Cette famille a trois représentants : Worms de Romilly, receveur particulier à Saint-Dié, département des Vosges ; Worms de Romilly, à Paris ; Worms de Romilly, officier de la Légion d'honneur, chef de bataillon du génie.

# X

**XAINTRAILLES.** *Gascogne.*

D'argent, à la croix alésée de gueules. — Écartelé : aux 1 et 4 d'argent, à la croix alésée de gueules ; aux 2 et 3 de gueules, au lion d'argent.

L'unique représentant du nom, de Xaintrailles, officier de la Légion d'honneur, général de brigade en retraite, réside à Paris.

# Y

**Y.** *Picardie.*

D'azur, à trois chevrons d'or superposés.

L'unique représentant du nom, d'Y, réside au château d'Omissy, département de l'Aisne.

**YERMOLOFF.** *Russie, France, Béarn.*

Coupé : au 1 parti d'azur, à trois étoiles d'or, posées 2 et 1, et de gueules ; au dextrochère de carnation, mouvant d'une nuée d'argent et tenant une épée du même, la poignée d'or ; au 2 au chêne arraché et tigé de sinople, posé sur une terrasse du même, soutenu, à dextre, par un lion d'or et, à sénestre, par une licorne d'argent. — Supports : à dextre, une licorne, et à sénestre, un lion. — Casque : taré de front, fermé de sept grilles, orné de ses lambrequins d'azur et de gueules, et surmonté d'une couronne de quatre fleurons alternant avec quatre perles (couronne générique de la noblesse russe). — Le tout reposant sur une terrasse de sinople.

Cette ancienne famille moscovite se trouve souvent citée, pour actions d'éclat ou services publics, dans les registres des boyards et des nobles, ainsi que dans les archives du ministère des affaires étrangères, à l'usage de la Chambre héraldique de Russie. Elle a une origine tatare et descend de Mourza (*qualification nobiliaire des Tatars*) Araslane Ermola, qui, après avoir quitté la Horde d'Or, reçut le baptême sous le Tsar Basile Ivanovitch (1506).

La famille de Yermoloff ou Yermolow (dont le nom s'écrit aussi souvent, et plus exactement, Iermoloff ou Ermoloff) a compté un grand nombre de conseillers d'État et de cour, des secrétaires d'État, des magistrats, des diplomates, des commandants d'armée ; et, dans notre siècle, six ou sept généraux.

Parmi ces derniers, figure, en première ligne, une des gloires militaires de l'Europe, Alexis Petrovitch Yermoloff, mort en 1861, dans sa quatre-vingt-cinquième année. Cet homme, d'une forte intelligence, d'une rare loyauté et d'une vaste érudition, fit ses premières armes dans l'artillerie de Souvaroff, contre les Polonais ; ensuite, comme volontaire, dans l'armée autrichienne, en 1795.

En 1796, étant âgé de dix-neuf ans, il fut envoyé, par Catherine II, comme major d'artillerie, sous le général comte Zouboff, contre le schah de Perse ; puis à l'armée de Crimée, où il devait plus tard acquérir un si grand renom. Jeté, sous l'empereur Paul, dans les cachots de la forteresse de Saint-Pétersbourg, puis envoyé en exil à Kostroma, il passa le temps de sa disgrâce à s'occuper de littérature ancienne, d'histoire et de sciences militaires.

Il fut nommé colonel d'artillerie à Austerlitz et, successivement, général-major, commandant de l'artillerie et de l'infanterie de la garde impériale, chef d'état-major de la première armée, sous Barclay de Tolly, en 1812, et commandant en chef de la garde, après la bataille de Kulm, en Bohême, gagnée par lui, de concert avec le comte Ostermann-Tolstoï. C'est à cette terrible affaire que le général comte Vandamme fut fait prisonnier avec tout son corps d'armée.

De 1816 à 1827, le général Yermoloff fut envoyé comme ambassadeur en Perse, puis nommé général en chef du Caucase. Il exerça dans ce pays une véritable vice-royauté. Célébré par le poëte Pouschkine, respecté des montagnards, autant que chéri de ses troupes, il embellit Tiflis, fortifia le pays, améliora les routes militaires, développa la culture du vin et de la soie, établit, en un mot, sur une base solide, la puissance russe au Caucase. Son prestige était tel que ses vieux soldats aimaient à dire en montrant leur décoration de Saint-Georges : « C'est une croix de Yermoloff. »

Mais il faudrait une biographie spéciale pour raconter la vie si remplie de celui à qui Schamyl, prisonnier, voulut aller rendre hommage en traversant Moscou ; de ce guerrier modeste qui n'eut « d'autre luxe que ses livres ; » qui refusa toute distinction honorifique, se disant assez bon gentilhomme pour s'en passer. Jalousé, à cause de son indépendance et de son influence personnelle, le général Yermoloff se retira à Moscou et sut conserver, vis-à-vis de l'empereur Nicolas, une attitude pleine de dignité (1).

La branche de cette famille devenue française *depuis*

---

(1) Voyez la notice publiée sur le général de Yermoloff, par le prince P. Dolgoroukoff (in-8°, Paris, 1861.)

*quarante ans*, est représentée aujourd'hui par M. Alexandre de Yermoloff, fils de Pierre (1), gentilhomme de la chambre, secrétaire d'ambassade à Paris sous le célèbre Pozzo di Borgo, et, plus tard, naturalisé Français.

M. Alexandre de Yermoloff est maire de Lalongue, département des Basses-Pyrénées, où il a acquis, de M. Dariste, sénateur, l'ancienne terre seigneuriale de Lalongue. Il avait épousé, en 1847, une de ses parentes, Anastasie, princesse Scherbatoff, dont il a eu cinq enfants : Théodore-Pierre, Marie-Anne, Pierre-Jean-Nicolas, Élisabeth-Zoé et Léonie-Geneviève.

Son oncle, le général Michel de Yermoloff, fils du général Alexandre, longtemps propriétaire du château de Frohsdorff (Autriche), aujourd'hui à S. A. R. le comte de Chambord, avait épousé la fille du général français de Lasalle et il en a eu deux filles. L'une, mariée au prince Roger de Podenas, famille sortie de l'Armagnac, mais demeurant en Touraine ; la seconde, à M. Ludovic de Champeaux, qui habite la Bourgogne. — Le général Michel de Yermoloff a sa résidence en France, mais sans s'y être fait naturaliser.

**YRENNE DE LALANNE.** *Toulouse.*

Écartelé : au 1 de gueules, à une cloche d'argent ; au 2 d'azur, au lion rampant d'or, lampassé et armé de sable ; au 3 d'azur, à quatre besants d'or ; au 4 de sinople, à trois fasces d'argent.

Cette famille a trois représentants : Yrenne de Lalanne, inspecteur des eaux et forêts, à Toulouse ; Yrenne de Lalanne, juge, à Foix, département de l'Ariège ;

(1) Voyez la *Correspondance de M*<sup>me</sup> *Swetchine*, par le comte de Falloux ; les *Mémoires pour servir à l'histoire de mon temps*, par M. Guizot, et *le Correspondant* du 25 août 1858.

Yrenne de Lalanne, à Usan, département des Basses-Pyrénées.

**YSORÉ DE PLEUMARTIN.** *Poitou, Touraine, Anjou.*

D'argent, à deux fasces d'azur.

Une des plus anciennes de l'Anjou, cette famille qui possède depuis cinq siècles la seigneurie de Pleumartin et qui remonte à Pierre Ysoré, mentionné dans un titre de l'an 1145, a deux représentants : le marquis Ysoré de Pleumartin, au château de Pleumartin, département de la Vienne ; le comte Ysoré de Pleumartin, au château de Duplessis-Sénéchal, par Melle, département des Deux-Sèvres.

**YVAN.** *France.*

Ecartelé : au 1 d'argent, à la tête de Minerve en profil de sable ; au 2 de gueules, au portique ouvert de deux colonnes surmonté d'un fronton d'argent, accompagné des lettres D A du même ; au 3 de gueules, au coq d'argent, adextré en chef d'une étoile d'or ; au 4 d'argent, au pélican et sa piété d'azur.

L'unique représentant du nom, baron Yvan, chevalier de la Légion d'honneur, est médecin à Paris.

**YVELIN DE BEVILLE.** *Normandie, Bretagne.*

De gueules, à trois roses d'argent ; au chef d'or chargé d'un lion léopardé de sable.

Cette famille est représentée par Yvelin de Béville, grand officier de la Légion d'honneur, général de division du génie, ancien aide de camp de l'empereur, à Paris.

**YVERSEN DE SAINT-FONS.** *Gascogne.*

D'or, au cerf courant, ailé, de gueules, ayant le bois

de sable ; au chef d'azur, chargé d'un soleil d'or et de deux croissants d'argent.

Cette famille est représentée par Guillaume-Alphonse-Frédéric d'Yversen de Saint-Fons, baron d'Aussandes, à Gaillac, département du Tarn.

**YZARN-FREYSSINET.** *Rouergue.*

De gueules, à la levrette courante d'argent ; au chef cousu de gueules, chargé de trois étoiles d'or.

Cette famille dont la filiation suivie commence à Pierre d'Yzarn, chevalier croisé en 1248, se divise en deux branches. L'aînée a quatre représentants : Henry d'Yzarn-Freyssinet, comte de Valady, chef de nom et d'armes, député de l'Aveyron ; Casimir d'Yzarn-Freyssinet, vicomte de Valady ; Eugène d'Yzarn-Freyssinet de Valady ; Idelfonse d'Yzarn-Freyssinet, vicomte de Valady, à Rodez.

La seconde branche est représentée par Alexandre-Marie-Hugues-Jacques, comte d'Yzarn-Freyssinet, à Paris.

# Z

**ZANGIACOMI.** *France.*

D'hermines, à la branche d'olivier de sinople.

L'unique représentant du nom, baron de Zangiacomi, officier de la Légion d'honneur, est conseiller à la cour de cassation, à Paris.

**ZELLER D'OOSTHOVE (Van).** *Flandre.*

D'argent, à l'étoile à six rais de gueules, accompagnée de trois merlettes de sable.

Arnould, comte van Zeller d'Oosthove, chef de nom et d'armes de cette famille, réside au château de Bambeck, département du Pas-de-Calais. Il a un fils, Roger van Zeller d'Oosthove.

**ZYLOF.** *France.*

De gueules, au chevron d'or, accompagné de trois pommes de pin du même.

Cette famille a deux représentants : Eugène Zylof de Wynde, à Bergues-Saint-Vinoc, département du Nord, qui a deux fils, Henri et Gaston de Zylof de Wynde ; Zylof de Stembourg, colonel d'artillerie, à Paris.

# RECTIFICATIONS.

## TOME IV.

Page 312.

**HORDAIN.** *Cambrésis, Hainaut.*

Après l'indication de la charte du 29 novembre 1341, concernant Ferry de Hordaing, il faut ajouter celles de 1372, 1375, 1377.

Et ensuite, à cette page et à celle 313, en supprimant un Nicolas de Hordain, porté par erreur et ajoutant un deuxième Roch d'Hordain, omis, la fin de la généalogie doit être établie comme suit :

Jehan de Hordain, chevalier (chartes années 1386, 1391, 1396, 1397, 1402).

Jacques de Hordain (7 juin 1435, 1446, registre aux bourgeois de Douai).

Jean de Hordain (charte 1448, archives de Douai et registre aux bourgeois de Lille, 1472, 1498, 1500).

Pierre de Hordain (année 1531, registre du fonds de la cathédrale de Cambray).

Quentin de Hordaing ; d'Hordain ou de Hordain, échevin (années 1556, 1563, 1566, ventes, partages).

Claude de Hordain, échevin, 1571, 1608, cath. Cambray, ventes, transaction.

Jacques de Hordain ou d'Hordain, échevin (années 1610, 1626, 1627, 1633, mariages, ventes).

Jacques de Hordain, échevin (1646, 1651, 1653, mariage, ventes, partage, 1670, 1674, 1682).

Nicolas de Hordain ou d'Hordain (7 février 1691, 8 janvier 1701, deux mariages).

Roch d'Hordain, naissance 19 novembre 1708, mariage 28 juillet 1744.

Roch d'Hordain (années, 23 mars 1748, 1782, baptême, mariage).

Louis d'Hordain (années 1798, 1824, naissance, mariage).

Émile d'Hordain (années 1827, 1858, naissance, mariage).

## TOME V.

Pages 37, 38, 39.

**JACOBSEN.** *Poitou.*

D'azur, à la fasce ondée, accompagnée en chef d'un compas ouvert et, en pointe, d'un coutelas posé en pal, le tout d'or.

Devise : *Wisslyck, Wromelick (force, courage).*

I. Michel Jacobsen ou Jacobs, chevalier de l'ordre de Saint-Jacques, amiral général d'Espagne, le 13 août 1631, épousa Laurence Weus, dont douze enfants, savoir :

A. N..., décédé religieux ; B. Charles, capitaine de vaisseau, épousa Camille Wittebolle ; C. Antoine, qui suit, II ; D. François, capitaine de vaisseau, épousa Catherine de Ghuise ; E. Jean, capitaine de vaisseau, dit le Renard de la Mer, épousa Marie Demeulenais ; F. Matthieu, décédé religieux dominicain ; G. N..., décédé en bas âge; H. Anne, épousa Cornil Wittebolle; I. Michelle, épousa Matthieu Martin; J. une fille morte en bas âge; K. Jacquelin, épousa N. Vauroye; L. Agnès, épousa Michel, fils d'Antoine Bart, père de Jean Bart.

II. Antoine Jacobsen, capitaine de vaisseau, épousa Marie-Cornil Cornélie, dont Pierre, qui suit, III.

III. Pierre Jacobsen, épousa Anne Coster, dont un fils, Cornil, qui suit, IV.

IV. Cornil Jacobsen, maire de Bourbourg, épousa Marie Gocolgeluck, dont un fils, Cornil Guislain, qui suit, V.

V. Cornil Guislain Jacobsen, renferma le dessèchement de la Crosnière, à Beauvoir (Vendée), et celui de La Lide, à Noirmoutiers; il épousa Suzanne-Élisabeth de Commerye, de Noirmoutiers, dont cinq enfants, savoir :

A. Jean-Corneille Jacobsen, qui suit, VI; B. Suzanne-Louise, épousa Joly du Berceau; C. Jeanne-Marie, épousa N. Doré, armateur, à Nantes; D. Gabrielle-Angélique, épousa N. de Lamandé, ingénieur en chef de la généralité de Rouen; E. Victoire-Élisabeth, épousa N. Mourain de l'Erbaudière.

VI. Jean-Corneille Jacobsen, chevalier de l'ordre royal de la Légion d'honneur, grand'croix du Mérite de Saint-Philippe et de l'ordre chapitral d'ancienne noblesse, dit des Quatre Empereurs d'Allemagne, conseiller général de la Vendée, maire pendant vingt-six ans de Noirmoutiers, où il a enfermé deux polders, le petit et le grand Mullembourg, faisant suite au port, épousa Balsamie Dangui, fille du seigneur de Vue (Loire Inférieure), dont sept enfants, savoir :

A. Charles Jacobsen, décédé lieutenant de vaisseau; B. une fille morte en bas âge; C. Adolphe Jacobsen, mort en bas âge; D. autre Adolphe Jacobsen, mort en bas âge; E. Auguste, qui suit, VII; F. Marie-Armand Jacobsen, décédé curé de Mallièvre (Vendée); G. Alexandre, qui suit, VIII *bis*.

VII. Auguste Jacobsen, décédé chef de nom et d'armes de sa famille, propriétaire à Noirmoutiers, où il a renfermé deux polders, la Nouvelle-Brille et la Trisson, continuation des grands travaux d'endiguement à la mer, commencés par son aïeul et par son père, maire de Noirmoutiers de 1847 à 1865, épousa Antonie-Anne-Cornélie Vallée, de Tours (Indre-et-Loire), dont cinq enfants, savoir :

A. Antonie Jacobsen, épousa Amédée de la Rochefordière, avocat, à Nantes; B. Antonin, qui suit, VIII; C. Henri Jacobsen, propriétaire à Noirmoutiers, épousa Adèle de Tinguy de la Giroulière, d'Aizenay (Vendée); D. Amédée Jacobsen, mort en bas âge; E. Ludovic Jacobsen, épousa Marie-Noëmie le Nepvou, de Carfort (Morbihan).

VIII. Antonin Jacobsen, capitaine au long cours, à Bordeaux, aujourd'hui chef de nom et d'armes de sa famille, par suite du décès de son père, Auguste Jacobsen, épousa Alphonsine de Tinguy du Poëty, à Saint-Fulgent (Vendée).

VIII *bis*. Alexandre Jacobsen, propriétaire, à Paris, épousa Virginie Daussan, de Blois (Loir-et-Cher), dont trois enfants, savoir :

A. Michel Jacobsen, attaché à l'administration des lignes télégraphiques; B. Marie Jacobsen, mariée à Louis-Ernest de Sambœuf, chevalier de la Légion d'honneur et de l'ordre de Saint-Stanislas de Russie, capitaine au 43e régiment d'infanterie; C. Gabrielle Jacobsen.

## TOME VI.

Page 329.

**MONTBOURCHER.** *Bretagne.*

Remplacer ainsi l'article rectificatif consacré à cette famille :

La maison de Montbourcher qui descend des souverains de Bretagne, par André de Vitré et Ynoguen de Fougères, s'est éteinte dans la personne du marquis René-Marie de Montbourcher, député d'Ille-et-Vilaine, sous la Restauration. Il n'a laissé de son mariage avec M$^{lle}$ de Caradeuc de la Chalotais qu'une fille, M$^{lle}$ Isidore de Montbourcher, mariée au comte Charles Hay des Nétumières; elle habite Rennes ou le château de la Magnanne, par Saint-Aubin d'Aubigny, département d'Ille-et-Vilaine.

## TOME VII.

Page 311.

**ROUXELIN DE FORMIGNY DE LA LONDE.** *Normandie.*

Parti, au 1$^{er}$ d'or, à un sauvage de sable, tenant une massue de gueules, qui est de Rouxelin; au 2$^{me}$ d'azur chargé d'un lys au naturel à trois tiges, mouvant d'une terrasse de sinople, au chien braque couché d'argent, accolé d'or brochant sur le tout, qui est de La Londe.

La famille Rouxelin ou Rousselin est originaire du Mesnil-Rouxelin, près de Saint-Lô (Manche), et s'est partagée en plusieurs branches et rameaux qui, établis en Normandie et dans le Maine, ont porté les surnoms de du Hautbourg, du Lomboy, de Briant, des Chambres, de la Prairie, des Landes, d'Arcy, de Montcourt, de la Bourserie, de Formigny, etc.

L'unique branche subsistante de cette famille est représentée par M. Arthur-Richard Rouxelin de Formigny de La Londe, membre de plusieurs Sociétés savantes, et par ses enfants qui résident à Caen et au château de La Londe près Caen (Calvados).

## TOME VIII.

### Page 118.

**SILVESTRE.** *Pologne, Paris.*

D'azur, au chevron d'or, accompagné de trois glands de chêne au naturel, tigés et feuillés d'or ; 2 en chef, 1 en pointe. Au chef cousu de pourpre chargé d'une couronne d'or fermée et sommée d'un globe d'or.

Cette famille française a été anoblie en Pologne par Auguste III (1641) et en France par Louis XVI (1775).
— Le titre héréditaire de baron lui a été conféré par Charles X (1826) dans la personne du baron de Silvestre, membre de l'Institut et lecteur du roi. Elle est représentée par le baron de Silvestre, ancien officier d'artillerie et lecteur du roi, au château du Corbier, par Jouy-le-Châtel, département de Seine-et-Marne, et par François de Silvestre, son fils, propriétaire en Normandie, résidant à Paris.

### Page 139.

**SUAREZ D'ALMEYDA.** *Toulouse.*

Ligne 15, lisez :

Cette famille a deux représentants : Henri Suarez d'Almeyda, à son château de Saint-Élix, département de la Haute-Garonne ; Charles Suarez d'Almeyda, à son château de Saint-Sulpice, par Noé, même département.

Page 142.

**SYLVESTRE.** *Bretagne.*

Supprimer le premier représentant cité ; lire l'article Silvestre, ci-dessus.

Page 189.

**TOULOUSE-LAUTREC.** *Languedoc.*

Supprimer le dernier représentant cité, qui n'est pas de Toulouse-Lautrec. Le comte de Pelet de Lautrec est de Narbonne-Pelet, branche de Pelet de Lautrec. Sa famille a quitté la France à la suite de la révocation de l'édit de Nantes ; il est le premier qui soit revenu dans la mère-patrie, et réside au château de Briord, par Port-Saint-Père, département de la Loire-Inférieure.

www.ingramcontent.com/pod-product-compliance
Lightning Source LLC
Chambersburg PA
CBHW070859170426
43202CB00012B/2120